JN226673

日本比較政治学会年報第20号

分断社会の比較政治学

日本比較政治学会 編

ミネルヴァ書房

はじめに

ここ数年，社会の分断を印象づける出来事が立て続けに生じている。トマ・ピケティによる『21世紀の資本』の英訳が出され，米国を中心にベストセラーとなったことは記憶に新しい。分厚い学問的な書籍が広く読まれた背景には，経済的格差の拡大が浸透しているという通念があり，人々が格差拡大の理由を求めていたためだ，と言われている。そして拡大してきた米国の経済的格差は，2016年大統領選挙の結果となって顕在化した，のかもしれない。

2008年にOECDが発表した報告書は，世界の様々な国で所得格差がゆるやかに拡大していることを伝えた。大きくなった格差は社会を分断し，お互いに接触することのない複数の共同体を産みだす。共同体によって異なる教育水準，就きうる職業の類型，獲得できる財産や経験の多様さが，共同体間の断絶を強く印象づけるようになる。こうした断絶，分断が世代を超えて受け継がれるようになると，政治による解決はますます困難になる。我が国においては自由民主党を中心にいわゆる「世襲政治家」の存在が顕著であるため，政治エリートの存在が分断社会の象徴ではないか，といういささかシニカルな見方すらできる。

ピケティの『21世紀の資本』によれば，過去の統計データを観察した結果，資本の収益率が経済の成長率を大幅に上回ると，相続財産は産出や所得よりも急激に増えるという。このため，民主主義社会やそれが根ざす社会正義の価値観を脅かすほど格差が拡大するであろう。そのようにピケティは警告した。またフランシス・フクヤマは『政治の起源』において，権力者が自分の子や血縁者に対してその地位を継承させようとすること，すなわち家産制原理は自然なことであり，この性質は政治学の生物学的基礎である，と主張している。これらの議論を併せれば，富と権力を持つ者は自分の子にそれらを引き継がせるため，世代を超えて格差は継承され，社会の分断は克服しがたいものとなる。

20世紀において，階層間の移動は教育と就業によって可能であった。たとえ親が低所得階層に属していても苦学の末に大学進学し，高所得階層への移動を果たすことは決して珍しくはなかった。今日，このような階層移動は困難になっているのかもしれない。威信が高いとされる地位を手に入れた者が，その地位を子どもに継がせるため，莫大な教育費を投じる。いわゆる階層の固定化であり，分断が構造化される。ピケティによれば「教育と稼いだ所得との世代をまたがる相関は……モビリティ増大へ向けた傾向をまるで示していない」（ピケティ 2014：504）。

こうなると伝統的な所得再配分政策によって，格差の拡大・社会の分断を緩和し修復する試みは，もはや困難であるのかもしれない。比較政治学においては，福祉政治研究や政治社会学的な研究が，階層化に伴う分断社会の問題を従属変数として取り扱っている。また社会の分断・格差の存在は従属変数だけでなく，独立変数としても比較政治研究の中に組み入れられてきた。たとえば民主化論の一部には，革命やクーデタなど政治変動を説明する変数のひとつとして，所得格差の拡大を因果メカニズムの中に組み込んでいる（Boix 2003；Acemoglu and Robinson 2006）。民族政治論はエスニック集団の分断線に沿って生じる対立や諸現象に注目する（Horowitz 1985）。社会の分断線，すなわち社会的亀裂に着目して政党の結成や連立行動を分析する政党政治論や，マクロな分断社会の構造をミクロレベルの有権者の属性に落とし込んで分析する投票行動論も，分断社会の比較政治学というべき領域に貢献するひとつのアプローチだと見なすことができるだろう。

本号もまた，分断社会の問題群に挑む比較政治学の諸論文で構成されている。最初の２つの論文は政治理論と実証政治分析による分断社会へのアプローチである。続く２本の論文はともにドナルド・トランプ米大統領という，米国社会の分断を象徴する人物および彼をとりまく政治現象を扱っている。そして残る４本の論文はヨーロッパ，中東，東アジアにおける分断状況の一国研究である。

理論と実証分析による分断社会へのアプローチ

第1章の田村論文は規範的な民主主義理論，とりわけ著者がこれまで取り組んできた熟議民主主義論から分断社会に接近した研究である。田村は熟議の場をめぐる議論をシステム論の立場から整理する。これは熟議の場や実践を単体として見るのでなく，複数の場の連関において見る立場である。すなわち熟議の場は外部の市民社会・公共圏や最終意思決定者である国家・政府との連関で見なければならない。熟議システム論の立場を踏まえることで分断社会における熟議は包括性・正当性・反省性という規範的基準のうち，その一部を満たすことができない場合がある。分断社会において「調整の精神」が発揮されれば利害表出の正当性が確保されるかもしれない。しかし利害表出が分断を深刻化してしまえば反省性は満たされない。また正当性と反省性が満たされたとしても包括的ではない熟議は民主主義とは言えない。

分断社会における民主主義を考えたとき，熟議はいかに包括性―民主主義的になりうるだろうか。田村はポスト自由民主主義的な熟議システムを考えるため，「市民代表」と「言説代表」という概念に注目する。市民代表は選挙によらない，誰もが代表になりうる抽選で選出されることを認める概念であり，言説代表は様々な言説が等しく代表される「言説院」という代表制度を構想する概念である。また国家・政府レベルと市民社会・公共圏を対置する公私二元論を相対化するため，ごく自然に見られる「日常的な話し合い」を複数の場として連関させ，「入れ子型熟議システム」として捉え直すことが可能だという。こうして，田村は仮に国家・政府レベルにおける分断が存在しても，社会における熟議システムの一つとしての日常生活において「調整」がなされるならば，それを分断の克服と見なし得ることを論じた。

冒頭で述べたように，所得格差の拡大と分断社会の関係は密接である。

所得格差の広がりに向けた政府の対応は通例，再分配政策である。第２章の飯田論文は，30カ国以上の世論調査データにマルチレベル分析を行い，「所得が再分配支持に与える負の影響が小さい国ほど，全体として再分配支持の割合が高い」，および「格差が大きい国ほど治安が悪く，相対的に高所得者が再分配を支持する傾向が強い」という２つの仮説を検証した研究である。背景となる問題関心は，国家間による福祉政策支持の差異である。先行研究はこの差異に対して政治文化的説明，社会学的説明，経済的説明，政策フィードバックによる説明，そして制度論的説明を試みている。なお，所得格差が福祉政策支持態度に与える影響については議論が分かれている。先行研究の主張は，①格差の存在が支持を強める，②格差の存在が支持を弱める，③格差それ自体は支持に影響しない，とする３つにまとめられる。

この問題関心から，飯田は次の命題を主張する。すなわち「所得格差が大きい国ほど，貧困層の犯罪による悪い治安状態の改善を願う高所得者が政府による再分配を支持し，所得が再分配支持に与える負の影響が小さくなるため，全体としてその国の人々の間での再分配支持の割合が高くなる」。この命題は３つの理論的因果メカニズムから導かれている。つまり，①所得格差が大きくなれば，貧困層による犯罪が増加し，治安が悪化する。②治安悪化によって高所得者が再分配を支持するようになる。③高所得者の再分配支持が，全体としてその国の再分配支持割合を増加させる。飯田は計量分析によって仮説と整合的な結果を得ており，ベネズエラの事例研究を通して分析結果の解釈を示した。ただし計量分析に内生性バイアスがある可能性は今後の課題として残されている。

世界的象徴としてのトランプ現象

ドナルド・トランプが2016年11月の米大統領選挙で勝利を収めたことは，米国社会の深刻な分断と亀裂を強く印象づけた。第３章の西川論文はこの点に触れ，「有権者がなぜトランプを支持するのか」という問いに対し，複数の説明仮説をピックアップしている。まず西川はエイケンとバーテルズの*Democracy for Realists*を取りあげている。エイケンらは投票行動理論が想定する「自らのイデオロギー的選好にもっとも近しい政治家・政党に投票する」有権者像を「俗説」であると切り捨てている。彼らによれば，有権者は自らの属性やそこから生じるアイデンティティに基づいて投票先を決めているに過ぎない。

次に西川は有権者の権威主義的態度に目を向ける。権威主義的態度の強い有権者は，世界を単純化・二元化してみる傾向があり，自らの準拠集団とは異なる集団に対する排外主義感情および敵意を抱きやすい。権威主義と政党帰属意識が強まっているとすれば，権威主義的態度の強い有権者の増加は共和党支持の増大へと結び付くであろう。さらに西川は農村と都市部を断絶するアイデンティティに沿った説明，クレイマー＝ホックシールド説を紹介する。この説は，農村アイデンティティを持つ人々が国内に「自らとは異なる奴ら」の増加を感じ取った結果，ティー・パーティー運動やトランプの当選が引き起こされたと見なしている。このような諸説を紹介した上で，トランプ現象を社会科学的手法によって理論的・実証的に解明していくことが肝要だと西川は結論を下している。

一方，トランプ大統領が掲げる移民政策から分断社会を論じる研究が第４章の手塚論文である。トランプは率直かつ大胆な発言を繰り返し，それがしばしば人種差別的だと受け止められてきたため，彼の移民政策も「アメリカの理念」に反したものだと見なされてきた。しかしながらトランプの移民政策は，これまでの国内動向と照らし合わせると決して極端なものではなく，むしろ正常なものである，というのが手塚の主張である。

トランプの政策は，①国境沿いの壁の建設と国境警備の強化，②移民の受入基準の変更と削減，③特定の国からの受入の制限，の３点に集約される。この３点は1990年代以降，共和党議員を中心に唱えられてきたものばかりであり，ブッシュ政権下でもオバマ政権下でも進められてきたものであった。トランプ政権に特徴的であるのは「壁を建てる」と「アメリカファースト」という単純なスローガンでブランディングされたことだ，と手塚は論じている。このような極端に見える政策の背後には，合法・違法を問わず，移民がアメリカへ大量に流入している事実があり，社会の分断が深まっているという認識の広がりなのだ，と手塚は結論づけている。

分断される世界：ヨーロッパ・中東・東アジア

アメリカと同様に移民問題が先鋭化しているのがヨーロッパである。第5章の東村論文はフランスを取りあげ，同国の移民・難民政策を論じている。従来フランスでは移民を既存社会に統合する方策が採られてきた。しかしながら，現在では独自文化や伝統を誇張する存在に対しては排除することを是とする政策が採られるようになっている。このようにフランスでは社会の分断が顕著になっており，政策のレベルにおいて矛盾や対立構造を包含するものとなった。

東村は移民統合モデルをめぐるこれまでの議論を振り返り，その上で新たなモデルの必要性が認識されはじめた時期に焦点を当てた分析を試みた。ニコラ・サルコジはシラク政権期に内相を務め，不法移民対策と治安対策に従事した。とりわけサルコジが最優先課題としたのはイスラーム過激派を含めた不法移民の排除であった。治安対策と移民問題はこれまでのフランス社会においてタブー視されていたが，従来の移民統合モデルが行き詰まりを見せており，サルコジがその転換を図ろうとしていたことが明らかにされている。2012年以降のオランド政権ではヴァルス内相によるロマ系住民排除，ならびに地中海を渡航する難民への対応が分析されている。

難民問題で揺れるヨーロッパと中東の双方に位置するトルコでは，「親イスラーム」陣営であるAKP政権と「世俗主義」陣営である国軍との政治的・社会的分断が顕著なものとなっていた。この課題に取り組む第6章の岩坂論文は，トルコ政治史上に発生したクーデタおよび軍の政治介入を分析している。岩坂は分析にあたり，既存研究におけるクーデタの要因分析が限定的であったことを挙げ，将校団の選好や一般国民の価値観変容を組み込み，比較政治理論の展開を図っている。岩坂論文はAKP政権成立以降の政治介入が限定的なものとなり，2016年クーデタが未遂に終わった背景に，将校団の政治的権益ならびに自律性の低下が見られたことを指摘した。

2011年，中東全域を大きく揺さぶった出来事が「アラブの春」であった。トルコの南東に位置するヨルダンでも「アラブの春」を成す民衆運動の波が生じ，これまで体制寄りとみられていたムスリム同胞団が政府との対峙を選択したのである。第7章の吉川論文によれば，この動きは比較政治学の包摂―穏健化仮説に反するものであり，アノマリーだと言える。なぜムスリム同胞団はヨルダン社会を分断する道を選び，退潮を余儀なくされたのだろうか。エジプトをはじめとする各地で同胞団運動のプレゼンスが高まったこと，そして2013年クーデタによってエジプト・ムルシー政権が打倒されたことが，国境を越えてヨルダンに影響した，と吉川は分析する。ヨルダン政府は選挙制度改革を使って同胞団運動を分断し，エジプトのクーデタ後は新政権を支持した。クーデタを非難する同胞団はヨルダン政府との関係をめぐって内紛を起こし，衰退の道を辿ることとなったのである。

本巻が扱う東アジアの分断例は，韓国である。第8章の李論文は，朴槿恵政権に突きつけられた「蝋燭革命」の原因とその政治的意義を明らかにするものである。李は大統領演説の文言に着目し，その言説形成と変化過程を分析する。この際，李は構造・アクター・言説の諸関係の形成と変化によって韓国政治と社会の分断を動態的に把握しようとする。第8章が辿りついた結論は次のようなものである。すなわち，朴正熙元大統領の長女である朴槿恵を大統領に選出したことは，国民が指導者への服従と順応を通して安定を求めたものと解釈できる。朴政権は統治パフォーマンス低下に伴う危機に対し，朝鮮半島情勢をめぐる言説によって回避してきたが，このメカニズムは次第に政府への支持を維持できなくなった。すなわち韓国社会の根本問題である格差社会の是正が政治によって成されないまま，レトリックによって政権が維持されてきたため，政府の無能と腐敗が明らかになった時点で国民から「蝋燭革命」を突きつけられたのであった。

本号のテーマである「分断社会の比較政治学」は，2017年度日本比較政治学会における共通論題のテーマであった。企画委員会として分断社会を扱うに至った動機は，本文冒頭で述べた問題関心の下，会員各位による知的交流の拡大を展望する，というものであった。共通論題では３本の卓越した報告（田村会員，飯田会員，西川会員）と，田中拓道会員および上神貴佳企画副委員長の類い希なる討論によって，理想的な学知の交流が生まれた。年報の編集にあたっては多くの会員から投稿の希望が寄せられ，査読を経て５本の論考を採択することできた。

企画委員会と年報編集委員会の両委員を務めて下さった古賀光生（中央大学），外山文子（京都大学），馬場優（福岡女子大学），松尾昌樹（宇都宮大学），宮地隆廣（東京大学）の各会員にはこの場を借りて篤く御礼を申し上げたい。企画をお認めくださった大西裕会長と理事会・事務局の皆様，研究大会開催校であった成蹊大学の西山隆行先生ならびに大会運営を担っていただいた先生方，そして本書の刊行にご助力いただいたミネルヴァ書房の堺由美子さんに，改めて深い感謝の意をお伝えしたい。

2018年４月

日本比較政治学会年報編集委員長
浜中新吾［龍谷大学］

参考文献

Acemoglu, Daron and James Robinson. (2006) *Economic Origins of Democracy and Dictatorship*. Cambridge Cambridge University Press.

Boix, Carles. (2003) *Democracy and Redistribution*. Cambridge : Cambridge University Press.

Fukuyama, Francis. (2011) *The Origins of Political Order : From Prehuman Times to the French Revolution*. New York : Farrar, Straus and Giroux. 会田弘継訳 (2013)『政治の起源』上下，講談社.

Horowitz, Donald L. (1985) *Ethnic Groups in Conflict*. Berkeley : University of California Press.

OECD (2008) *Growing Unequal? Income Distribution and Poverty in OECD Countries*. OECD. 小島克久，金子能宏訳(2010)『格差は拡大しているか：OECD 加盟国における所得分布と貧困』明石書店.

Piketty, Thomas. (2013) *Le Capital Au XXIe Siecle*. Editions du Seuil. 山形浩生，守岡桜，森本正史訳(2014)『21世紀の資本』みすず書房.

目　次

CHAPTER 1

分断社会と熟議民主主義
――熟議システム論の適用と再考を通じて――

田村哲樹［名古屋大学］

1　分断社会と民主主義理論

社会的に深く分断された社会において，民主主義によるその克服は可能なのだろうか。この問いに対して，本稿は，「民主主義理論」の検討を通じて取り組む。ここで民主主義理論とは，規範的政治理論としての民主主義についての諸議論を指す。規範的政治理論としての民主主義理論は，現実の民主主義の記述ないし説明を目的とするわけではない。とはいえ，それは，経験的政治学・政治理論と全く関係を持たないというわけではない。実際，分断社会を扱う民主主義理論は，しばしば経験的政治学における多極共存型民主主義（コンセンサス型民主主義）論や権力分有（パワーシェアリング）論などと問題関心を共有しており，これらの議論を参照しつつ発展させようとしている。

民主主義理論の中で，本稿は熟議民主主義論，特に「熟議システム論」に注目する。熟議システム論の特徴は，①個々の制度や場ではなく，複数の熟議の制度・場の連関に注目する，②それ自体は熟議的とは言えないような行動・実践をも，熟議システムの一つの要素として捉える，③ある種の機能主義的発想によって，異なるタイプの熟議システムの存立可能性を理論的に担保する，ことにある。本稿では，特にこの熟議システム論に依拠した場合，分断社会の扱い方がどのようなものになり得るかを検討する。

以下では，次の順序で検討を行う。第2節では，熟議民主主義論が分断社会をどのように論じてきたかについて概観する。続く第3節では，熟議システム論に依拠した場合の「分断社会における熟議民主主義」の論じ方を提示する。ただし，熟議システム論は，自由民主主義の枠組みに収まらない理論的射程を持っている。そこで第4節において，熟議システム論のポスト自由民主主義的な理論的射程を確認した後に，自由民主主義的な代表制の相対化と公私二元論の相対化という論点を取り上げ，分断社会における熟議システムをどのように論じることができるかを示す。

2　熟議民主主義論における分断社会

（1）　多極共存型民主主義論／権力分有論の継承・発展として

熟議民主主義論が分断社会を論じる時の基本的なスタンスは，多極共存型民主主義論あるいは権力分有論の発展的継承である。

第一に，熟議民主主義論は，多極共存型民主主義論／権力分有論に元々含まれていた規範的関心を取り出し，この側面に沿った研究を行おうとする。イアン・オフリンは，アレンド・レイプハルトの多極共存型民主主義論には，現実の民主主義のあり方の記述だけではなく，分断社会を安定させるための様々な規範的想定を見出すことができる，と述べる（O'Flynn 2007）[1]。それはたとえば，「分断社会におけるそれぞれの区画の自律性が確保されることは望ましい」といった想定である。つまり，多極共存型民主主義論／権力分有論は，分断社会の安定性はこのようにして実現される「べき」だという規範的次元をも伴う議論である。それにもかかわらず，レイプハルトをはじめとする多極共存型民主主義／権力分有論の研究者たちは，この規範的側面をどのようにして正当化するかという問題に十分に注意を払っていない。この問題に取り組むのが，熟議民主主義論なのである。

第二に，熟議民主主義論は，多極共存型民主主義論／権力分有論の非制度的な特徴に再注目し，この側面を継承・発展させようとする。たとえば，ユルグ・シュタイナーたちは，やはりレイプハルトの議論を参照しながら，次のように述べている（Steiner *et al.* 2017：9）。レイプハルトの多極共存型の権力分有論は，当初のオランダについての事例研究からラージNの比較分析へと展開した。しかし，その際に，当初の事例研究において重視されていた「調整の精神（the spirit of accommodation）」の文化的側面は，定量的な比較研究において測定しづらいために放棄された。その結果，彼の定量的な比較研究は，「調整」の説明において，もっぱら「制度的なアプローチ」に依拠することになった。しかし，権力分有の制度だけで「調整の精神」を欠く場合には，深く分断された人々の間に真の調整をもたらすには十分ではない。これに対して，分断社会の研究に熟議の概念を導入することは，レイプハルトの当初の「調整の精神」を取り戻すことを意味する。レイプハルトが「調整の精神」の概念で当初念頭に置いていたことは，今日では熟議の概念によって把握することができる。レイプハルトによれば，彼が政治リーダーたちは自分たちとは異なる側に手を伸ばそうとするということについて書いた時，それが意味していたのは，政治リーダーたちは他方の声を聴こうとし，その論議（argument）の力に納得しようとする，ということであった。[2)]これは，まさに熟議が意味するものである。[3)]

（2）「分断社会における熟議」をめぐる諸論点

①論点1：熟議できるのか？

熟議民主主義論者が熟議としての「調整」の重要性に立ち返るとして，次に問題になるのは，「本当に熟議できるのか？」である。この問題に対する熟議民主主義論の主張は，「熟議できる」である。このような評価は，分断社会における熟議民主主義について，シュタイナーら（Steiner *et al.* 2017）や，ディディエ・カルヴァエルツ／クリス・デスクハウアーの研究（Caluwaerts and Deschouer 2014）に見られる。シュタイナーらは，コロンビア，ボスニア・ヘルツェゴビナ，ブラジルにおいて，カルヴァエルツ／デスクハウアーは，ベルギーにおいて，分断的な地位に置かれている双方の人々を集めたミニ・パブリックスにおいて実験を行い，いずれにおいても，一定の熟議の質が確保されていると述べている。

②論点２：どのような熟議なのか？

分断社会においても熟議が可能であるとして，そこでの熟議はどのようなタイプの熟議なのだろうか。ここでは，この問題について，①熟議の目標，②熟議のコミュニケーション様式，の二点に沿って整理を行う。

第一に，分断社会における熟議の目標は何であろうか。しばしば熟議民主主義論者が主張するのは，「意思決定よりも理解」である。すなわち，深く分断された社会においては，何かを決定する前に，まずは深く分かたれた人々が，互いの理解を進めることが大切であり，そのための手段が熟議なのだ，というわけである。

理解を重視する議論の典型として，ボラ・カンラによる「社会的学習」としての熟議論がある（Kanra 2009）。それは，合意形成と意思決定以前に必要なものとして，互いの理解そのものを目指す熟議のことである。参加者に求められるのは，他者の立場になって考えることであるが，その目的は，あくまで自他の差異の解釈と理解にとどめられる。社会的学習としての熟議において重要なことは，熟議参加者たちが自らの価値や関心を自由に表明することである。価値や関心の自由な表明を認めること自体が，異なる人々に自らが尊重されているという感覚をもたらす。このような感覚が，熟議へのいっそうのコミットメントを促す。熟議へのコミットメントが確立することで，人々は自分たちと熟議の目標との間に結びつきを見出すようになる。この結びつきが人々の自己定義の参照点となり，それを基準として，各自が位置づけられている社会文脈を語ることができるようになる。このような社会的学習としての熟議を通じて，人々は他者をよりよく理解できるようになり，新たな帰属意識と共有されたアイデンティティを形成するようになるとされる。

セレン・A・エルカンも，「意思決定よりも理解」を志向して（Ercan 2016：2），分断社会における熟議を闘技民主主義と結びつけることを提案している。彼女が注目するのは，ウィリアム・E・コノリーの「闘技的敬意（agonistic respect）」の原理である。闘技的敬意の原理は，自己のアイデンティティは他者との関係によって構成されるという自己・アイデンティティ理解を基礎としつつ，多数者と少数者のアイデンティティの区別や前者の後者に対する優位を前提としないことを求める。自己のアイデンティティが他者との関係によって構成される偶然的なものであることの認識が，他者の声を注意深く聞くことにつながる（Ercan 2016：5）。このような闘技的敬意の原理は，熟議の場の設計において，当該争点に関する「存在するすべての言説」が包摂されるべきことを求める。それは，少数派の「不人気な見解」を支持する言説も，「敵」ではなく，その存在が正統なものとして認められるべき「対抗者」として扱われるべきことを意味する。分断社会における熟議の場は，このような「対抗者」たちの相互行為と対抗を促進する形で提供される必要がある（Ercan 2016：6）。

熟議民主主義論者が熟議を通じた理解の推進を唱える背景には，「分断」の非固定的な把握がある。エルカンは，イギリスにおいてイスラムの「名誉の殺人（honnor killings）」をめぐる熟議の中で，この問題が文化的・宗教的な差異の問題としてではなく，「西洋」にも共通するジェンダーの問題として認識されるようになったり，ジェンダーと文化との交錯（intersection）における問題として定義されるようになったことを指摘している。これは，「名誉の殺人」をめぐる様々な言説の対抗の中で，問題のフレーミングの仕方に変容が生じたことを意味している（Ercan 2016：10）。文化の非固定的な把握は，ジョン・S・ドライゼクにも見られる（Dryzek 2006）。彼は，「統一的な実態」としての「文化」把握を批判する。外部からは「文化」として統一的に見えるものは，実際にはその内部において「しばしば激しく争われている」。他方，分断社会で激しく対立する諸勢力も，「文化的にはほとんど同一」である場合が多い。そこでドライゼクは,「文化」と「言説」を区別し,一見同質的に見える「文化」も,複数の異なる「言説」によって構成されていると捉えることを提案する。

このような分断の非固定的な理解は,熟議を通じた「共通性」の構築という議論にもつながる[4)]。そもそも熟議民主主義論者が「理解」という用語で示唆していることの中には,異なる人々の間に何らかの共通性を作り出すことが含まれている。カンラの社会的学習論においては,熟議のプロセスの中で人々の自己定義のための共通の参照点が生まれることが述べられていた。エルカンの「闘技的敬意」については,そもそもこの原理自体がある種の共通性として共有されるべきものである。分断社会における熟議の目的には,差異を超える,あるいは差異の変容を通じた,何らかの共通性の構築も含まれるのである[5)]。

第二に,分断社会における熟議のコミュニケーション様式の問題に移ろう。熟議の標準的な理解は,それを,合理的ないし理性的なコミュニケーションのプロセスとして捉えるものである。そこで重視されるのは,発話において,他者にも受け入れ可能と想定される「理由」を述べ,その妥当性について相互に検討し合うことである。したがって,熟議に基づく民主主義は,「数の力」でも「利益の調整」でもなく,「理由の検討」のプロセスであるとされる(齋藤 2012)。しかし,このように熟議を理性・合理性中心的に考えることには,熟議民主主義論内部でも批判がある。そのようなコミュニケーションは,人々の差異を十分に尊重できず,「非理性的」「非合理的」な発話を行う(と見なされる)人々を,むしろ排除してしまうのではないか,というわけである。

熟議の合理性・理性中心的な考え方への疑問は,とりわけ分断社会における熟議において,重要なものとなる。分断社会において熟議する人々は,言語,文化,民族などにおいて大きく異なる人々だからである。したがって,もしも分断社会においても熟議が可能であるとすれば,それは,より人々の感情の側面に配慮した熟議なのではないか,という推測が成り立つ。

たとえば，社会的学習としての熟議を提案するカンラも，アイリス・M・ヤングによる標準的な熟議への批判論を参照して，理性／合理性を基礎とした論議（argument）というコミュニケーション様式だけではなく，挨拶，レトリック，物語りなどのコミュニケーション様式も含めた，より拡張された熟議のスタイルが社会的学習としての熟議には適していると判断しているように思われる（Kanra 2009：29-30）。これらのコミュニケーション様式は，ヤング自身の問題提起がそうであったように，感情・情念に基礎づけられたものであり，しばしば，このような「感情的な」コミュニケーション様式を含む熟議の方が差異をより適切に扱うことができると考えられている。また，ドライゼクは，たとえばアフリカにおける女性器切除問題について，単に人権侵害や家父長制の問題といった視点からこれを批判するのではなく，当該の状況に置かれた女性の個別的な状況の把握と，女性たちが自分たち自身の要求をどのようなものとして認識しているかの理解から始めるべきだと述べている（Dryzek 2006：42-43）。このような「個別的なもの」に焦点を当てるべきとの主張も，少なくとも一見する限りでは，理性的・合理的な論議よりも，より個々の女性の感情に寄り添ったコミュニケーションを求めているように思われる。

しかしながら，分断社会における熟議の研究においては，これらとはやや異なる見解も存在する。たとえば，シュタイナーたち（Steiner *et al.* 2017）は，分断社会における熟議において，一方の理性／合理性中心的な論議・理由づけと，他方の感情中心的な個人の経験談（personal stories）との，どちらがより熟議のレベル向上，つまり社会的分断を克服することに貢献するかを，コロンビア，ボスニア・ヘルツェゴビナ，ブラジルにおいて実施した議論グループにおける，参加者の発話行為の質的・解釈学的な分析によって検討した。その結果は，理性的／合理的な論議も「感情的な」個人の経験談も，どちらも熟議の質を高めることに貢献するけれども，個人の体験談の方が熟議の質を低下させる場合も多い，というものであった[6]。つまり，分断社会において，理性的／合理的な論議という熟議の

「正しい」モデルは必ずしも排除の機制として作用するわけではなく，むしろ，しばしばより差異に敏感な熟議を実現するとされる感情を基礎としたコミュニケーション様式の方が，コミュニケーションを非熟議的にする可能性が高い，というわけである。もちろん，シュタイナーたちは，感情に基づくコミュニケーション様式の積極的な効果を完全に否定しているわけではない。場合によっては（その用い方によっては），それは熟議の質を低下させることにもつながり得ると述べているのである。

以上を踏まえるならば，分断社会における熟議のコミュニケーション様式について，理性的／合理的なものと「感情的」なものとどちらがよいかは一概には言えない，ということになる。このような結論は，必ずしも熟議民主主義論にとって「困った」結論だというわけではない。なぜなら，熟議民主主義にとって重要なことは，コミュニケーションが理性中心的か，それとも感情に基づくものかということではなく，それが参加者に反省をもたらすかどうかであると考えられるからである（田村 2017：第4章）。研究方針の一つは，まさにシュタイナーたちが行ったように，どのようなタイプの発話が熟議の質を向上させたり低下させたりするのかを発話内容に即して分析することで，「理性か，感情か」という二分法に陥らない形で熟議のあり方を考えていくことであろう。

③論点３：どこで熟議するのか？

最後の論点は，分断社会における熟議はどこで行われるのかである。この論点に関する熟議民主主義論の対応は，大まかに言って，国家・政府レベルの政治制度を熟議民主主義の観点から捉え直そうとする議論と，市民社会・公共圏を熟議の主たる場と見なす議論との二つに分かれる（田村 2017：20）。

まず，熟議民主主義論の多くは，分断社会における熟議の場として，市民社会・公共圏を想定している。これには，シュタイナーたち（Steiner *et al.* 2017）やカルヴァエルツ／デスクハウアー（Caluwaerts and

Deschouer 2014）のように一般市民を集めて実験を行う場合や，エルカン（Ercan 2016）のようにミニ・パブリックスの事例研究を行う場合が含まれる。さらに，分断をめぐる諸言説を非分断的なものへと再構成するという局面を重視するドライゼクの場合も，そこにおける政治リーダーの役割を視野に入れるとはいえ，熟議の場として想定されているのは，（ミニ・パブリックスにとどまらない）市民社会・公共圏である。

市民社会・公共圏に注目する議論においては，しばしば多極共存型民主主義論／権力分有論の関心が，国家・政府レベルに偏り過ぎていることへの批判も見られる。たとえば，ドライゼクは，多極共存型民主主義論がエリート間の調整のみに焦点を当て，市民の果たし得る役割を考慮していないことを批判している。多極共存型民主主義論では，各「区画」の自律性が前提とされるが，そのことは社会的亀裂の固定化を意味する。その結果，紛争は永続化してしまうだろう。むしろ，分断社会においてこそ，市民間の社会的学習としての熟議の役割を認めるべきなのである（Dryzek 2006：51）。

しかし，もちろん熟議民主主義論が国家・政府レベルの熟議に注目しないというわけではない。分断社会についても，たとえば，北アイルランドにおける熟議民主主義について概観したある論文（Hayward 2014）では，英国―アイルランド協議会（British-Irish Council）などの政府レベルの協議のための諸制度を，熟議民主主義の制度として紹介している。より立ち入った考察の事例は，オフリンの研究（O'Flynn 2007）である。オフリンは，レイプハルトとホロヴィッツの間で行われた分断社会における選挙制度をめぐる論争に，熟議民主主義論の立場から参入している。ここでのオフリンの主張は，穏健性と包括性の両立問題について，選挙制度のレベルでは一般的にどちらがよいということはできないとして，議論の焦点を，選挙制度から立法府とそこでの連合政権形成へと転換するべき，というものである[7)]。具体的には，連合政権における大臣の選出の際に，対立する各政治勢力からの一定数の支持を必要とする過重多数決方式

(weighted-majority）を採用することが提案される。(O'Flynn 2007：748-750)。オフリンの提案自体は，熟議民主主義の視点からでなくとも可能なものである。したがって，彼の議論が，とりわけその制度提案において，どこまで「熟議民主主義的」であるのかについては疑問が残る(Drake and McCulloch 2011：379)[8]。とはいえ，ここでは，オフリンが熟議民主主義論の立場から，国家・政府レベルの政治制度についての議論を行っているということを確認しておけば十分である。

3　熟議システム論による解釈

本節では，先に述べた分断社会における熟議の場をめぐる諸議論を，熟議システム論の観点から整理し直す。熟議システム論の特徴の一つは，個別の熟議的な（あるいは非熟議的な）場や実践を，それ自体として見るのではなく，それらの連関において見るということにある。たとえば，熟議の場の一つであるミニ・パブリックスも，それだけを見ていてもその特徴や意義を把握することはできず，その外部の市民社会・公共圏や，最終的に意思決定を行う国家・政府との連関という観点から見なければならない(Dryzek 2010；田村 2017：第７章)。別の例を挙げるならば，個別（ミクロ）には熟議的とは見えないような抗議運動についても，それがマクロな社会全体に既存の社会通念や世論に反省をもたらす効果を持つならば，マクロな熟議システムにおける一つの要素として見ることができるようになる。非熟議的な実践のマクロな熟議的効果である（Tamura 2014)。

熟議システム論が熟議的（あるいは非熟議的）な実践や場の相互連関を見ることの意義は，経験的な水準（現象の再記述）でのみ見出されるというわけではない。それは，規範的な水準でも意味を持つ。規範的民主主義理論としての熟議民主主義は，一般的に，妥当と見なされ得る理由の提示と吟味すなわち「正当性」と，自己の見解や選好の強制的ではない形での見直しすなわち「反省性」とを，規範的基準とする（Dryzek 2016)。これらに加えて,「包括性」(O'Flynn and Curato 2015；田村 2017：第2章；Young 2000) や「(政治的) 平等」(O'Flynn 2007) が挙げられることもある。熟議システム論の立場からすれば，これらの規範的基準は，どれか一つの熟議の場・実践においてすべて満たされなければならないというわけではない。ある「熟議システム」は,「私的領域」,「公共空間」,「決定権限を付与された空間」,「伝導」,「アカウンタビリティ」などの要素からなるとされる (Stevenson and Dryzek 2014：27-29；Dryzek 2010：11-12)。たとえば,「公共空間」が「包括性」,「決定権限を付与された空間」が「正当性」,「伝導」が「反省性」という形で，個々の要素が別々の規範的基準を満たすとしよう。この場合，全体としての「熟議システム」は，包括性，正当性，反省性という三つの規範的基準を同時に満たすと評価することができる (O'Flynn and Curato 2015)。

以上の熟議システム論の立場を踏まえるならば,「分断社会における熟議民主主義」をどのように考えることができるだろうか。第一に，様々な制度や実践の相互連関を見ないで，制度や実践を羅列的に記述するだけでは不十分，ということである[9)]。もちろん，このような作業には，一見「熟議など不可能」と思われる場所において熟議の可能性を見出すという発見的な意義があることは確かである。そのような発見は,「熟議など不可能だ」という一般的な推測を超えた次元で,「分断社会における熟議民主主義」をめぐる研究を発展させる可能性がある。しかし，熟議システム論の観点からは，重要なことは，様々な熟議の発見ではなく，それらの相互連関の理解ということになる。

第二に，熟議システム論の観点からは，一つの制度や実践に焦点を当てるのではない見方をするべき，ということになる。たとえば，分断克服のための選挙制度をめぐる議論は,「公共空間」としての市民社会・公共圏における一般市民の相互理解および共通性の構築のための熟議の役割や，その「公共空間」において形成された意見の「決定権限を付与された空間」としての国家・政府への「伝導」との連関においてなされるべき，ということになるだろう。もしも「公共空間」における「社会的学習」としての熟議を通じて，相互理解と共通性の構築が進展するならば，それは「伝導」と「アカウンタビリティ」のあり方の変容をもたらし，結果的に，選挙制度に課せられる分断克服のための「責任」が軽減されるかもしれない。分断克服のための選挙制度の下でさえ分断が進行するとすれば，それは，「公共空間」から「決定権限を付与された空間」への，「伝導」と「アカウンタビリティ」のあり方がより分断的なもの——たとえば，より地域的・民族的な利益を主張するもの——になっているからだと推測される。「公共空間」における熟議は，そのような「伝導」と「アカウンタビリティ」をもたらす一般市民の見解や利害のあり方を変容させるかもしれない。

第三に，より規範的な水準から見るならば，システム的に見ることで，分断社会における熟議民主主義を考える場合に，それぞれの制度や実践に求められる規範性を適切に理解することができるようになる。上記のように，熟議民主主義の規範的基準としては，正当性，反省性，あるいは包括性／政治的平等が挙げられる。これらの基準をどれか一つの制度あるいは実践がすべて満たさなければならないと考えてしまうと，分断社会における熟議民主主義を，特に実現可能性という点において見込みの低いものと見なすことになってしまう可能性がある。これに対して，熟議システム論に依拠するならば，このような規範的要請の過剰とその結果としての実現可能性の低下という問題を，一定程度解決することができる。たとえば，「決定権限を付与された空間」としての国家・政府レベルにおける熟議においては，その論議における「正当性」の水準はそれなりに高い可能性がある。ここでのアクターである政治家は，議会において，それなりの理由を示して審議することに慣れているからである（Steiner *et al.* 2017）。しかし，「決定権限を付与された空間」においては，「反省性」や「包括性」については十分ではない可能性もある。まず，「反省性」については，確かに一方で，多極共存型民主主義論／権力分有論が主張してきたように，この空間においてこそ政治エリートの間に「調整の精神」が発揮され，「反省性」が確保される可能性がある。しかし，他方で，もしも政治エリートが代表する社会的利害がより分断克服に対して遠心的に作用するものである場合，政治エリートの言動は，それらの利害の「正当な」提示ではあるが，「反省的」なものではなくなる可能性もある。分断克服のための比例代表制の下で，各政治アクターの行動がより遠心的になる場合は，「決定権限を付与された空間」が「反省性」の規範的基準を満たさなくなっている状態であると言えよう。次に，「包括性」について言えば，「決定権限を付与された空間」における熟議は，たとえ「正当性」と「反省性」の二つの規範的基準を満たすことがあっても，「包括性」という点では限界を持つ。ある熟議システムが「包括性」の規範的基準を満たさないならば，それは「熟議」のシステムではあっても，熟議「民主主義」のシステムとは言い難い。「包括性」の規範的基準を満たすためには，「公共空間」としての市民社会・公共圏における制度的／非制度的な熟議の場や実践をどのようにして創出していくか，ということが重要な課題となる。

以上，熟議システム論の立場から，分断社会における熟議民主主義の再解釈を試みた。ここまでの議論では，「熟議システム」の単位を，事実上国家と同一視している。しかし，熟議システム論の射程は，このようなシステム＝国家にとどまるものではない。そこで次節では，熟議システム論のより広い射程を踏まえた議論を行う。

4　分断社会と自由民主主義の再検討
――熟議システム論の射程――

（1）　問題の所在

分断社会における民主主義を考える場合に，私たちは，どこまで通常の意味での代表制民主主義を前提しなければならないのだろうか。むしろ，代表制をその構成要素とするようなタイプの熟議システムとは異なるが，それと機能的に等価な別の熟議システムを構想し得るかもしれないのではないか。あるいは，分断社会においては，国家レベルよりも日常的なレベルにおける熟議が重要だということを，熟議システム論に依拠することで，より明確に語ることができるようになるのではないだろうか。

以上のような問いを発する前提は，熟議システム論が有しているポスト自由民主主義的契機[10]である。ドライゼクが主張するように，「熟議システムの基本的アイデアは，立法府・政党・市民フォーラム・選挙を含まない場合を含む，広範な制度状況に適用可能にするべく，一般化することができる」のである（Dryzek 2010：10-11)。具体的には，熟議システム論は，次の二つの意味で，熟議民主主義を自由民主主義の枠組を超えて考えるための契機を有している（田村 2017：第8章）[11]。第一に，自由民主主義的な代表制の相対化である。第3節で述べたように，あるシステムが「熟議」システムであるためには，「決定権限を付与された空間」が必要である。しかし，それが自由民主主義的な代表制でなければならない必然性はない。第二に，自由民主主義的な公私二元論の相対化である。「自由」民主主義的な政治の前提に自由主義的な公的領域／私的領域の区分があることは，とりわけフェミニズムによる問題提起によって（ペイトマン 1989=2014)，よく知られている。熟議システム論に依拠するならば，熟議システムを多層的に，かつ，この多層性を私的領域にまで及ぶものとして理解することができるようになる（田村 2017：第8章)。以下では，この二点に沿って，分断社会におけるポスト自由民主主義的な熟議システムを考えてみたい。

（2） 自由民主主義的な代表制の相対化

既存の分断社会論において，自由民主主義的な代表制の存在またはその導入の必要性は，かなりの程度共有された想定であったと思われる。熟議民主主義論の場合はどうだろうか。一般に，熟議民主主義論の多くもまた，自由民主主義を前提としている。しかし，熟議システム論は，熟議民主主義論においても共有されている，自由民主主義を前提とするこのような思考枠組を相対化する理論的射程を有している。第3節で述べたように，熟議システムの構成要素は，たとえば「決定権限を付与された空間」「伝導」「アカウンタビリティ」のように，抽象化された形でその規定を与えられている。これは，そのような役割・機能を果たし得る機能的に等価な複数の制度や実践を，少なくとも理論的には想定可能ということを意味している。すなわち，「決定権限を付与された空間」は，必然的に自由民主主義的な意味での代表制でなければならないわけではなく，「伝導」は自由民主主義において想定されるような政治・社会諸アクターによってのみ担われなければならないわけではなく，そして，「アカウンタビリティ」も自由民主主義的な選挙によってのみ確保されなければならないというわけでもない。したがって，もしも社会的分断の取り扱いにより適した「代表制」を見出すことができるならば，熟議民主主義は自由民主主義的な代表制にこだわる必要はない，ということになる。以下では，そのような代表制のアイデアの事例として，「市民代表」と「言説代表」について説明する。

①市民代表

市民代表とは，ミニ・パブリックスに無作為抽出で選出される人々など，選挙ではない方法で選ばれる人々を，ある種の「代表」として捉え直すための概念である。市民代表は，選挙あるいは利益団体や各種社会集団の要求の集計によっては代表されないような，よく吟味された意見を代表する可能性を有しているとされる（Urbinati and Warren 2008)。市民代表を自由民主主義の原理とは異なる代表制と見る場合の根拠の一つは，選挙以外の方法，とりわけ抽選による代表選出という手続の解釈にある。自由民主主義の代表制では，選挙による代表選出が通例とされるが，「民主主義」全般から見れば，選挙は代表選出のための一つの方法に過ぎない。むしろ，選挙よりも抽選の方が，誰もが等しく「代表」になり得るという点で，民主主義の理念に合致しているとも言い得る。

ただし，市民代表が必然的に，既存の自由民主主義的な代表制に取って代わるというわけではない。実際，ナディア・ウルビナティとマーク・E・ウォーレンは，市民代表はあくまで既存の代表制の補完的な役割を果たすものだと述べている（Urbinati and Warren 2008：405)。市民代表がどの程度ポスト自由民主主義的になるかは，それがどの程度「決定権限を付与された空間」として設計されるかによる。最も大きな権限を付与したものとして，カナダのブリティッシュ・コロンビア州の事例が挙げられる（岡田 2012；Warren and Pearse 2008)。同州では，州議会の選挙制度改革について，無作為抽出で選ばれた人々から成る「市民議会」において検討し，それを提案するという試みを行ったのである。ここまでの役割を付与された場合には，市民代表が決定権限の一部を共有したと解釈することは可能かもしれない。

もちろん，上記の解釈が可能だとしても，ブリティッシュ・コロンビア州の事例でさえ，市民代表は自由民主主義的な代表制に完全に取って代わったというわけではない。また，見方によっては，このような課題を市民参加的な仕組みによって遂行する必然性があったのか，という疑問も提示されるかもしれない。それでも，分断社会の文脈においては，このような市民代表による選挙制度の検討が意味を持つ可能性はある。分断社会においては，どのような選挙制度も一長一短である上に，シュタイナーらが示唆するように，一部の専門家による選挙制度の導入は，却って分断を悪化させる可能性もある（Steiner *et al.* 2017：11)。そのような場合には，単に「自由で公正な選挙制度」であればよいのではなく，「平等な人々の間での自由な熟議」を踏まえてこそ，より正統な（自由民主主義的な）選挙制度の導入（や改革）が可能になるかもしれない（O'Flynn and Curato 2015)。このような観点から，市民代表が選挙制度の導入や改正において重要な役割を担うようになればなるほど，自由民主主義的な代表制は――その完全な変化が起こるわけではないが――従来のものとは異なる制度形態として理解されるようになるかもしれない。

②言説代表

「言説代表」もまた，通常の選挙によって選出されるものとは異なる代表制についての提案である（Dryzek 2010：chap 3）。ドライゼクは，選挙による代表と並んで，ある争点について様々な言説ができるだけ等しく代表されるべきと考え，そのような代表の制度を「言説院（The Chamber of Discourses)」と呼ぶ。

彼が言説代表という概念を提案する理由は，以下の三点である。第一に，言説代表によって，民主主義による決定をより合理的なものにすることができる。民主主義が想定しているのは，ある提案が多様な観点から検討される機会が提供されることで，意思決定がより優れたものになる可能性である。多様な言説の代表は，民主主義のこの特性の強化につながる。第二に，通常の代表制における「個人」観への疑問である。「個人」を，単一の意見・観点を持つまとまった存在ではなく，複数の言説が交錯する「多層的な自己」として捉え返すことができるならば，「言説」を単位として代表を考えた方が，各自の「多層性」をより踏まえた代表制となると考えられる[12)]。第三に，民主主義の単位が明確ではない場合には，従来の意味での代表制の成立は難しい。なぜなら，そこではそもそも「誰が有権者なのか？」についての理解が共有できない可能性があるからである。典型的には，国境横断的な機関やNGO等によるネットワーク・ガバナンスにおける意思決定・政策形成に対しては，様々な言説が当該ネットワークにおける意思決定に反映されるようにするべきである。

言説院の提案が，自由民主主義的な代表制とは異なるアイデアであることは間違いない[13)]。ただし，ドライゼク自身は，このアイデアを「分断社会における熟議民主主義」と直接的に結びつけているわけではない。そこで，言説代表のアイデアを分断社会に引きつけた場合に何が言えるかについて，二つのことを述べておこう。第一に，言説代表の分断克服効果は両義的である可能性もある。すなわち，一方でそれは分断的／対立的な諸言説を適切に代表することで分断の克服に寄与する可能性を持つが，他方で，多様な言説が代表されるだけであれば――通常の代表制の場合と同じように――却って分極的／遠心的な効果を持つかもしれない。しかし，注意すべきことは，ドライゼクにとって代表制がすべてというわけではない，ということである。彼が言説代表を唱えるのは，あくまで選挙で選出されるのとは異なる代表制を熟議民主主義の立場から考えることができるということを示すためである。したがって，言説代表の概念は，それを含む「熟議システム」が「熟議的」であるかどうかということと併せて検討されるべきものである。たとえば，もしも言説院において代表された諸言説が分極的／遠心的なままであるならば，言説院は「包括性」や（各言説の立場からの）「正当性」の規範的基準を満たしてはいるものの，「反省性」の基準については欠如している，ということになる。この場合には，熟議システムの他の要素において，どのようにして「反省性」が確保されるかについて検討するべきであろう。

第二に，とりわけ次項での議論との関係では，ドライゼクが挙げた第三の理由が重要である。民主主義の単位・境界が不明確な場合として，ドライゼクが主に念頭に置いているのは，上記のように，国境横断的なガバナンス・ネットワーク（としての熟議システム）である。ただし，民主主義の単位が自明ではないのは，国境横断的なネットワークだけとは限らない。本稿では，国境横断的であろうと，そうでなかろうと，国家・政府という単位とは一致しない形で，社会のレベルで熟議システムを考えることができると考える。この場合の「システム」の単位は，あらかじめ定まっているとは限らない。そのような場合には，熟議の促進という観点からは，言説代表のアイデアを採用した方がよいと考えられる。

（3） 公私二元論の相対化――熟議システムの一つとしての日常生活

①問題の所在

熟議システム論は，国家や政府だけでなく，市民社会・公共圏や私的領域にもいくつかの「熟議システム」が存在し得る，という形での熟議システム理解を可能にする。つまり，複数の熟議システムが公的領域と私的領域を横断して遍在し得るのである。本項では，このような熟議システム理解について説明するとともに，この理解に依拠した場合に，「分断社会における熟議民主主義」への接近の仕方がどのように変わり得るかについて検討する。

なぜこのような検討が必要なのだろうか。多極共存型民主主義論／権力分有論の基本的な発想は，社会的分断の調整における国家・政府レベルの重要性である。たとえ社会が深刻な分断状況にあっても，あるいは，むしろそうであるがゆえに，国家・政府レベルの政治エリート間の「調整」，または，そのレベルでの政治制度の分断抑制効果が重要とされる。しかし，本稿は，それとは正反対の考え方を採ることもできるのではないかと問題提起したい。すなわち，たとえ国家・政府レベルにおいて分断が生じていても，人々の日常生活レベルで差異をめぐる「調整」が実現するならば，問題ないのではないだろうか。

実際，社会的分断を抑制するための国家・政府レベルの制度（典型的には選挙制度）が，むしろ社会的分断を強化してしまうことがあり得ることは，すでに指摘されている。比例代表制の問題はまさにこの点にあるとされるし，実際，たとえばベルギーにおいて，比例代表制の下で，より民族的な差異に沿った政党形成と政治的主張の提起がなされるようになることで，政党システムの分極化が進み，政治体制の不安定化が進行するようになったことが指摘されている（松尾 2011）。もしそうだとすれば，「社会」的分断の「政治」制度的な克服という方向性には，限界があるのではないだろうか。

ただし，本稿は，「政治」的**ではない**分断社会における「調整」の方策を模索するべき，と言いたいのではない。そうではなく，もしも「政治」そのものについての考え方を見直すならば，「社会」レベルであるにもかかわらず，「政治」による「調整」を通じた分断の克服という筋道を考えることもできるのではないか，と言いたいのである。このような発想について，「政治学の発想とは異なる」という見方もあるかもしれない。しかし，そのように見てしまうのは，政治学者が，「政治」をもっぱら国家・政府と関連づけて理解する認識枠組，すなわち「方法論的国家主義」に依拠しているからである[14)]。

以下では，熟議システム論をポスト方法論的国家主義の立場に則って再構成した上で，「分断社会における熟議」について，新たな考え方を提示してみたい。

②熟議システム論のポスト方法論的国家主義的な再構成

まず，熟議システム論をポスト方法論的国家主義の立場から再構成することを試みる。その際に手がかりとなるのは，熟議システム論の出発点には，公私二元論への批判と私的領域における熟議を把握しようとする狙いがあった，ということである。熟議システムの概念が最初に用いられたのは，ジェーン・マンスブリッジの論文（Mansbridge 1999）においてである。マンスブリッジは，家族，職場，友人関係などにおける「日常的な話し合い」も，熟議システムの重要な構成要素なのだと論じた。マンスブリッジが挙げるのは，次のような事例である（Mansbridge 1999：217-218）。親戚たちが集まるあるディナーの席で，他の女性たち全員がその夫の食事をテーブルに持ってくるために台所に向かうのを見た，ある夫婦の夫が，その妻に対して，「あなたも僕の料理を持ってきてくれる？」と尋ねた。それに対して，その妻は，「私は，自宅ではあなたの料理を持ってくることはやっていない。それなのに，どうしてここではそれをやらなければならないのか？」と尋ね返した。このやりとりの後，他の女性たちも料理を運ぶことをやめた。マンスブリッジは，このような妻の発言とその帰結について，国家における公式の意思決定ではないにもかかわらず，男女間の非対称的な関係という問題について，それが人々が議論し考えるべき問題であることを示したという意味で，そこに「政治的なるもの」を見出すことができると解釈する（Mansbridge 1999：214, 218）。熟議システム論の出発点には，このように「私的領域」においても熟議（の一形態としての「日常的な話し合い」）を見出そうとする問題関心が存在していたのである。

本稿は，この問題関心を継承・発展させようとするならば，熟議システム論における「システム」とは何かが再検討されなければならないと考える。マンスブリッジ自身は，「日常的な話し合い」に「集合的決定」の機能を見出すことには慎重であった。彼女は，集合的決定を行うのは，あくまで政府レベルの合議体であるとしている（Mansbridge 1999：212)。しかし，ポスト方法論的国家主義の立場から見ると，マンスブリッジは，彼女が有していたはずのポスト方法論的国家主義の契機を十分に発展させることができていない。もしも彼女が公私二元論の克服を真剣に考えるのであれば，「日常的な話し合い」を，（上記の例で言えば）親戚関係にある人々によって構成される一つの「システム」における「集合的決定」を行う実践として，明確に捉えるべきだったのではないだろうか。親戚関係を一つの「システム」と見なし，そこに「集合的決定」を見出すことができないのは，彼女が依然として方法論的国家主義に囚われているからだと考えられる。確かに，2000年代のマンスブリッジのいくつかの論文を見ると，より踏み込んだ形で公私二元論を乗り越えようとしているように見える。そのことは，たとえば「社会的決定（societal decisions)」という概念の採用に見て取ることができる（Mansbridge *et al.* 2012：8-9)。それにもかかわらず，結局のところマンスブリッジは，「日常的な話し合い」が行われる，私的領域における具体的な関係を，国家・政府と同様の「熟議システム」として把握するまでには至っていない（田村 2017：223-227)。このことは，彼女が国家・政府ではなく，「システム」という用語を用いることの理論的含意を十分に認識できていないことを意味しているように思われる。

これに対して，本稿は，公私二元論を問題にするマンスブリッジの着眼は，「日常的な話し合い」が行われる関係・場も一つの熟議システムとして見ることで，発展的に継承されると考える。もしも家族，職場，友人関係などにおいて問題が発生し，「日常的な話し合い」を通じて「集合的決定」が行われるならば，それらもまた一つの熟議システムを構成している，と考えるのである。この考えによれば，自由民主主義的であれ，非自由民主主義的であれ，「熟議システム」を国家・政府と同一視するべきではない，ということになる。熟議システムは，一方で国境横断的な次元でたとえば非国家・非政府的なガバナンス・ネットワークとして，他方で，国境よりも下位のレベルでたとえば家族として，構想されることができるはずなのである。様々な次元に遍在する複数の熟議システムの間の関係は，「入れ子型熟議システム」として理解することができる（Tamura 2014；田村 2017：第8章）。つまり，政治／民主主義の様々な場や実践は，①ある熟議システムの構成要素の一つであるとともに，②それ自体が一つの熟議システムでもある，ものとして捉え直すことができるのである。

③「分断社会における熟議民主主義」の再解釈

入れ子型熟議システムのアイデアに依拠することで，分断社会における熟議民主主義をどのように考え直すことができるだろうか。第3節では，国家・政府レベル（「決定権限を付与された空間」）と市民社会・公共圏レベル（「公共空間」）との相互連関に焦点を当てる考え方を紹介した。それ自体は，妥当な考え方である。しかし，入れ子型熟議システムのアイデアから見るならば，このような考え方は依然として方法論的国家主義に囚われているのではないか，との疑問も浮かんでくる。

これに対して，もしも熟議システムを入れ子型のものとして捉え直すことができるならば，次のように考えることができる。すなわち，たとえ国家・政府レベルの「熟議システム」において社会的分断が克服されていなくても，日常生活レベルの「熟議システム」においてその克服が達成されている状態を，社会的分断の一つの乗り越え方として提示することができるようになる。

このような日常生活としての熟議システムという解釈の意義は，グローバル化の中での多民族化・多文化を念頭に置く場合に，より理解できるようになるかもしれない。塩原良和は，グローバル化の中で，「ごく普通の人々が日常生活のなかで異なる民族や文化をもつ他者と出会い，対立・交渉を繰り返すなかで共存を目指して対話するという経験」が「ますます一般的なもの」になっていると言う（塩原 2012：153)。塩原自身は，このような日常生活での対話を通じて成立する関係を「(熟議）システム」と呼んでいるわけではない。しかし，彼の議論においては，異なる他者との関係は，「日常生活」という単位の中で発生し，その「調整」もまた「日常生活」において求められるものである。

これは，多極共存型民主主義論／権力分有論とは正反対の考え方である。多極共存型民主主義論／権力分有論では，社会レベルにおける分断は，国家・政府レベルにおいて調整される。社会的分断を国家・政府レベルで抑制するための選挙制度としてどのようなものが適切であるかが，議論されてきた（松尾 2013；中村 2015；O'Flynn 2007)。本稿の立場からすれば，このような議論の仕方は，そこで議論されている選挙制度が比例代表制であれ優先投票制であれ，「システム」をもっぱら国家・政府レベルに見出す考え方であると言える。これに対して，入れ子型熟議システム論では，社会レベルにおける分断は，社会レベルにおける一つの熟議システムにおいて調整される。この場合，国家・政府レベルにおいて分断が生じていても，社会レベルにおいては——あえて言えば——問題がないということになる。検討すべきは，国家・政府レベルの選挙制度をはじめとする公式の政治制度のあり方ではなく，社会レベルでどのような形で一つの「熟議システム」を作り出すことができるか，ということである。それは，「社会」問題の「社会」的解決ではない。それもまた，「社会」問題の「政治」的解決の一つである。

5　方法論的国家主義を越えて

本稿では，熟議民主主義論，とりわけ熟議システム論の立場から，分断社会をどのように論じることができるかを検討した。熟議システム論は自由民主主義を超える理論的射程を有しており，したがって，分断社会における熟議民主主義は，自由民主主義的な代表制および公私二元論の相対化を踏まえて検討されるべきである。この方針に基づき，本稿では，仮に国家・政府レベルにおける分断が存在しても，社会における熟議システムの一つとしての日常生活において「調整」がなされるならば，それを分断の克服と見なし得ることを論じた。これを政治学的な考え方ではないと思うならば，それは，「システム」をもっぱら国家・政府水準に見出す方法論的国家主義に囚われているためかもしれないのである。

ただし，本稿は以下の点で不十分である。第一に，分断社会における熟議民主主義の経験的研究の詳細に立ち入った検討ができていない。第二に，民主主義理論の中で熟議民主主義のみを対象としている。これらは，今後の課題として残されている。

注

1）　そもそもレイプハルト自身が，「多極共存型デモクラシーは，経験モデルであると同時に，規範モデルでもある」と述べている（レイプハルト 1979：13）。

2）　シュタイナーらは，レイプハルトとの個別のやり取りによって，この発言を得たとしている（Steiner *et al.* 2017：9，note 16）。

3）　シュタイナーたちは，政治制度の意義を否定するわけではない。しかし，彼らは，熟議のレベルは制度のあり方のみによって決まるのではなく，時間経過や争点によって大きく変化すると説く。つまり，制度の配置だけで，その中で行われる「調整」のあり方が一義的に決まるというわけではないのである。

4）　こうした共通性の構築への関心は，熟議民主主義論が分断社会において自己利益ベースの「取引」では不十分と見なす理由の一つとなっている（cf. O'Flynn 2017）。

5）ただし，その共通性の内容が何であるのかについては，必ずしも一義的に決まるものではない。たとえば，オフリンは，分断社会における熟議の目標を，「すべての人々を包摂する市民的ナショナリティ」の創出に求めている（O'Flynn 2006：56）。しかし，「共通性」は必ずしも「ナショナリティ」として構築されなければならないというわけではない。エルカンが示唆していたような，ある問題についての認識枠組の新たな共有も，ある種の共通性の構築であろう。オフリン自身も，より最近の論文では，熟議の目標として「共有された意図（shared intention）」という，より抽象化・一般化された概念を提起している（O'Flynn 2017：199）。

6）シュタイナーたちの実験においては，逆に「合理的な論議」が熟議に対して有害な影響を及ぼしたと見なし得るのはわずかに一件だけであった，とされている（Steiner *et al.* 2017：20-21）。

7）相対的に穏健な立場の政党だけが選挙制度を通じて選出されることは，熟議の場（としての議会）からあらかじめ特定の立場を排除することになり，「包括性」ないし「公開性」の観点から問題がある，というのがオフリンの主張である（O'Flynn 2007：750）。同様の指摘は，Drake and McCulloch（2011：381）にもみられる。

8）2007年論文（O'Flynn 2007）におけるオフリンの議論の主眼は，比例代表制における規範的基準である「包括性」と，優先投票制／選択投票制における規範的基準である「穏健化（moderation）」とは，それぞれ熟議民主主義に論における規範的基準である「公開性」と「相互性」で読み替えることができ，かつ，この二つの規範的基準の基底には「政治的平等」がある，ということを指摘することにある。分断社会における国家・政府レベルの熟議のより具体的な形態については，アンナ・ドレークとアリソン・マカロックの論文（Drake and McCulloch 2011）の方が詳しい。彼女たちは熟議を，①できるだけ多くの包括性を実現する第一段階と，②より公共的な理由の提示に基づいた論議を行う第二段階とに分け，争点ごとにこの段階の適用を考えるという提案を行っている。

9）たとえば，Ugarriza and Caluwaerts eds.（2014）所収のいくつかの論文には，このような傾向が見られる。

10）なお，「ポスト自由民主主義的契機」について述べる際に，レイプハルト（1979）の多極共存型民主主義論自体が非西洋諸国におけるそれをも視野に入れたものであったことを確認しておくことも重要であろう。ただし，レイプハルトの場合は，本稿でいうポスト方法論的国家主義的な視点があったとは言えない。

11）ただし，熟議システムの概念・アプローチに依拠するすべての研究が，本文で述べるような二つの契機を有しているというわけではない。

12) ただし，各自の「多層性」は，通常の代表制であっても，権力分有論が提案するような「優先投票制（preferential voting）」を採用することによって確保できるかもしれない（中村 2015：第1章，特に24-26頁）。

13) なお，言説院のあり方について，ドライゼクは，国家・政府レベルで設立される公式のものと，公共圏における非公式のものとがあると述べている（Dryzek 2010：62-64）。また，多様な言説を適切に代表するにはどうすればよいのかという点についても，無作為抽出やQ分類法などが検討されている（Dryzek 2010：52-56）。

14) 方法論的国家主義（methodological statism）の用語は，「方法論的ナショナリズム」（遠藤 2013；Wimmer and Schiller 2002）からヒントを得ている。

参考文献

遠藤乾（2013）『統合の終焉――ＥＵの実像と論理』岩波書店。

岡田健太郎（2012）「市民議会――ブリティッシュ・コロンビア州（カナダ）での選挙制度改革」篠原一編『討議デモクラシーの挑戦――ミニ・パブリックスが拓く新しい政治』岩波書店，179-206頁。

齋藤純一（2012）「デモクラシーにおける理性と感情」齋藤純一・田村哲樹編『アクセス　デモクラシー論』日本経済評論社，178-199頁。

塩原良和（2012）『共に生きる――多民族・多文化社会における対話』弘文堂。

田村哲樹（2017）『熟議民主主義の困難――その乗り越え方の政治理論的考察』ナカニシヤ出版。

中村正志（2015）『パワーシェアリング――多民族国家マレーシアの経験』東京大学出版会。

ペイトマン，キャロル（1989=2014）『秩序を乱す女たち？――政治理論とフェミニズム』（山田竜作訳）法政大学出版局。

松尾秀哉（2011）「ベルギー分裂危機と合意型民主主義」田村哲樹・堀江孝司編『模索する政治――代表制民主主義と福祉国家のゆくえ』ナカニシヤ出版，186-205頁。

松尾秀哉（2013）「分断社会における『和解』の制度構築――レイプハルトの権力分有モデルを中心に」松尾秀哉・臼井陽一郎編『分断と和解の政治学』ナカニシヤ出版，51-66頁。

レイプハルト，アーレンド（1979）『多元社会のデモクラシー』（内山秀夫訳）三一書房。

Caluwaerts, D. and K. Deschouer (2014) "Building Bridges across Political Divides : Experiments on Deliberative Democracy in Deeply Divided Belgium," *European Political Science Review*, 6 (3) : 427-450.

Drake, A. and A. McCulloch (2011) "Deliberative Consociationalism in Deeply Divided Societies," *Contemporary Political Theory*, 10 (3) : 372-392.

Dryzek, John S. (2006) *Deliberative Global Politics : Discourse and Democracy in a Divided World*. Cambridge : Polity.

Dryzek, John S. (2010) *Foundations and Frontiers of Deliberative Governance*. New York : Oxford University Press.

Dryzek, John S. (2016) "The Forum, the System, and the Polity : Three Varieties of Democratic Theory," *Political Theory*, online first 22 July 2016 : 1-27.

Ercan, Selen A. (2016) "From Polarisation to Pluralisation : A Deliberative Approach to Illiberal Cultures," *International Political Science Review*, online first, 7 January 2016 : 1-14.

Hayward, Katy (2014) "Deliberative Democracy in Northern Ireland : Opportunities and Challenges for Consensus in a Consociational System," in J. E. Ugarriza and D. Caluwaerts (eds.), *Democratic Deliberation in Deeply Divided Societies : From Conflict to Common Ground* : 189-205. Basingstoke : Palgrave Macmillan.

Kanra, Bora (2009) *Islam, Democracy and Dialogue in Turkey : Deliberating in Divided Societies*. Surrey : Ashgate.

Mansbridge, Jane (1999) "Everyday Talk in the Deliberative System," in Stephen Macedo (ed.), *Deliberative Politics : Essays on Democracy and Disagreement* : 211-239. New York : Oxford University Press.

Mansbridge, J., J. Bohman, S. Chambers, T. Christiano, A. Fung, J. Parkinson, D. F. Thompson, and M. E. Warren (2012) "A Systemic Approach to Deliberative Democracy," in J. Parkinson and J. Mansbridge (eds.), *Deliberative Systems : Deliberative Democracy at the Large Scale* : 1-26. Cambridge : Cambridge University Press.

O'Flynn, Ian (2006) *Deliberative Democracy and Divided Societies*. Basingstoke : Palgrave Macmillan.

O'Flynn, Ian (2007) "Divided Societies and Deliberative Democracy," *British Journal of Political Science*, 37 (4) : 731-751.

O'Flynn, Ian (2017) "Pulling Together : Shared Intentions, Deliberative Democracy and Deeply Divided Societies," *British Journal of Political Science*, 47 (1) : 187-202.

O'Flynn, I. and N. Curato (2015) "Deliberative Democratization : A Framework for Systemic Analysis," *Policy Studies*, 36 (3) : 298-313.

Parkinson, J. and J. Mansbridge (eds.) (2012) *Deliberative Systems: Deliberative Democracy at the Large Scale*. Cambridge : Cambridge University Press.

Steiner, J., M. C. Jaramillo, R. C. M. Maia, and S. Mameli (2017) *Deliberation across Deeply Divided Societies : Transformative Moments*. Cambridge : Cambridge University Press.

Stevenson, H. and J. S. Dryzek (2014) *Democratizing Global Climate Governance*. Cambridge : Cambridge University Press.

Tamura, Tetsuki (2014) "Rethinking Grassroots Participation in Nested Deliberative Systems," *Japanese Political Science Review*, 2 : 63-87.

Ugarriza, J. E. and D. Caluwaerts (eds.) (2014) *Democratic Deliberation in Deeply Divided Societies: From Conflict to Common Ground*. Basingstoke : Palgrave Macmillan.

Urbinati, N. and M. E. Warren (2008) "The Concept of Representation in Contemporary Democratic Theory," *Annual Review of Political Science*, 11 : 387-412.

Warren, M. E. and H. Pearse (eds.) (2008) *Designing Deliberative Democracy: The British Columbia Citizens' Assembly*. Cambridge : Cambridge University Press.

Wimmer, A. and N. G. Schiller (2002) "Methodological Nationalism and Beyond : Nation-State Building, Migration and the Social Sciences," *Global Networks*, 2 (4) : 301-334.

Young, Iris M. (2000) *Inclusion and Democracy*. New York : Oxford University Press.

（たむら・てつき：名古屋大学）

CHAPTER 2

格差，治安，再分配支持

——国家間のマルチレベル分析——

飯田　健［同志社大学］

1　所得格差と再分配支持の関係

社会における格差の存在は人々の間での政府による再分配への支持を強めるのか。これまで先行研究ではこの問いに対して，異なる見解が示されてきた。格差は再分配支持を強めるという主張がある一方，格差は逆に再分配への支持を弱めるとの主張もある。また，そもそも格差と再分配支持とは直接関係が無いとの主張もある。

こうした状況をふまえて本研究では，再分配支持に対する国レベルの格差と個人レベルの所得との交互作用に着目しつつ，社会における格差の存在が間接的に人々の間での再分配支持を高めると主張する。一般的に個人レベルにおいて，高所得者ほど再分配に反対するという意味で，所得は再分配支持を強く規定する。しかしながら，このような所得の再分配支持への負の影響は国家間で必ずしも一定とは限らず，国によって高所得者が低所得者と比べて再分配に反対する度合いは異なると考えられる。このことから，低所得者は常に再分配を支持するとして，高所得者が再分配に反対する度合いが小さい国ほど，全体としての再分配支持の割合も高くなるであろう。

さらにこうした個人レベルにおいて所得の再分配支持に対する負の影響における国ごとの違いは，国レベルの所得格差によって説明される。所得格差の拡大は貧困層の犯罪による治安の悪化をもたらすが，極端な治安の悪化は高所得者層をして政府による貧困対策，つまり再分配を支持する動機を与えるであろう。

本研究は，2006年に三十数カ国において実施された世論調査データを用いて以上の仮説を検証することによって，国レベルの所得格差は治安悪化を恐れる高所得者層の再分配への反対を弱めることを通じて，間接的に国レベルの再分配支持の割合を高めると主張する。

2 リサーチクェスチョン

（1） 再分配支持を説明する諸要因

政府の福祉政策に対する人々の支持のレベルは国によって大きく異なることが知られている（e.g., Brooks and Manza 2007；Pettersen 1995；Smith 1987；Svallfors 1997）。政府による福祉サービスの提供について人々の間での支持が高い国がある一方で，それが低い国もある。Brooks and Manza（2007）によると，こうした人々の福祉政策への支持の国家間の違いは，近代福祉国家の発展を理解する上で重要な鍵となる。すなわち先進国において人々の間で福祉政策への支持が高いことは，より手厚い福祉給付に結びついており，近代福祉国家の発展は人々の支持レベルにおける国家間の違いがどのようにして生まれるのか検討することなしに適切に理解することはできない。

これまでこうした国家間における福祉政策に対する人々の支持の違いについて，計量分析を用いた先行研究ではさまざまな説明が提示されてきた。第一に，個人主義や平等主義といったその国の支配的価値観が世論の形成に大きな影響を与えているとする政治文化論的説明がある（Blekesaune and Quadagno 2003；Lipset 1996；Norris and Inglehart 2004）。また第二に，人々の福祉政策への態度は階級的，宗教的，人種的亀裂における立場に依存するとする社会学的説明がある（Flanklin *et al.* 1992）。第三に，福祉政策から得られる自己利益を計算して態度を決めるという経済的説明がある（Blekesaune 2007；Duch and Taylor 1993；Iverson and Sockie 2001）。第四に，過去の政策のあり方が短期的（Stevenson 2001），そして長期的（Pierson 1996）に福祉政策への態度を決めるという政策フィードバック論からの説明がある。最後に，福祉レジーム（Esping-Andersen 1990）の違いによって国ごとの人々の間での福祉政策支持態度の違いが生じるとする制度論的説明がある（Arts and Gelissen 2001；Gelissen 2000；Larsen 2008；Iida and Matsubayashi 2010）。

（2）　所得格差の影響

一方で，近年注目を集める所得格差が人々の福祉政策支持態度に対して与える影響については議論が分かれている。第一に，所得格差の存在は福祉政策への支持を強めるとの主張がある（Meitzer and Richard 1981, 1983；Moene and Wallerstein 2001, 2003）。Meitzer and Richard（1981）の理論モデルによると，政府による再分配は，それによって高所得者から低所得者へ所得移転が行われるだけの単なる「ゼロ・サムゲーム」であり，完全に平等な状態では誰も再分配を求める動機をもたない。したがって，その平等な状態から所得格差が拡大し，再分配によって得をする低所得者が増えるほど，全体として福祉政策支持の割合が高くなるという。第二に，所得格差の存在はかえって福祉政策への支持を弱めるとの主張もある（Benabou 2000；Kelly and Enns 2010）。この主張が導かれる理論的前提は，政府による再分配は公共投資を通じて所得に関係なく社会全体の福利厚生を向上させる「ウィンウィン・ゲーム」であり，完全に平等な状態では誰もが再分配を求める，というものである。そのため平等な状態から所得格差が拡大し，再分配によって損をする高所得者が増えるほど，全体として福祉政策支持の割合が低くなるという。

最後に，所得格差はそれ自体が直接的に福祉政策の支持に影響を与えないとの見解もある（Dallinger 2010；Kenworthy and Pontusson 2005；Kenworthy and McCall 2008）。これらの研究は，所得格差の再分配支持に対する影響は複雑であり，福祉レジームのタイプといった制度的要因や経済成長率といったマクロ経済要因に条件づけられるということを示唆している。

このように所得格差と再分配支持の関係をめぐっては先行研究において見解が分かれている一方で，これらの先行研究にはある一つの共通の前提も存在している。それは，高所得者ほど再分配を支持しない（あるいは低所得者ほど再分配を支持する），というものである。所得移転という再分配政策の性質を考えたとき，このことは自然であり，実際管見した限りすべての先行研究のデータ分析において，経験的にも個人レベルの所得は再分配支持に負の影響を及ぼしている。

もちろん，こうした所得と再分配支持の関係についての頑強な知見については疑う余地は無い。しかしながら，そうであるからこそ考慮すべき一つの可能性がある。それは，所得が再分配支持に与える負の影響の度合いは国ごとに異なっており，そのことが国家間における再分配支持の程度の違いを説明するという可能性である。つまり，どの国でも高所得者ほど再分配に反対するとしても，その度合いは国によって異なっており，それが弱い国ほど，全体として再分配支持の割合も高くなると考えられる。個人レベルの所得が再分配支持に対して与える負の影響が一般的に大きいからこそ，それが弱い国では全体として再分配支持の割合が高くなるであろう。

3　理論的検討

以上の問題関心をふまえて本研究では，所得格差が大きい国ほど，貧困層の犯罪による悪い治安状態の改善を願う高所得者が政府による再分配を支持し，所得が再分配支持に与える負の影響が小さくなるため，全体としてその国の人々の間での再分配支持の割合が高くなると主張する。この主張は次の理論的因果メカニズムから導かれる。

第一に，所得格差が大きい国ほど貧困層が金銭目的の凶悪犯罪に走る結果，治安が悪くなる。所得格差の増大は貧困層の増大をもたらす（Fosu 2010）。そして貧困層は無職かあるいは低賃金の職に就いていることが多いため，犯罪の機会費用が低く，犯罪に手を染めやすい。つまり犯罪を起こして捕まっても，彼らにとっては失う職が無かったり，低賃金の職を失ったりするだけなので，それに伴う費用が小さい。実際，Fajnzylber *et al.*（2002）は他の変数の影響や内生性を考慮してもなお，一つの国において所得格差が大きくなるほど凶悪犯罪は増える上，国家間において格差の大きい国ほど，凶悪犯罪の発生率が高いことを示している。またアメリカの都市部において，所得格差の増大は窃盗犯罪には影響が無いものの，強盗や殺人などの凶悪犯罪の発生率を上昇させる効果をもつ（Kelly 2000）。

第二に，治安が悪いことにより身の危険を感じる高所得者層が再分配を支持するようになる。貧困の増大によって治安が悪化したとして，少なくとも数の上でその最大の犠牲者は富裕層ではなく貧困層である。しかしながら，高所得層も決して犯罪の脅威とは無縁ではなく，治安が悪い国の高所得層ほど，強盗や誘拐などの身の危険にさらされるであろう。治安が悪化する中，超富裕層であれば，ゲーテッドコミュニティに居住したり，ボディガードをつけたりするなど，自分で対策を取ることができるが，一般的な高所得層にとって最も考えられる手段は，政府に対策を求めることである。彼らは政府に対して警察力の強化を求めると同時に，その根本原因である貧困への対策をも求め，その一部として自らの経済的利益を減少させる可能性があったとしても，政府による所得再分配政策，つまり福祉給付の拡充，貧困層向けの教育プログラム，公共投資などを支持するであろう。実際，再分配政策が犯罪を減少させることについての経験的証拠として，アメリカの都市部のデータを分析したFoley（2011）は，毎月の福祉給付の支払いに合せて犯罪発生数が変化していることを示している。

第三に，高所得者層が再分配を支持することにより，全体としてその国における再分配支持の割合も高くなる。政府が高所得者から税金を徴収しそのお金を低所得者向けの政策を実行する費用に充てるという再分配政策の性質に鑑みて，少なくとも経済的な観点から低所得者にとって再分配政策に反対する動機は無い。そしてどの国でも低所得者はほぼ一様に再分配政策を支持しているならば，再分配を支持する高所得者の割合が高くなるにつれ，相対的に全体としての再分配支持の割合も高くなるであろう。つまり，国全体の再分配の支持の割合は，主に低所得者ではなく高所得者が再分配政策を支持する割合によって決まると考えられるのである。

以上の理論的検討から，経験的に検証可能な仮説として次の二つが導かれる。第一に，所得が再分配支持に与える負の影響が小さい国ほど全体として再分配支持の割合が高いであろう。第二に，格差が大きい国ほど治安が悪く，他の国と比べて高所得者が再分配を支持する傾向が強いであろう。本研究ではこれらの仮説を検証することを通じて，国レベルの所得格差は個人レベルの所得の再分配支持態度に対する負の影響を弱めることによって，国レベルの再分配支持の割合を高めると主張する。

なおこれらの仮説に関連して，Finseraas（2009）は所得格差が大きい地域ほど高所得者の間での再分配反対が低いこと，またRueda and Stegmueller（2016）はそれが治安の悪化によってもたらされることをすでに論じているが，いずれも西ヨーロッパ地域についての知見であり，本研究はこれらとは異なるデータと手法を用いてより多国間に研究対象を拡張するという点で独自性をもつ。

4　データ分析

これらの仮説を検証するために，ここでは国レベルのデータと統合した個人レベルのサーベイデータの分析を行う。個人レベルデータはISSP（International Social Survey）が2006年に実施したRole of Government IV調査のものを用いる。この調査は政治的，経済的，社会的問題についての政府の責任と業績に関する人々の態度を評価する目的で33の国，あるいは35の国と地域で実施されたものである[1]。

この調査では政府による再分配支持態度をたずねる質問文として次のものが用いられている。

On the whole, do you think it should or should not be the government's responsibility to reduce income differences between the rich and the poor?
（全体として，裕福な人々と貧しい人々との間の所得格差を縮小することは政府の責任であるべきだと思いますか，それともそうあるべきではないと思いますか）

この質問は，さまざまな政府の役割に対応する各項目について全体として政府にとってそれを行う責任があるべきと思うかどうかたずねる質問群のうちの一つとして調査に含まれているものである。ここでは「裕福な人々と貧しい人々との間の所得格差を縮小すること」が政府の責任であるべきかどうかという問いに対する回答によって，政府による再分配の支持態度が測定されている。この質問に対して「確実にそうあるべき（Definitely should be）」あるいは「たぶんそうあるべき（Probably should be）」，「たぶんそうあるべきではない（Probably should not be）」，「確実にそうあるべきではない（Definitely should not be）」の４段階で回答が与えられており，このうち前二者を政府による再分配支持とみなす[2]。図１はこの質問によって測定された再分配支持の割合を国ごとに示したものである[3]。

これによると再分配支持が高い順に，イスラエルのパレスチナ人，次いでポルトガル，チリと続き，スロベニアまでが支持の割合が90％を超えている。一方，低い順番にニュージーランド，アメリカ，チェコ，デンマークまでが再分配支持の割合60％に達していない。こうした国ごとの再分配支持割合の違いをもたらした個人レベルでの再分配支持態度を規定する要

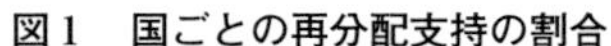

図1　国ごとの再分配支持の割合

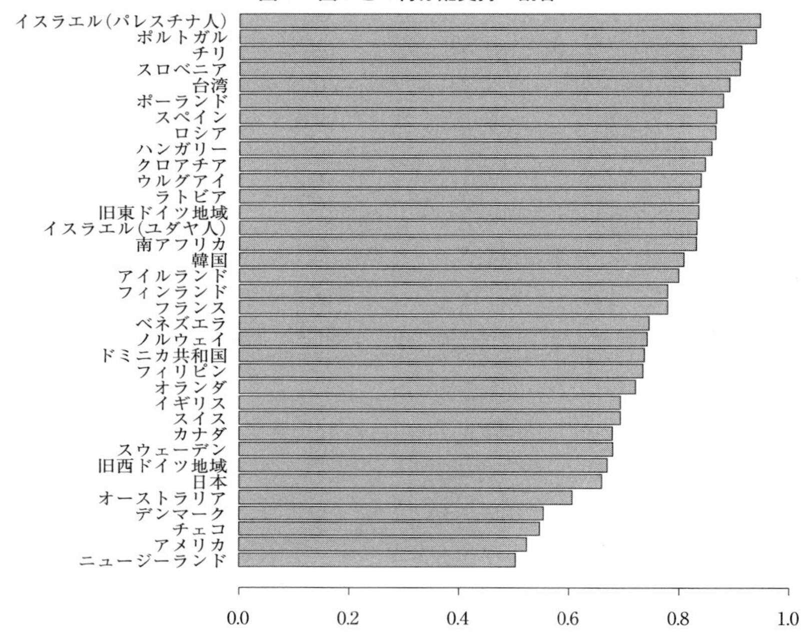

データ出所：ISSP Role of Government IV 2006.

因について，国レベルの所得格差と個人レベルの所得との交互作用，および各国に固有の固定効果を考慮しつつ検討することがここでの分析の課題である。

（1）　マルチレベル分析

まず従属変数である再分配支持について，先の質問に対する「確実にそうあるべき」および「たぶんそうあるべき」との回答を１，「たぶんそうあるべきではない」および「確実にそうあるべきではない」との回答を０とコーディングしたダミー変数を作成する。

次に個人レベルの独立変数として所得を含める。ただし所得は国によって貨幣価値も異なれば，回答選択肢の数も異なるため，ここでは各国の回答者の所得について，それぞれ回答選択肢を所得の小さい順に数値化した上で，その第１四分位の値，第３四分位の値を計算し，第１四分位以下の回答を１，第３四分位以上の回答を３，残った中央値前後の回答を２と三段階にコーディングした。なお第１四分位「以下」，第３四分位「以上」としたため，どの国でも回答者はだいたい３つのカテゴリにほぼ均等に分けられている。またその他個人レベルの独立変数としては，男性ダミー（１：男性，０：女性），年齢（年齢をそのまま），婚姻ダミー（１：既婚，０：未婚），失業ダミー（１：失業，０：それ以外），教育年数（教育年数をそのまま）を含める。

これらの個人レベルデータに加えて，国レベルのデータとして所得格差の度合いを表す再分配後のジニ係数[4)]，対数をとった一人当たりGDP，年率換算のGDP成長率，政府支出に占める社会支出の割合，対数をとった人口[5)]を含める。データ年はすべて2006年でそろえているが，最後の三つの変数については台湾のデータが入手できないため，以後の分析は台湾の標本を除く，全部で34の国と地域の標本に対して行われる。またこれらに加えて，民族的断片化の度合い[6)]も含める。

表１は，国ごとに切片と個人レベルの所得の係数が異なることを前提としたマルチレベルロジットの推定結果である。モデル１は国レベルのジニ係数と個人レベルの所得の交互作用を考慮しないもの，モデル２はそれを考慮したものであり，とりあえずのところこの表にある所得の推定値は，国による違いを反映しないものとなっている。

まずモデル１について見ると，個人レベルの所得の係数の推定値が１％水準で統計的に有意な負の値を示している。つまりすべての国で所得の再分配支持への影響が一定であると仮定した場合，全体として高所得者ほど再分配に反対している，ということである。一方で，国レベルのジニ係数の推定値は10％水準でも統計的に有意な値を示しておらず，社会における格差は直接個人レベルの再分配支持態度を規定しないという関係が示唆される。

表1　所得格差と再分配支持

	モデル1	モデル2
個人レベル変数		
定数項	4.842	5.840
	(3.204)	(3.306)
男性	−0.219**	−0.220**
	(0.027)	(0.027)
年齢	0.004**	0.004**
	(0.001)	(0.001)
既婚	0.002	0.003
	(0.030)	(0.030)
失業	0.141*	0.147*
	(0.062)	(0.062)
教育年数	−0.039**	−0.039**
	(0.004)	(0.004)
所得	−0.356**	−0.909**
	(0.044)	(0.143)
国レベル変数		
ジニ係数	1.765	−0.959
	(2.196)	(2.173)
一人当たりGDP（対数）	−0.122	−0.126
	(0.218)	(0.209)
GDP成長率	0.048	0.046
	(0.058)	(0.058)
政府による社会支出割合	0.018	0.018
	(0.014)	(0.014)
民族的断片化	−1.024	−1.008
	(0.722)	(0.728)
人口（対数）	−0.133	−0.135
	(0.091)	(0.091)
所得×ジニ係数		1.635**
		(0.409)
N（個人レベル）	33,494	33,494
N（国レベル）	34	34
対数尤度	−16962.8	−16956.5

有意水準：** $p<0.01$ * $p<0.05$ † $p<0.10$
括弧内の数値は標準誤差。

さらにその他の個人レベルの独立変数についてみると，年齢と失業ダミーが少なくとも５％水準で統計的に有意な正の値，男性ダミーと教育年数が少なくとも５％水準で統計的に有意な負の値を示しており，年齢が高いほど，失業しているほど，女性ほど，教育年数が少ないほど，再分配を

図2　国ごとの所得の係数の推定値

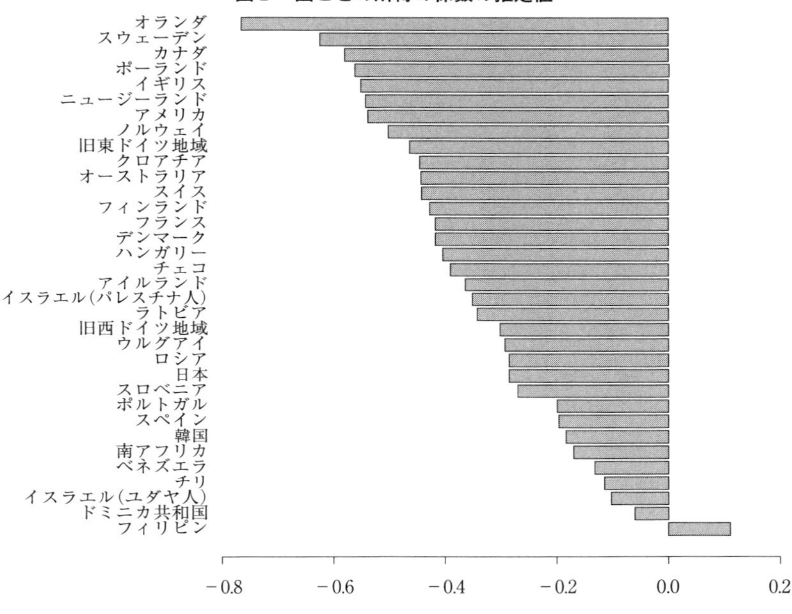

支持する傾向があることがわかる。

次に図2は，個人レベルの所得の係数について国ごとの推定値を示したものである。これによると，所得の係数の推定値は概ね負の値をとっているものの，その度合いは国によって大きく異なっており，最も低いオランダは−0.760である一方で，最も高いフィリピンは+0.109と正の値すら示している。つまり，高所得者と低所得者との間で政府による再分配をめぐって意見が割れる度合いは国によって異なっているのである。

(2)　所得格差と再分配支持

さらに図3は，図2で示した国別の所得の係数の推定値を横軸に，図1で示した再分配支持の割合を縦軸にプロットしたものであり，図中の右肩上がりの直線は後者を前者に回帰させた際の回帰直線を表す。両変数間の相関係数は+0.367であり，5％水準で統計的に有意となっていることか

図3　所得の係数の推定値と再分配支持

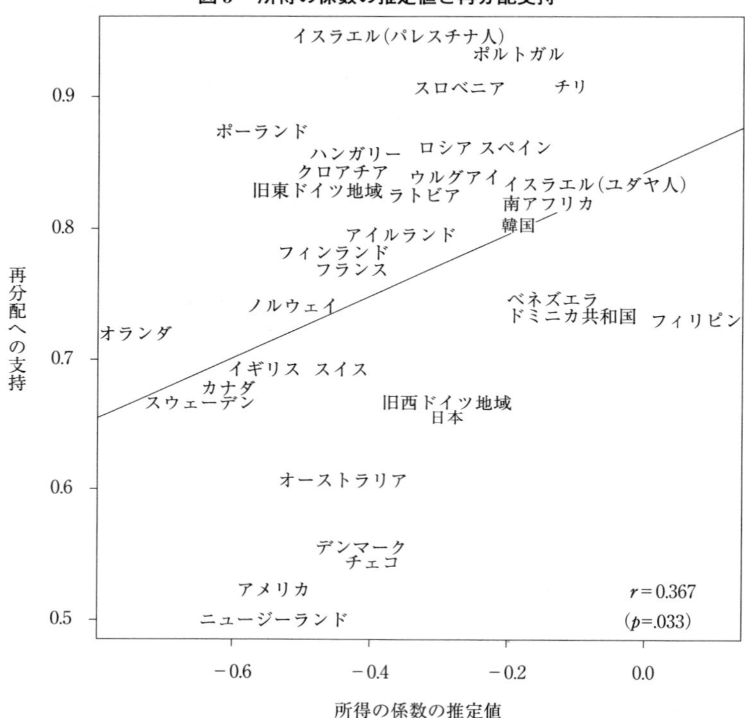

ら，所得の係数の推定値が大きな国ほど，再分配支持の割合が高いことがわかる。つまり，高所得者が再分配を支持しない度合いが小さい国ほど，全体として再分配支持の割合が高いということである。

仮説によると，こうした所得の係数の推定値の国ごとの違いはその国の所得格差の度合いによって説明される。国レベルの格差と個人レベルの所得の係数の推定値との交差項の推定に移る前に，まずは各国の再分配後のジニ係数を横軸に，個人レベルの所得の係数の推定値を縦軸にとった図4で，両者の関係について確認しておこう。右肩上がりの直線は後者を前者に回帰させた際の回帰直線を表しており，両変数間の相関係数は＋0.568と，１％水準で統計的に有意となっている。すなわち，所得格差が大きい

図４　所得格差と所得の係数の推定値

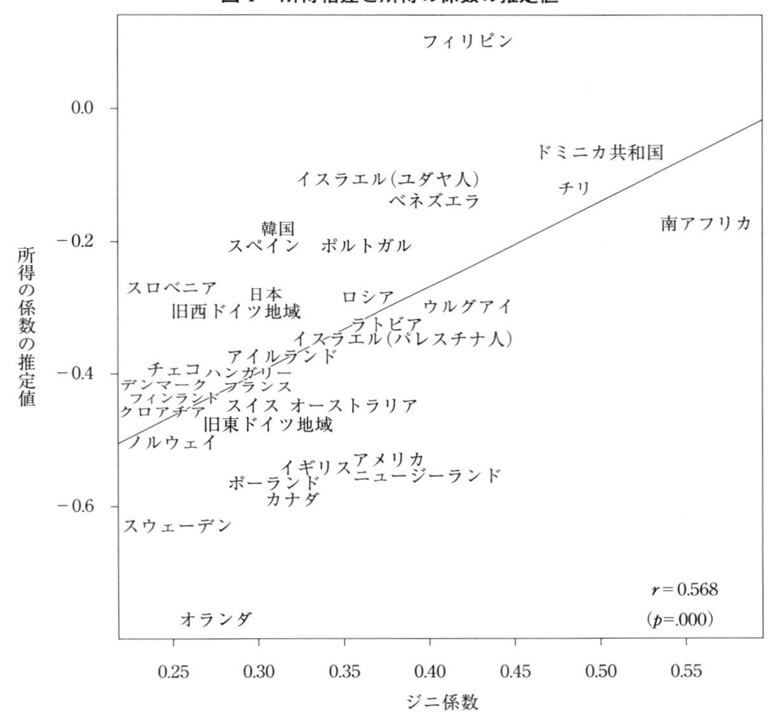

国ほど個人レベルの所得格差の係数が大きくなっており，高所得者ほど再分配に反対する傾向が弱いということがわかる。

このことをより厳密に検証するために，国レベルの格差と個人レベルの所得の係数の推定値との交差項を推定した表１のモデル２を見ると，この交差項の係数の推定値は１％水準で統計的に有意な正の値を示していることから，国レベルの格差が大きくなるほど個人レベルの所得の係数の推定値は大きくなっていると言える。図５はこの推定結果にもとづき，個人レベルの所得の係数の推定値を国レベルの格差の一次関数とみなし，実際に観察されうる範囲で国レベルの格差の値が大きくなるにつれ，個人レベルの所得の係数の推定値およびその95％信頼区間がどのように変化するか図

図5　所得格差の関数としての所得の再分配支持への影響

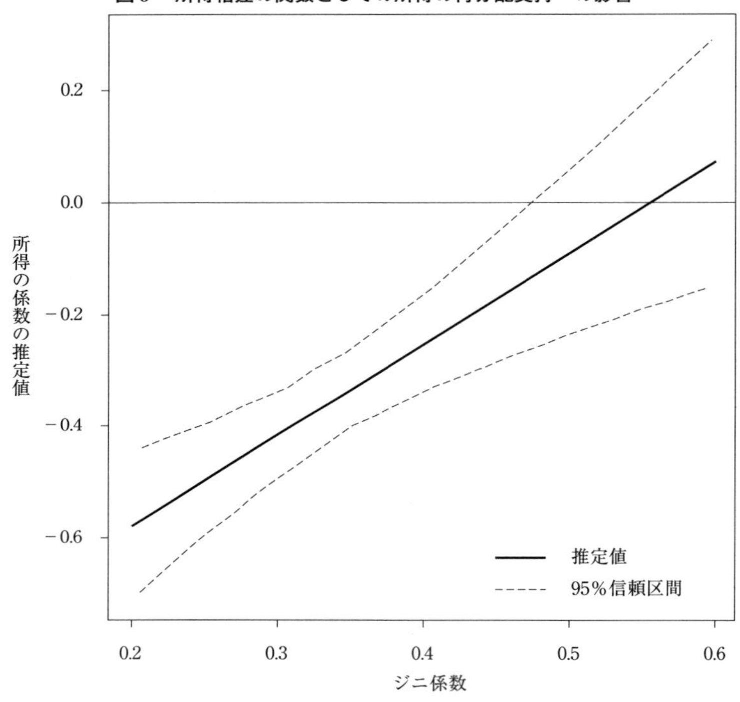

示したものである。

これによると，ジニ係数が0.20のとき個人レベルの所得の係数の推定値は−0.582で，５％水準で統計的に有意となっているが，ジニ係数が大きくなるにつれ推定値は大きくなり，ジニ係数が0.50に達するまでには５％水準で統計的に有意ではなくなる。またジニ係数が0.60を超えるまでには個人レベルの所得の係数の推定値は５％水準で統計的に有意ではないものの正の値を示すようになっている。

図６はこの結果をより具体的に示すために，ジニ係数の異なる二つの国（スウェーデンとベネズエラ）について，男性，40歳，既婚，就労中，教育年数12年を想定し，GDP成長率など国レベルの変数については各国の

図6　所得格差の関数としての所得の再分配支持への影響（予測確率）

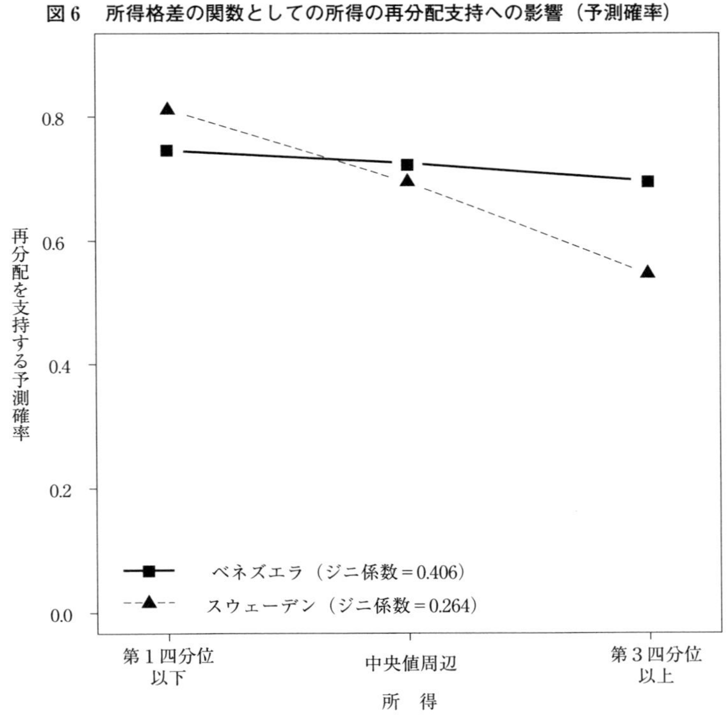

※男性，40歳，既婚，就労中，教育年数12年を想定，国レベルの変数は各国の実際の値。

実際の値を用いて，それぞれ所得階層ごとに政府による再分配を支持する予測確率を計算したものである[7)]。これによるとジニ係数が0.264と比較的低く所得格差が小さいスウェーデンでは，再分配支持の予測確率が低所得の階層で0.812，中所得の階層で0.695，高所得の階層で0.547と，所得によって最大0.265ポイントもの違いが生じており，所得によって再分配支持の度合いが大きく異なっている。一方，ジニ係数が0.406と比較的高く所得格差が大きいベネズエラでは，再分配支持の予測確率が低所得の階層で0.747，中所得の階層で0.722，高所得の階層で0.696と，所得によって最大0.051ポイントしか違いが生じておらず，所得によって再分配支持の度合いがあまり変わらないと言える。

より重要なこととしてこの図から見て取れるのは，ジニ係数の値にかかわらずどの国でも低所得者の間では再分配支持の予測確率は一様に高い値を示しているのに対し，高所得者の間ではこれらの国において再分配支持の予測確率は大きく異なっているということである。つまりこれは個人レベルの所得により再分配をめぐって意見が分かれる度合いは，低所得者の間での再分配支持の度合いではなく，高所得者の間での再分配支持の度合いに依存しているということを意味する。

（3） 治安と再分配支持

さて，仮説によるとこのように所得格差が大きい国ほど高所得者が政府による再分配を支持する傾向にあるのは，格差が治安の悪化をもたらすからである。図7はこのことを確認するために，国レベルのジニ係数を横軸に，対数をとった10万人あたりの殺人事件発生件数[8)]を縦軸にプロットしたものである（右肩上がりの直線は前者を後者に回帰させた際の回帰直線）。これによると両変数の相関係数は＋0.815と1％水準で統計的に有意に正の値を示しており，ジニ係数が大きく所得格差が大きい国ほど，殺人事件発生率が高く治安が悪いことがわかる。

これをふまえて表1の分析で，ジニ係数を10万人あたりの殺人事件発生件数で代替してモデルを推定した結果が表2である（ただし韓国とロシアについて殺人事件発生率のデータが無いため，この2カ国分の標本を分析から除外している）。これによると，殺人事件発生率の係数の推定値はモデル1においてそれ自体統計的に有意な値を示していないものの，モデル2において殺人事件発生率と個人レベルの所得との交差項の係数の推定値が5％水準で統計的に有意な正の値を示している。つまり治安が悪い国ほど，所得の係数の推定値は大きくなるということである。

図8は，図5同様，この推定結果にもとづき，個人レベルの所得の係数の推定値を国レベルの対数をとった殺人事件発生率の一次関数とみなし，

図7　所得格差と治安

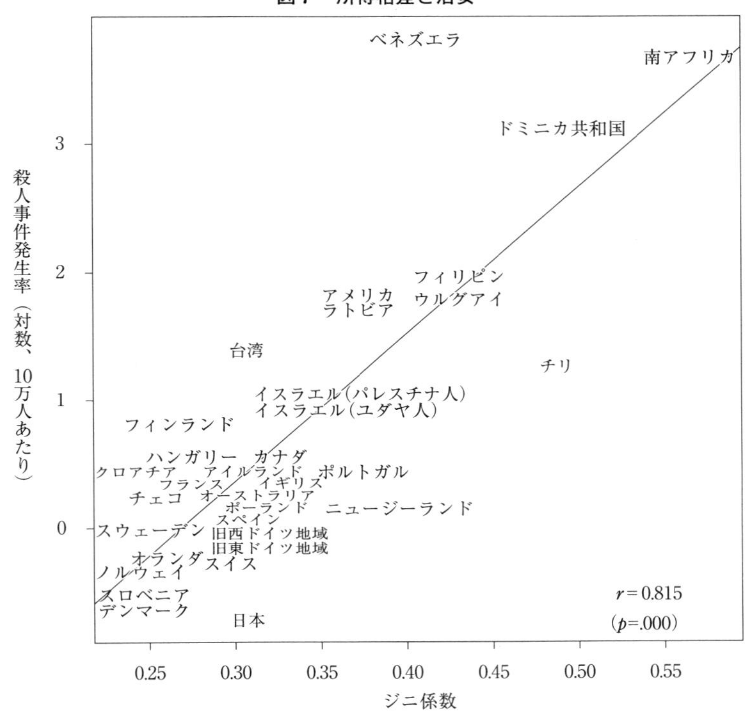

実際に観察されうる範囲で国レベルの治安が悪くなるにつれ，個人レベルの所得の係数の推定値およびその95％信頼区間がどのように変化するか図示したものである。

これによると，対数をとった殺人事件発生率が－0.8（10万人あたりの殺人事件発生件数が0.45）のとき個人レベルの所得の係数の推定値は－0.539で，５％水準で統計的に有意となっているが，対数をとった殺人事件発生率が大きくなるにつれ推定値は大きくなり，それが2.8（10万人あたりの殺人事件発生件数が16.44）に達するまでには５％水準で統計的に有意ではなくなっている。

図９はこの結果をより具体的に示すために，殺人事件発生率の異なる二

表 2　治安と再分配支持

	モデル1	モデル2
個人レベル変数		
定数項	6.766*	7.224*
	(3.439)	(3.197)
男性	-0.221**	-0.221**
	(0.028)	(0.028)
年齢	0.003**	0.003**
	(0.001)	(0.001)
既婚	0.003	0.004
	(0.031)	(0.031)
失業	0.145*	0.150*
	(0.064)	(0.064)
教育年数	-0.040**	-0.040**
	(0.004)	(0.004)
所得	-0.362**	-0.449**
	(0.046)	(0.045)
国レベル変数		
殺人事件発生率（対数）	-0.116	-0.268
	(0.178)	(0.177)
一人当たりGDP（対数）	-0.249	-0.271
	(0.238)	(0.224)
GDP成長率	-0.003	-0.008
	(0.063)	(0.062)
政府による社会支出割合	0.025 †	0.025
	(0.015)	(0.016)
民族的断片化	-0.235	-0.225
	(0.802)	(0.804)
人口（対数）	-0.144	-0.150
	(0.105)	(0.102)
所得×殺人事件発生率（対数）		0.112**
		(0.030)
N（個人レベル）	31,320	31,320
N（国レベル）	32	32
対数尤度	-16104.6	-16099.1

有意水準：** $p<0.01$ * $p<0.05$ † $p<0.10$
括弧内の数値は標準誤差。

図8　治安の関数としての所得の再分配支持への影響

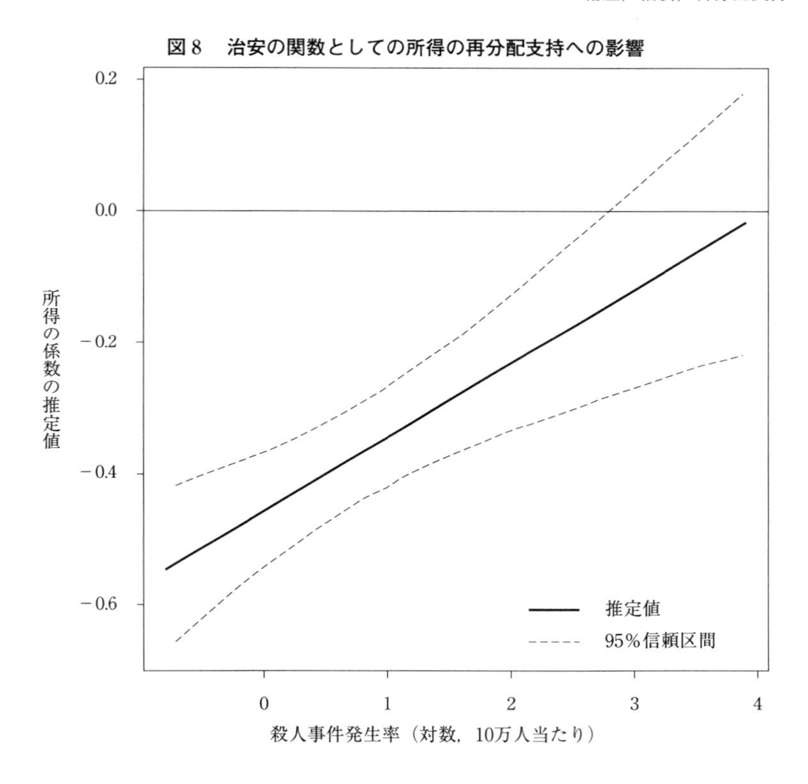

つの国（スウェーデンとベネズエラ）について，男性，40歳，既婚，就労中，教育年数12年を想定し，GDP成長率など国レベルの変数については各国の実際の値を用いてそれぞれ所得階層ごとに政府による再分配を支持する予測確率を計算したものである。これによると10万人あたりの殺人事件発生率が0.80と比較的低く治安が良いスウェーデンでは，再分配支持の予測確率が低所得の階層で0.818，中所得の階層で0.702，高所得の階層で0.553と，所得によって最大0.265ポイントもの違いが生じており，所得によって再分配支持の度合いが大きく異なっている。一方，10万人あたりの殺人事件発生率が45.03と比較的高く治安が悪いベネズエラでは，再分配支持の予測確率が低所得の階層で0.725，中所得の階層で0.719，高所得の

図9　治安の関数としての所得の再分配支持への影響（予測確率）

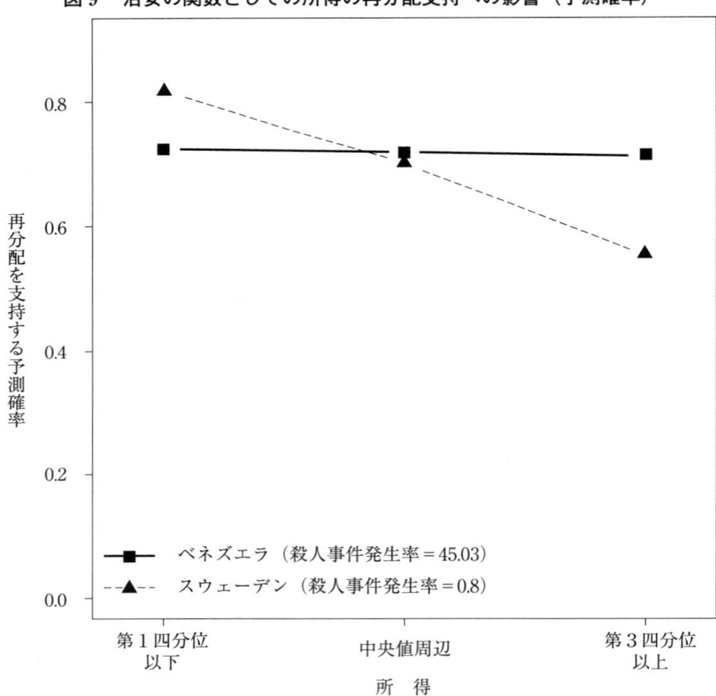

※男性，40歳，既婚，就労中，教育年数12年を想定，国レベルの変数は各国の実際の値。

階層で0.713と，所得によって最大0.012ポイントしか違いが生じておらず，所得によって再分配支持の度合いがほとんど変わらないと言える。

以上の分析結果は，ジニ係数を殺人事件発生率で代替してもほぼ同じ結果が得られることを示しており，所得格差が大きい国ほど治安が悪く，治安が悪い国ほど高所得層はその改善を求めて貧困層対策としての政府による再分配を支持するとの本研究の仮説と整合的である。

（4）　ベネズエラを例とした解釈

最後にベネズエラを例に，上の計量分析の結果についてごく簡単に解釈を試みる。ベネズエラは産油国として南米屈指の豊かさを誇ってきた一方，20世紀末には格差，貧困，悪い治安状態など，数々の深刻な問題を抱えており，貧困層による暴動も多発するなど政情不安が続いていた。そのような中，1999年ウゴ・チャベスは，富の偏在の解消，格差の縮小などの政策を掲げ大統領選挙を戦い，貧困層の強い支持を受け当選を果たした。チャベスは大統領就任後，石油など主要産業を国有化する一方，それにより得た利益を貧困層向けの無料診療所や無償住宅建設などの社会福祉政策に振り分けたが，このような急激な再分配政策に対して富裕層や大企業は不満を高め強く抵抗した（坂口 2013）。

しかしながら，野党の働きかけで実現した大統領職罷免をめぐる2004年の国民投票では58％の支持を得てチャベスはその地位に留まったし，2005年の世論調査では支持率が70.9％を記録するなど[9]，超富裕層は別としてチャベスは必ずしも貧困層だけでなく，それ以外からも広く支持を集めていたことがうかがえる。

こうしたチャベス支持の背景には，高所得者による治安への懸念もあったのではないだろうか。ベネズエラでは強盗や殺人が多発しており，先にも示したとおり10万人あたりの殺人事件発生率は45.03と世界有数の高さを示している。また誘拐事件も頻繁に発生しており，2009年には１万6917人が誘拐されている[10]。2011年にはアメリカ・メジャーリーグのナショナルズに所属するベネズエラ人のウィルソン・ラモス捕手が実家にいたところ銃を持った武装集団に連れ去られ，治安部隊に救出されるという事件が起こり世間を騒がせたりもした。

もちろん犯罪対策として，超富裕層であれば，ゲーテッドコミュニティに居住したり，ボディガードをつけたりするなど，自分で対策を取ることができるであろう。しかし本研究が想定する一般的な高所得層（上位約30％）にとって最も考えられる手段は，政府に対策を求めることである。彼らは政府に対して警察力の強化を求めると同時に，犯罪の原因を除去すべく貧困対策をも求め，チャベス自身を支持するまではいかなくとも，政府による所得再分配政策をある程度支持あるいは容認したのではないだろうか。

5　今後の課題

本研究では，所得格差と再分配支持との関係についての先行研究の議論に貢献するべく，再分配支持に対する国レベルの格差と個人レベルの所得との交互作用に着目しつつ，社会における格差の存在が人々の間での再分配支持を高める理論的メカニズムを提示した。データ分析の結果，第一に，所得が再分配支持に与える負の影響は国ごとに異なっており，それが小さい国ほど全体として再分配支持の割合が高いこと，そして第二に，格差が大きい国ほど治安が悪く，高所得者が再分配を支持する傾向が強いことを示した。これらの分析を通じて所得格差が大きい国ほど，貧困層の犯罪による悪い治安状態の改善を願う高所得者が政府による再分配を支持するため，全体としてその国の人々の間での再分配支持の割合が高くなると主張した。

ただしこうした主張はラージNの計量分析の結果にのみもとづいており，実際想定どおりのメカニズムが働いているのか確かめるためには，個別具体的な国についての事例研究が必要であろう。本研究では，ベネズエラの例をごく簡単に示したが，実際にベネズエラにおいて比較的高所得の人々が治安改善の目的で政府による再分配を支持しているのかは，今のところはっきりわからないし，筆者の能力では今後事例分析を行うことも難しい。その意味で，本研究の主張は蓋然性が高いがいまだ仮説の段階に留まると言えるであろう。

また計量分析上の問題として，所得格差と再分配支持との間の内生性の問題が挙げられる。すなわち，本研究では社会における所得格差が人々の間での再分配支持の原因であるとの前提を置いていたが，理論的に人々の間での再分配支持が社会における所得格差の原因であることも考えられる。

もしそうであるにもかかわらず，こうした内生性の問題を考慮しなかった場合，推定にバイアスが発生してしまう。この問題を解決するためには理論的に，独立変数である所得格差に影響を与えるものの，従属変数である再分配支持には影響を与えない操作変数を用いた三段階最小二乗推定を行うことが望ましい。しかし所得格差について一般的に適切とされる操作変数は無く（Forbes 2000），管見した限り少なくとも国家間比較の先行研究でこうした試みを行っているものは無かった。

とはいえ，本研究における操作変数の不使用を正当化できるとすれば，個人レベルの再分配支持態度を国レベルの所得格差に回帰させているという点である。すなわち，理論的に国レベルの所得格差がある個人が再分配を支持するかどうかに影響を与えることはあったとしても，ある個人が再分配を支持するかどうかは，国レベルの所得格差には影響を与えることは無いであろう。いずれにせよ本研究の主張の確からしさを向上させるためには，今後さらなる精緻な分析が求められる。

謝辞

本研究はJSPS科研費15H03317の助成を受けた。また本論文の執筆にあたって，中井遼先生（北九州市立大学），東島雅昌先生（東北大学），矢内勇生先生（国際大学）（以上，五十音順）から有益な助言を受けた。また日本比較政治学会第20回研究大会（於：成蹊大学，2017年６月18日）での報告の際，討論者の田中拓道先生（一橋大学）および上神貴佳先生（岡山大学）（以上，プログラム掲載順）から示唆に富むコメントを頂いた。ただし当然，本論文の誤りはすべて筆者一人の責任である。

注

1）ISSPではイスラエルについてはユダヤ人とパレスチナ人と，ドイツについては旧西ドイツ地域と旧東ドイツ地域とをそれぞれ分けて調査が行われている。

2）この質問は，再分配支持態度を測定するものとして研究に用いられる標準的なものであるが，一方で再分配支持の認知的側面と規範的側面とを混同しているなどの理由による批判もある（Dallinger 2010）。なおこの質問においては「裕福な人々」

と「貧しい人々」という政府の政策に関する利害をもつ人々が示唆されることで，自分が再分配により利益を享受する立場か，それとも利益を失う立場かについて意識させる構造となっている。

3）「選べない（Can't choose)」との回答は省いて計算している。

4） データの出所はSolt（2016)。なおここで再分配前のジニ係数ではなく再分配後のジニ係数を用いるのは，前者は人々にとって観察不可能だからである。

5） これら三つのデータの出所は世界銀行のWorld Development Indicators。

6） 民族的断片化の度合いについてのデータはAlesina et al.（2003）から得た。

7） 国レベルの変数の値だけでなく，マルチレベル分析においては国ごとに定数項の値が異なるよう設定してあることに注意。

8） データの出所は，“The Tenth United Nations Survey of Crime Trends and Operations of Criminal Justice Systems （Tenth CTS, 2005-2006)”（2006年)。ただし韓国とロシアについてはデータが無いため，分析には含めていない。

9） Sarah Wagner. “Opposition Poll：Venezuela's Chavez Approval Rating at 70.5%.” VENEZUELANALYSIS.COM, 2005年5月3日付. https://venezuelanalysis.com/news/1104（2017年5月3日閲覧）

10） James Brabazon. “Taking no prisoners in the kidnap capital of the world：On the streets of Caracas with an elite police squad.” Independent誌ウェブサイト，2013年10月10日付. http://www.independent.co.uk/news/world/americas/no-prisoners-in-the-kidnap-capital-of-the-world-on-the-streets-of-caracas-with-an-elite-8872390.html（2017年5月3日閲覧）

参考文献

Alesina, Alberto, Easterly Devleeschauwer, Kurlat Sergio William, and Romain Wacziarg（2003）“Fractionalization.” *Journal of Economic Growth*, Vol. 8, pp. 155-194.

Arts, Wil and John Gelissen（2001）“Welfare States, Solidarity and Justice Principles：Does the Type Really Matter?” *Acta Sociologica*, Vol. 44, pp. 283-299.

Benabou, Roland（2000）“Unequal Societies：Income Distribution and the Social Contract,” *American Economic Review*, Vol. 90, No. 1, pp. 96-129.

Blekesaune, Morten（2007）“Economic Conditions and Public Attitudes to Welfare Policies,” *European Sociological Review*, Vol. 23, pp. 393-403.

Blekesaune, Morten and Jill Quadagno (2003) "Public Attitudes Toward Welfare State Policies : A Comparative Analysis of 24 Nations," *European Sociological Review*, Vol. 19, pp. 415-427.

Brooks, Clem and Jeff Manza (2007) *Why Welfare States Persist: The Importance of Public Opinion in Democracies*, Chicago, IL : University of Chicago Press.

Dallinger, Ursula (2010) "Public Support for Redistribution : What Explains Cross-National Differences," Journal of European Social Policy, Vol. 20, pp. 333-345.

Duch, Raymond M. and Michaell A. Taylor (1993) "Postmaterialism and the Economic Growth," *American Journal of Political Science*, Vol. 37, pp. 747-779.

Esping-Andersen, Gosta (1990) *The Three Worlds of Welfare Capitalism*, Princeton, NJ : Princeton University Press.

Fajnzylber, Pablo, Daniel Lederman, and Norman Loayza (2002) "Inequality and Violent Crime," *The Journal of Law & Economics*, Vol. 45, No. 1, pp. 1-39.

Finseraas, Henning (2009) "Income Inequality and Demand for Redistribution : A Multilevel Analysis of European Public Opinion," *Scandinavian Political Studies*, Vol. 32, No. 1, pp. 94-119.

Flanklin, Mark N., Thomas T. Mackie, and Henry Valen (1992) *Electoral Change: Responses to Evolving Social and Attitudinal Structures in Western Countries*, New York City, NY : Cambridge University Press.

Foley, C. Fritz (2011) "Welfare Payments and Crime," *The Review of Economics and Statistics*, Vol. 93, No. 1, pp. 97-112.

Forbes, Kristin J. (2000) "A Reassessment of the Relationship between Inequality and Growth," *American Economic Review*, Vol. 90, No. 4, pp. 869-887, September.

Fosu, Augustin Kwasi (2010) "Inequality, Income, and Poverty : Comparative Global Evidence," *Social Science Quarterly*, Vol. 91, No. 5, pp. 1432-1446.

Gelissen, John (2000) "Popular Support for Institutionalized Solidarity : A Comparison Between European Welfare States," *International Journal of Social Welfare*, Vol. 9, pp. 285-300.

Iida, Takeshi and Tetsuya Matsubayashi (2010) "Constitutions and Public Support for Welfare Policies," *Social Science Quarterly*, Vol. 91, pp. 42-62.

Iverson, Torben and David Sockie (2001) "An Asset Theory of Social Policy Preferences," *American Political Science Review*, Vol. 95, pp. 875-893.

Kelly, Morgan (2000) "Inequality and Crime," *The Review of Economics and Statistics*, Vol. 82, No. 4, pp. 530–539.

Kelly, Nathan J. and Peter K. Enns (2010) "Inequality and the Dynamics of Public Opinion : The Self-Reinforcing Link Between Economic Inequality and Mass Preferences," *American Journal of Political Science*, Vol. 54, No. 4, pp. 855–870.

Kenworthy, Lane and Leslie McCall (2008) "Inequality, Public Opinion, and Redistribution," *Socio-Economic Review*, Vol. 6, pp. 35–68.

Kenworthy, Lane and Jonas Pontusson (2005) "Rising Inequality and the Politics of Redistribution in Affluent Countries," *Perspectives on Politics*, Vol. 3, No. 3, pp. 449–471.

Larsen, Christian Albrekt (2008) "The Institutional Logic of Welfare Attitudes : How Welfare Regimes Influence Public Support," *Comparative Political Studies*, Vol. 41, pp. 145–168.

Lipset, Seymour M. (1996) *American Exceptionalism : A Double-edged Sword*, New York, NY : W.W. Norton.

Meitzer, Alan H. and Scott R. Richard (1981) "A Rational Theory of the Size of Government," *Journal of Political Economy*, Vol. 89, No. 4, pp. 914–927.

Meitzer, Alan H. and Scott R. Richard (1983) "A Rational Theory of the Size of Government," *Public Choice*, Vol. 41, No. 3, pp. 403–418.

Moene, Karl Ove and Michael Wallerstein (2001) "Inequality, Social Insurance, and Redistribution," *American Political Science Review*, Vol. 95, No. 4, pp. 859–874.

Moene, Karl Ove and Michael Wallerstein (2003) "Earnings Inequality and Welfare Spending : A Disaggregated Analysis," *World Politics*, Vol. 55, No. 4, pp. 485–516.

Norris, Pippa and Ronald Inglehart (2004) *Sacred and Secular:Religion and Politics Worldwide*, New York City, NY : Cambridge University Press.

Pettersen, Per Arnt (1995) "The Welfare State : The Security Dimension," in Borre, Ole and Elinor Scarbrough eds. *The Scope of Government*, New York : Oxford University Press, pp. 198–233.

Pierson, Paul (1996) "The New Politics of the Welfare State," *World Politics*, Vol. 29, pp. 143–179.

Rueda, David and Daniel Stegmueller (2016) "The Externalities of Inequality : Fear of Crime and Preferences for Redistribution in Western Europe," *American*

Journal of Political Science, Vol. 60, No. 2, pp. 472-489.

坂口安紀（2013）「チャベス政権下の政治・社会・経済政策の概要」坂口安紀編『2012年ベネズエラの大統領選挙と地方選挙：今後の展望』アジア経済研究所.

Smith, Tom W. (1987) "A Report : The Welfare State in Cross-National Perspective," *Public Opinion Quarterly*, Vol. 51, pp. 404-421.

Solt, Frederick (2016) "The Standardized World Income Inequality Database," *Social Science Quarterly*, Vol. 97, No. 5, pp. 1267-1281.

Stevenson, Randolph (2001) "The Economy and Policy Mood : A Fundamental Dynamic of Democratic Politics?" *American Journal of Political Science*, Vol. 45, pp. 620-633.

Svallfors, Stefan (1997) "Worlds of Welfare and Attitudes to Redistribution : A Comparison of Eight Western Nations," *European Sociological Review*, Vol. 13, pp. 283-304.

（いいだ・たけし：同志社大学）

CHAPTER 3

なぜトランプは支持されたのか
——先行学説の整理と検討[1]——

西川　賢［津田塾大学］

1　有権者はなぜトランプを支持するのか
——先行研究の検討——

2016年11月のドナルド・トランプの大統領当選は世界中の学術関係者，ジャーナリスト，そして一般市民からの注目を集めた。

トランプの当選はなぜ世界中の話題をさらったのか。様々な原因を想起することが可能だが，何といってもトランプの当選がアメリカ合衆国（以下アメリカ）の抱える深刻な分断を象徴する出来事と考えられたことが大きかったように思われる。そのような関心を反映してか，現今では以下に示すような学術的研究に注目が集まっている。

（1）　政治社会学的研究の増加

グローバル化や脱産業化，あるいはオートメーションなどに起因する地域産業構造の変貌と中間層の衰退など，アメリカが抱える社会経済上の問題とそれがもたらすインパクトについての政治社会学的研究が注目されている[2]。

例えば，ロバート・パットナムによる*Our Kids*，チャールズ・マレーの*Coming Apart*では，過去数十年間にアメリカ各地の地域社会で進行した社会階層間の経済上の不平等の増大，階層間のライフスタイルの深刻な乖離，社会移動の機会格差の拡大とそれがもたらす否定的な影響などが実証されている（Noah 2012；Murray 2012；Putnam 2015）。

ジャスティン・ゲストによる*The New Minority*もパットナムと同じ視座に立つ研究である。すなわち，ゲストはイギリスのロンドンとアメリカのヤングスタウン（オハイオ州）を事例として，グローバル化や人口動態の変化などに起因する中間層・勤労階層の衰退が彼・彼女らの政治行動にどのような影響を及ぼすのかについて，考察を加えている。英米両国の事例に共通するのは，経済的，社会的，政治的荒廃が中間層・勤労階層の人々に政府や企業，移民・人種マイノリティに対する「怒り」，過ぎ去った安定的な時代への「郷愁」といった感情をもたらす原因となっており，これが彼・彼女らの政治的過激化を促しているということである（Gest 2016）。

また，厳密に学術的な研究とはいえないが，「ヒルビリー」，「ホワイト・トラッシュ」などと（しばしば差別的に）呼称される南部やアパラチア地方の田舎町に居住する白人貧困層に固有の文化や生活慣習などに着目し，彼・彼女らの実態を描いた*Hillbilly Elegy*のようなルポルタージュやノンフィクションの出版が相次いでいる。こうした書籍の出版の増加も，アメリカが抱える社会経済上の問題とそれがもたらすインパクトについての関心の高まりを反映したものと考えられる（Vance 2016；金成 2017；Williams 2017）。

（2）　比較政治学的研究の増加

トランプ現象との関連で，ポピュリズムに関連する比較政治学的研究が増加する傾向にある。エリートやエスタブリッシュメントを「普通の人々」「われわれ人民」と対置して忌避する感情，自由貿易やグローバリズムに対する否定的主張，移民やマイノリティに対する排斥的言辞など，トランプ（およびバーニー・サンダース）を支持する人々には従来までの民主党・共和党支持者には観察されなかった独特の特徴が存在するように思われた（Judis 2016）。ポピュリズムに関する諸研究に通底するのは，トランプ現象やサンダース現象（および欧州やアジア各国における類似と思しき現象）に共通の特徴を一般化し，ポピュリズム概念を定義づけようとする点である（Müller 2016；吉田 2016；山本 2016；水島 2016）[3)]。

トランプ現象をポピュリズムに関連付けて考えようとする研究が増加しているのは，主として以下の二つの理由による。

第一に，「競争的権威主義」（Competitive Authoritarianism）への関心の高まりである。広義の競争的権威主義とは，公式の民主的諸制度が存在しており権力獲得競争が可能であるものの，野党などの反対勢力が対等に競合できないように現職政権が自らに有利なように制度のあり方を歪める政治体制である（Levitsky and Loxton 2013；上谷 2017）。

レビツキーとロクストンがアンデス地域を対象に行った研究では，ポピュリスト政権が誕生すると，その政権が脆弱な民主的体制を競争的権威主義へと変化させていくと説明されている（Levitsky and Loxton 2013）。いわば，ポピュリスト政権の登場は競争的権威主義体制が成立する「前兆」ないし「触媒」と考えられているのである。この点を踏まえて，レビツキーは2016年の大統領選挙中のトランプの言動はアメリカの民主的制度に正面から挑戦するものであり，アメリカの民主主義に動揺が生じている兆候ではないかと指摘している[4)]。

第二に，「物質的価値観／脱物質的価値観」（Materialist/ Post-Materialist Value）と社会運動との関連に対する注目である。イングルハートは物質的欲求が充足された後の社会では脱物質的価値観が重視されるようになり，それが平和運動，人権運動，環境保護運動，ジェンダー運動など，新しい社会運動の礎になると指摘した（Inglehart 1977）。

しかし，脱物質的価値観を基礎とする社会運動の台頭がもたらす変化に反発する人々はもとより「文化的反動」に走りやすく，排外主義や伝統の擁護を掲げるポピュリストの支持層に転化しやすい。さらに，リーマン・ショック以降のアメリカ社会では生存のために必要な最低限の物質的充足にさえ不安を感じる人々が増加し，それがトランプのような物質的充足や文化的保守主義を掲げる排外的ポピュリスト支持を高めることにつながっている，というのがイングルハートとピッパ・ノリスの説明である(Inglehart and Norris 2017)。

以上の二つの研究がいずれも重要な意義を有することに異論の余地はない。だが，前者の研究はアメリカで生じている社会経済上の構造的変容の実態を実証的に追求することに主眼を置くものである。対して，後者の研究の目的は，アメリカを含めた各国で生じている新奇な政治現象を概念化し，定義づけることを目指すものである。

すなわち，これらの研究はアメリカ社会の変容の実態解明や目新しい政治現象の概念化・定義づけを目標とするもので，「なぜトランプが2016年の大統領選挙であれほどの支持を集めることに成功し，現在でも一定以上の支持を維持することに成功し続けているのか」という因果関係に関する問いに解答を与えようとするものではない。アメリカにおける中間層・勤労階層が置かれている実相把握やポピュリズムと称される現象の概念化が，社会科学上，非常に重要な意義を有する現象であることに疑いはない。しかし，これらの課題に取り組むことと，「有権者がなぜトランプを支持するのか」という問いを明らかにする作業とは本来別個のものであるはずである。

2016年の選挙結果についていえば，トランプが当選することができたのはヒラリー・クリントンがラティーノ，アジア系，あるいは黒人などの「オバマ支持連合」の動員に失敗したことや，第三政党に票を食われたことなど，「敵失」によるところも大きかったであろう[5)]。だが，トランプが当選後も一定の支持を集め続けていることは，ヒラリー・クリントンの不人気で説明できるものではない。

では，いったいなぜなのか。本論文ではこの問題を解くために先行研究を整理し，複数の説明仮説をピックアップしていきたい。

2　共和党帰属意識／権威主義意識によるトランプ支持？

まず，クリストファー・エイケンとラリー・バーテルズによる *Democracy for Realists* という文献に沿って考えてみる（Achen and Bartels 2016）。

エイケンとバーテルズは，「有権者が明確なイデオロギー的選好を有しており，それに沿って選挙を通じて政治家や政党を適切に評価し，理想的な選択を行う」とする説を「俗説」（Folk Theory）と切って捨てる。

エイケンらによれば，有権者は仕事，家庭，趣味などの日常生活に追われ，政治に関する情報や正確な知識など持っておらず，政治に積極的な関心も有していない。つまり，有権者は政治家の政策的業績を長期的な視野に立って正しく評価することなどなく，政策やイデオロギーに依拠してどの政党を支持するかを合理的に決め，理性的に投票を行っているわけではない。それどころか，有権者は長年論争のもととなってきたような政治的争点についてすら，何ら確固たる態度を有していないかもしれない（Converse 1964；Kinder 1998；Kinder and Kalmoe 2017）。

要するに，従来までの政治学（彼らが批判する「俗説」）が想定するような理想的有権者などは現実には存在しないのである。彼らは人種，宗教，ジェンダー，年齢，学歴などの社会的アイデンティティや集団（政党）への帰属意識に基づいてどの政党に帰属するかを決定し，投票行動を行っている（Berelson, Lazarsfeld, McPhee 1954；Achen and Bartels 2016：2-4, 9-10, 264）。

政治家や政党の方も，有権者がどのような政策を支持しているのか，あるいは有権者がどのような政治的イデオロギーを持っているのかを考慮して，有権者に応答的な政治目標を設定することはない。政治家の政治目標は，政党内部に入り込んだ利益集団や活動家の影響を受けたものであり，それらに対して応答的な決定を行うにすぎない（Achen and Bartels

2016：14)。

では，有権者はなぜ政党に帰属するのか。それは社会的な孤立や無視を避けるためである，というのがバーテルズとエイケンの説である。つまり，「政党に所属すること」は政治目標を追求するための「手段」なのではない。有権者にとって，政党という集団は個人が比較および同調の拠り所とする「有意な他者」（準拠集団）であり，それに帰属すること自体が「目的」なのである（山田・飯田 2009：77；山田 2016：69)。彼らが政党に忠誠心を持つのは，自らが愛着を持って所属する準拠集団たる政党を正当化し強化したいがためである。この理由ゆえに，有権者は政党への忠誠心を強化する信念，態度，価値観を持とうとする（Achen and Bartels 2016：296)。

ここで，例えばアメリカ社会で人口構成の大幅な変化が発生したり，移民や難民が大量に流入してきたりして，白人有権者の数的優位が脅かされるような状況が現出したらどうなるだろうか。共和党に帰属する保守的な白人有権者は危機感を募らせ，彼・彼女らの社会的アイデンティティである人種意識が刺激される。そうすると，移民対策や人種マイノリティ優遇措置など人種や移民に関連する有権者の争点態度が固まり，移民・反マイノリティの立場で臨もうとする政治家（共和党の政治家）が大きな支持を集めるようになる（Achen and Bartels 2016：265, 267)。このようにして争点態度・候補者評価が固まっていく過程で，国防強化，福祉削減，減税など，移民や人種とは直接的には無関係な共和党が支持する争点についても付随的に有権者の支持態度が形成されていく。

有権者はこのようにして政党に帰属し，各争点を支持し，候補者を評価し，投票を行うとエイケンらは述べる（Campbell *et al.* 1960)[6]。有権者が政策選好やイデオロギーを持っているように見えることもあるが，それは個々の争点に関する態度がたまたま首尾一貫した場合に，そのように見えるだけにすぎないという（Achen and Bartels 2016：14)。

マーク・ヘザリントンとジョナサン・ウィーラーの見解も同様の立場に

立つものと考えられる。彼らは有権者の権威主義的態度を測定するスケールを用いて[7)]，有権者が1990年代末期から2000年代にかけて権威主義化していることを実証している。

ヘザリントンらによれば，権威主義的志向性を持つ有権者は(1)秩序を維持安定させようとする欲求が強く，逆に秩序を乱すと見なされうる混乱や不安に耐性がなく，(2)秩序をもたらすもととなる宗教や憲法などの権威に寄りかかる傾向がある。また，権威主義者は感情と直感のみを認識ツールに用いており，一定以上の脅威を認知すると彼らの認識は危機に瀕するため，それを感情・直感によって埋めようと試みる（Hetherington and Weiler 2009：34）。

こうして，権威主義的な志向性の高い有権者ほど秩序のもととなる権威に依存し，世界を白と黒に単純化・二元化してみる傾向が生まれる。反対に，権威主義的志向性の低い有権者ほど世界をより複雑で抽象的なものとして捉える傾向があるという（Hetherington and Weiler 2009：32；MacWilliams 2016：717）[8)]。

彼らは，この権威主義的志向性の違いこそ，内政・外交双方の領域における特定争点へのオピニオンを形作る基礎となると指摘する。権威主義者ほど秩序を乱す「部外者」や社会の変化を嫌悪し，変革や多様性をもたらすものに恐れを抱き，秩序を乱すものに断固たる対応を取ることを好む。また，彼らは自らの信念が新たな情報によって挑戦を受けても信念を曲げない固執的傾向がある（Hetherington and Weiler 2009：37）[9)]。権威主義者ほど，自らが依拠する準拠集団とは異なる集団に所属する人々に対する排外主義感情・敵意が強く，それが特定争点への態度形成に影響していると考えることも可能である（Kinder 1998）。

ゆえに，外的集団への敵意が強く権威主義的志向性が高い有権者ほど，既存の秩序を維持する（と思われる）政策や指導者を支持する傾向がある。例えば，外交・安保の領域では軍事力中心のタカ派的外交政策を好み，イラク戦争を肯定し，メディアに対する検閲，拷問の使用，盗聴・監視などの手段を用いた強硬なテロ対策を好む。これらの人々は内政面では同性愛者の権利擁護に後ろ向きで，移民・人種マイノリティ，オバマ前大統領に対して否定的スタンスを取り，地球温暖化の原因，ワクチン接種の副作用，世論調査の結果が操作されているなど，科学的知見を陰謀論と決めつける傾向があるともいう（Hetherington and Weiler 2009：4-5, 96-100；Hetherington and Weiler 2015：98-99)[10]。

権威主義的傾向を有する人々は福音派プロテスタント，南部や農村部の居住者，高卒以下の教育程度を有する人々に多い。彼・彼女らは共和党に強い帰属意識を持ち，同党に投票する割合が増え続けている。これが共和党と民主党の政治的距離を増大させる結果を招いており，イデオロギー的分極化の遠因になっているという分析結果も示されている（Hetherington and Weiler 2009：59；Hetherington and Weiler 2015：102-103)。

以上の知見を手掛かりに，マシュー・マクウィリアムズは，2015年12月に実施したオンライン・サーベイによって得たデータを用いて，権威主義的な共和党支持者ほどトランプを支持する傾向が強いことを多変量解析によって実証している[11]。

マクウィリアムズによれば，⑴ヘザリントンらの研究でも明らかなように，そもそも共和党に帰属意識を持つ有権者に権威主義者の占める割合が増え続けていること，⑵アメリカ国内外で多発するテロが秩序への脅威であると認識され，権威主義的志向性が比較的低い共和党支持者の権威主義的態度を増強する役割を果たしたこと，⑶そしてトランプの言動が既存の秩序を安定させる指導者と認識されたことが支持の理由であるという（MacWilliams 2016：716-721)。

ドナルド・トランプの支持層に最も特徴的なことは何ですかと聞かれたら，どのように答えるだろうか。白人，貧困層，教育程度の低い人々と答えるだろうか。それは誤りである。実際のところ，私はトランプ支持を統計的に有意に推定しうる変数を発見した。それは人種変数でも所

> 得変数でも教育程度を示す変数でもない。それは権威主義変数である。[12)]

クリストファー・ウェバーらも，1992年以降，一貫して共和党に政党帰属意識を持つ有権者に権威主義度の高い人々が占める割合が増加し続けていることを示したうえで，年齢，教育程度，所得，性差，宗教を統制しても，権威主義の度合いが共和党大統領候補に投票する要因として有意であるという分析結果を紹介している。[13)]

> 権威主義と政党帰属意識の結びつきが強まっているということは，たとえトランプ以外の候補者が共和党の公認候補になっていたとしても，権威主義度の高さと2016年の選挙でそれらの人々が共和党に投票する程度の間には強い相関がみられただろう。

ただし，異論も存在する。2017年４月に公開されたAmerican National Election Study（ANES）のデータをもとに分析を行ったトマス・ウッドによれば，2016年の選挙でトランプに投票した有権者が権威主義度を測定する指標（Child Rearing Scale）で示す度合いは，それ以前の選挙での投票者のそれに比して実際にはやや低い。むしろ，ウッドは「象徴的人種主義スケール」（Symbolic Racism Scale）で測定される人種主義こそ，2016年の大統領選挙でトランプを支持した白人の投票行動を説明するのに最も有意であったとして，権威主義説に疑義を呈している。[14)]

いずれにせよ，これらの論者が提示する議論に依拠して考えるならば，トランプが支持されている理由はトランプの属人的な要素によるものではなく，人種，宗教，ジェンダー，学歴，年齢などの社会的アイデンティティ，あるいは権威主義的態度などによる集団帰属意識に基づき，共和党に強い帰属意識・同調傾向を持つ有権者が共和党の候補者であるトランプを選んだからということになるだろう。

エイケンらの説が正しいとすると，トランプ大統領を支持する有権者の政治的洗練性はきわめて低く，政策争点に関して限定的かつ散漫な知識・理解しか持たない非合理的存在である。無知で非合理的な有権者である彼・彼女らは争点同士を関連させる明確な軸を持たず，首尾一貫した政治的信念体系を有していないことになる（稲増 2015：7-8）。

3　アイデンティティによるトランプ支持？[15)]

*The Politics of Resentment*の著者であるキャサリン・クレイマーや，*Strangers in Their Own Land*の著者であるアーリー・ホックシールドは以下のような説明を展開している。

キャサリン・クレイマーは，農村部に居住する低・中所得有権者が富裕層・大企業を対象とする減税や規制緩和，あるいは福祉の削減や自由貿易の推進など，自らに不利益になる政策を掲げる候補者・政党に投票し，自らの利益になるはずの再配分政策を掲げる民主党を支持しないのはなぜなのかという疑問に回答を与えるべく，ウィスコンシン州の農村部をエスノグラフィック・リサーチによって調査している（Cramer 2016：4-5）。

アーリー・ホックシールドは以下のような疑問を提起している。彼女が調査対象とするルイジアナ州では，環境の悪化に苦しむ州民が環境規制推進に反対する共和党を支持していた。さらに，財政の悪化に苦しみ，連邦政府の補助金に依存する度合いの高い同州の州民はなぜか「大きな政府」を否定して，民主党を嫌う傾向が強い（Hochschild 2016：9)。ホックシールドは，ルイジアナ州にみられるように，問題に直面して苦しむ人々が解決策を提案する政党を支持するのではなく，むしろ問題を悪化させる選択肢をあえて選択する態度・行動を「大矛盾」と呼んでいる（Hochschild 2016：23)。

ちなみに，この「大矛盾」の存在を初めて指摘したのはクレイマーやホックシールドではない。古くは共和党の戦略家であるケビン・フィリップスがこのような有権者の逆説的態度について指摘しており（Philips

1969；Ladd and Hadley 1975；Edsall and Edsall 1991)[16]，近年では評論家のトマス・フランクがベストセラーとなった*What's the Matter with Kansas?* において，かつて民主党の支持層であった白人勤労階層が共和党支持に流れているのはなぜかという疑問に取り組んだことで「大矛盾」に大きな注目が集まった（Frank 2004：6)。

フランクは「大矛盾」を解くカギは文化的反動にあると指摘する。現在のアメリカでは保守とリベラルは必ずしも政治的イデオロギーの軸に沿って対立しておらず，宗教・生活習慣など文化的対立軸をめぐって対立しているという（Frank 2004：16-17)。

> アメリカ人を分断するものは真正性（authenticity）なのだ。経済のような辛辣で醜いものではない。リベラルな人々は自己に限りない自信を持ち，ラテを飲み，これ見よがしに欧州製の外車を運転し，世界を変革しようと試みる。一方，共和党が強い州に住む地味な人々は自分の慎ましい生活にこだわり，自家製の料理を食べ，休暇にはオザーク高原に行き，仕事中に口笛を吹く（Frank 2004：27)。

フランクは，共和党が文化的分断に乗じて，キリスト教的価値観（たとえば人工妊娠中絶反対や同性愛者の権利拡大反対など）やアメリカ社会に伝統的な文化的争点（たとえば銃所持）を強調する戦略が奏功したがゆえに，民主党に代わって白人勤労階層に支持されるようになったという説を展開した。このように，共和党は文化的争点を強調することで選挙に勝利するのだが，勝利後には福祉の削減や富裕層・大企業を対象とする減税，自由貿易推進などを最優先し，白人勤労階層が重視する政治的利益に応答することはないというわけである（Frank 2004：240-245)。

これに対して，クレイマーが注目するのはウィスコンシン州内部の都市部と農村部に生じている断裂である。調査の結果，農村部（特にウィスコンシン州の北部地域に多い）に居住する人々はライフスタイル，価値観，倫理など多くの面で都市部（ミルウォーキーやマディソンなど，州南部に多い）に居住する人々と異なっており，独自の「農村意識」（Rural Consciousness）を持つことが判明したという（Cramer 2016：6）。農村意識を有する人々は，農村には刻苦勉励や独立自尊を尊ぶ独特の気風があると信じており，都市部に居住する「他者」はこのような価値観を共有していないと感じている（Cramer 2016：72）。

彼らは異なる意識を持つ他者に敵愾心を燃やし，経済恐慌などの社会不安と不確実性が高まるとき，とりわけ強く自らの意識に依拠するようになるという。かくして，彼らは意識を共有する「自分たち」が異質な「他者」に虐げられており，自らが支払っているものに見合う代価を享受しておらず，誰からも敬意も払われていないという感覚を持つに至る（Cramer 2016：9）。

この感覚は，農村部が税金を払っているにもかかわらず，学校教育や社会保障などのリソースは都市部中心に重点的に再配分されており，都市部では非白人や不法移民など，怠惰な人々が福祉を受け取っている反面，農村部は受け取るべきリソースを公正に享受できていないという主張につながる（Cramer 2016：59, 85）。

クレイマーによると，経済的に裕福ではない農村部の居住者ほど医療費を自腹でまかなえなくなっており，公的医療扶助を必要としている。それにもかかわらず，農村部の居住者はオバマケアを徹頭徹尾否定するものが圧倒的に多い（Cramer 2016：104）。さらに，実際には農村部の方が州政府から多くの補助金や再配分を受けており，都市民の方が多くの税金を支払っている。しかし，農村部の人々はこのような事実を認知しようとせず，反税金・反社会保障の姿勢を鮮明にする（Cramer 2016：12）。

また，ラティーノ人口の急速な増加は農村部のライフスタイルや価値観への正面からの挑戦であると受け止められており，農村部の人々はラティーノの流入に否定的なリアクションを示す（Cramer 2016：104）。

都市部は「政府・為政者」「官僚，メディア，知識人などのエリート」

「怠惰な非白人」を象徴しており，農村部の価値観やライフスタイルを軽視し，見捨てているという怒りを反映した政治行動（Politics of Resentment）となって実現する（Cramer 2016：12）。農村部でとりわけ強く共和党が支持されるのは，農村アイデンティティが「自分たちから何かを奪い取る政府など小さい方が良い」という小さな政府志向を生み出し，それが共和党の理念と偶然合致するためだというのがクレイマーの説である（Cramer 2016：73, 146）。

これらの人々は共和党のイデオロギーや政策争点を完全に理解して投票しているわけではない（Cramer 2016：167）。彼女によれば，トランプを支持する人々にとって，政策やイデオロギーなどは二の次なのである。トランプを支持する有権者は「場」に由来する社会的意識に沿って政治的態度を形成し，行動するのである。トランプに熱狂する支持者が欲して止まないのは，それが真実に基づくものであれ，全くの虚構であれ，自らの意識に合致し，それを補強してくれるような「物語」なのである。

彼・彼女らは，自らが欲する以下のような「物語」を与えてくれたトランプに，見返りとして支持・承認を付与したのである[17]。

> あなたたちは正しい。あなたたちは代価に見合ったものを受け取っていない。怒って当然だ。あなたたちは一生懸命働き，報われて当然なのに，受け取るべきものを受け取っていない。一方で，[政治家やメディアのような］この国を動かしている奴らは，［移民やマイノリティ，イスラム教徒など］受け取る資格もない奴らに何かを与え続けている。私を当選させてくれ，この国を再び偉大にして見せよう。代価に見合ったものを与えよう，あなたが痛切に欲しがっている生き方を取り戻してみせよう[18]。

ホックシールドも同様の説を採っている。彼女によれば，ルイジアナ州の州民は独特の内在的論理を信奉しているという。たとえば，彼・彼女らは石油産業を中心とする大企業は州の経済に繁栄を生み出す源であると信じている。企業が地元州に経済的繁栄をもたらせば連邦政府の助けを得ずして自立した生活を送ることができるがゆえに，州民は企業の経済活動の妨げになるような環境規制や企業への課税を支持してはいけない，という論理が生まれるのだという（Hochschild 2016：73）。

しかし，ホックシールドの調査によれば，石油産業はルイジアナの州経済に思ったほどの利益をもたらしていない（Hochschild 2016：75）。このように，州民の信念は客観的な事実との整合性を欠くことが少なくない。だが，信じる者の心の中では「あたかも事実のように思われる話」として，それらの論理が成立するのである。ホックシールドは，これを「深在的物語」（Deep Story）と呼ぶ（Hochschild 2016：16, 135）。

上記以外にも，彼・彼女たちの「深在的物語」ではキリスト教的道徳に従って，真面目に働くありふれた人々が報われるべきだという信念が存在する。人種的マイノリティや女性，福祉依存者，移民・難民などは「ズルをして，真面目な人々が並ぶ列に割り込む異質な奴ら」だとみなされているという。そして，連邦政府やバラク・オバマ元大統領は自分たちのような人間ではなく「ズルをする異質な部外者」を擁護する存在だと感じており，彼・彼女らは「自分の国に住んでいるのに，まるで自分たちのほうが他人の国に住まわされているかのような感覚」（strangers in their own land）に陥り，「自分の国や政府や指導者に裏切られたかのような怒りと失望」を感じているのだと（Hochschild 2016：135-140）。

> 自分と同じような人々が深在的物語を共有できるような政治運動が存在した。それはティー・パーティ運動だった……ティー・パーティ運動は人々に税金からの自由を約束し，リベラル哲学の束縛・ルールからの精神的自由を約束する……トランプの支持者は自分の国が自分のものではないような感覚に陥っている。彼・彼女らは同じような感覚を共有する人々と寄り集まることで希望を感じ，喜びに溢れ，有頂天になるのだ

……ドナルド・トランプの周囲に集まる人々の真の機能とは，「列に割り込む奴ら」がアメリカを恐ろしい奇妙な国に変えてしまうことへ恐れを抱く，全ての白人キリスト教原理主義者を結束させることである(Hochschild 2016：145, 225-226)。

クレイマー＝ホックシールドの説を採れば，ティー・パーティ運動が支持されたり，トランプが当選を果たしたりしたのは，以上のようなメッセージが有権者のアイデンティティと共鳴作用を起こし，広範な層に支持を広げることに成功したからである。

これらの人々は政策争点に関して完全な知識・理解を持っているわけでも，首尾一貫した政治的信念体系を有しているわけでもなさそうである。ただし，彼・彼女らはトランプやティー・パーティ運動のような政治的アクティビストが掲げる主張や争点などをショートカットとして用いることで判断を下し，政治的選択を行うことは可能な存在であると考えられる(Kinder 1998；Lupia 1998；境家 2006)。つまり，サミュエル・ポプキンのいうように，有権者は過去の経験や日常生活，メディアや選挙キャンペーンをヒントに，政党の立ち位置や政府の役割について限定的ながらも合理的な推論を行っているのである（Popkin 1991：7)。

このクレイマー＝ホックシールド説に依拠して考えた場合，有権者は自らの日常生活を手掛かりとしてトランプという候補者と彼がもたらすメッセージ情報を読み解き，それをショートカットとして活用してトランプが彼・彼女らが思い描く「理想の大統領候補」にどれほど近いかを判定していったということになろう（Popkin 1991：74-75)。

クレイマー＝ホックシールド説に依拠した場合，有権者は一定の合理性・政治的洗練性を持ち合わせているとも考えられるし，トランプの持つ属人的要因はトランプ支持を高める理由になっていると考えることも可能である（稲増 2015：12-14)。

4　今後の実証課題

トランプの支持層については，選挙中から「ヒルビリー」，「ホワイト・トラッシュ」など，しばしば軽蔑的な表現で語られることが多かった。グローバル化や産業構造の変化がアメリカに重大な社会経済上の変化を及ぼしており，白人貧困層に大きな影響を及ぼしていることは事実である。だが，トランプ支持者は必ずしもヒルビリーのような人々に限定されるわけではないし，ヒルビリーだからトランプを支持するわけでもない。

また，アメリカを含む各国でポピュリズムと呼ばれる現象が急速に広がっていることも事実であるが，では，エリートと人民を対置し，多元主義を否定する傾向を有する人々はどのようなメカニズムに基づいてトランプを支持するのだろうか。

集団帰属意識が原因であれ，トランプ大統領が提供する「物語」という属人的要素が原因であれ，トランプを支持する人々には彼を支持するだけの明白な理由が存在すると考えられる[19)]。以上に見たような検証可能な仮説に依拠しつつ，実証的な解明作業を本格的に進めていくことが今後の課題である。

いずれにしてもトランプ現象は理解不能な現象ではない。われわれが取り組まねばならない作業は，トランプ現象を社会科学の手法を用いて理論的・実証的に明らかにしていくことではないだろうか。

＊本論文のもとになった記事の原稿を読み，貴重なコメントをくださった善教将大先生（関西学院大学法学部）に感謝致します。

＊本研究はJSPS科研費「基盤研究（C）・課題番号18K01418」の助成を受けたものです。

注

1）　本論文は以下の媒体に部分的に発表された論考に大幅な加筆と修正を施したもの

であることをお断りします。「『トランプ現象』は理解可能である」『シノドス』(2017年2月17日)。〈http://synodos.jp/international/19120〉, accessed May 13, 2017.

2）ライ・テシェイラはアメリカの地域社会に影響を与える原因として郊外化の進行，地域コミュニティの変容，移民とマイノリティの増加による人種構成の変化，白人労働階層の衰退とアッパー・ミドル階層の台頭，婚姻パターンの変化と家族のあり方・伝統的価値の衰微，白人宗教保守層と脱宗教層の同時増加，ミレニアル世代の台頭とベビーブームの高齢化などを挙げている。詳しくは（Teixeira 2008：7）を参照。

3）オリバーとラーンは量的内容分析を用いて2016年の大統領候補者の比較分析を行った。その結果，トランプは他の候補者に比べて他者を非難する言葉，政治的エリートへの批判，「彼ら」と「われわれ」を対比する言葉，外国をアメリカの脅威ととらえる言葉が多かったという。また，トランプは短い単語を好んで使い，一文で用いる言葉の数が少ない。さらに，言葉のバラエティに乏しく，聞く側の常識に訴えかけることが多いことも分かった。くわえて，オリバーとラーンのサーヴェイ調査によれば，トランプ支持者は専門家・知識人や外国人を信用せず，反エリート的傾向が強い。あわせて，トランプ支持者は他の候補者の支持者と比べて経済的ペシミズム，アノミー，ネイティビズム，陰謀論を態度として有する。これらの分析結果を総合して，オリバーとラーンは，1：トランプにはポピュリスト的な言語の用法が顕著であるため，トランプはポピュリストに分類される，2：トランプの支持者はナショナリスト的・エスノセントリズム的な傾向が顕著で，反エリート的で多元主義に否定的である，という結論を提示している。詳しくは（Oliver and Rahn 2016）を参照。

4）Steven Levitsky and Daniel Ziblatt, "Is Donald Trump a Thereat to Democracy?" *New York Times.* 〈https://www.nytimes.com/2016/12/16/opinion/sunday/is-donald-trump-a-threat-to-democracy.html〉, accessed July 22, 2017.

5）西川賢「2016年米大統領選の結果分析」『アジア時報』(2016年12月号)〈http://www.aarc.or.jp/PDF/jiho1612nishikawa.pdf〉, accessed May 6, 2017. なお，2016年選挙の結果はそれ以前の選挙の結果と比して，それほど大きな差がないという指摘も存在する。詳しくは，（岡山 2017：32-34）を参照。

6）いわゆる，古典的なミシガン・モデル，「因果関係のファンネル・モデル」と同じ議論展開である（Campbell *et al.* 1960；三宅 1989)。また，コロンビア学派以来，民主主義における理想的有権者と非合理的な「現実の市民」との間に少なからぬ乖離が存在することも指摘されてきた。ここでのバーテルズやエイケンによる議論は，コロンビア学派やミシガン学派の原点に戻るものと考えることも可能である（谷口 2005：4)。

7) 権威主義的態度を測定するためのスケールとしては，古くはアドルノのF ScaleやアルトマイヤーのRWAスケールなどが用いられてきた。これらのスケールには問題があることが繰り返し指摘されており，今日ではしばしばChild Rearing Scaleというスケールが用いられる。ヘザリントンとウィーラーもこのスケールに依拠して権威主義の値を測定している。だが，ペレスとヘザリントンによると，このChild Rearing Scaleスケールも測定不変性（Measurement Invariance）を担保していないという問題を抱えている。このスケールを用いると白人は正確に測定できるものの，黒人の権威主義値が実際よりも高く出るため，白人・黒人の群間比較が意味をなさなくなる（Perez and Hetherington 2014)。そこで，ヘザリントンは（Hetherington 2015）では黒人をサンプルから除いたうえで議論を展開している。

8) ドナルド・キンダーとシンディ・カムは類縁概念としてエスノセントリズムの研究を行っている。エスノセントリズムとは，他者を内集団（In-Groups）と外集団（Out-Groups）に区分したうえで，前者を有徳で信用可能，かつ協力的で安全な存在とみなすのに対し，後者をその真逆の存在と認識し，「われわれか奴等か」（Us versus Them）と考える傾向である（Kinder and Kam 2010：21, 31)。キンダーらによれば，エスノセントリズムは安全保障，（反）移民，（反）同性愛者の権利拡大，福祉削減，（反）アファーマティブアクションなど，様々な争点選好に関係しており，世論形成の要因ともなっている（Kinder 2010：220）

9) Amanda Taub, "The Rise of American Authoritarianism." *Vox.* 〈https://www.vox.com/2016/3/1/11127424/trump-authoritarianism〉, accessed May 13, 2017.

10) Amanda Taub, "The Rise of American Authoritarianism." *Vox.* 〈https://www.vox.com/2016/3/1/11127424/trump-authoritarianism〉, accessed May 13, 2017.

11) このオンライン・サーベイではChild Rearing Scaleを測定するための質問が設けられている。前述のように，このスケールには測定不変性を担保していないという問題がある。また，マクウィリアムズの分析は共和党予備選挙に限定された分析であり，本選挙は分析対象となっていないことにも留意する必要がある。

12) Matthew Macwilliams, "The One Weird Trait that predicts whether You're a Trump Supporter." *Politico.* 〈http://www.politico.com/magazine/story/2016/01/donald-trump-2016-authoritarian-213533〉, accessed May 13, 2017.

13) Christopher Weber, "How authoritarianism is shaping American Politics (and

it's not just about Trump)." *The Washington Post.* 〈https://www.washingtonpost.com/news/monkey-cage/wp/2017/05/10/how-authoritarianism-is-shaping-american-politics-and-its-not-just-about-trump〉, accessed May 13, 2017.

14)　象徴的人種主義スケールとは，社会的にセンシティブだと考えられている言動に対する測定指標である。Thomas Wood, "Racism motivated Trump voters more than authoritarianism." *The Washington Post.* 〈https://www.washingtonpost.com/news/monkey-cage/wp/2017/04/17/racism-motivated-trump-voters-more-than-authoritarianism-or-income-inequality〉, accessed May 13, 2017.

15)　本論文が対象とする文献は（エステベス＝アベ 2017）にも詳しい記述がある。

16)　いわゆる，「自己利益」が世論の形成に及ぼす影響が小さいことは（Kinder 1998）でも指摘されている。

17)　Katherine J. Cramer, "For Years, I've been watching Anti-Trump Fury build in Wisconsin. Then came Trump." *Vox.* 〈http://www.vox.com/the-big-idea/2016/11/16/13645116/rural-resentment-elites-trump〉, accessed May 13, 2017.

18)　Katherine Cramer, "How Rural Resentment helps explain the Surprising Victory of Donald Trump." *The Washington Post.* 〈https://www.washingtonpost.com/news/monkey-cage/wp/2016/11/13/how-rural-resentment-helps-explain-the-surprising-victory-of-donald-trump〉, accessed May 13, 2017.

19)　善教将大は社会心理学でいう態度を構成要素として，「認知」（態度が向けられる対象への知覚や認識），「感情」（怒りや憎しみ，悲しみなどの態度），「行動意欲」を指摘する。有権者は政治に関する知識や関心をどの程度有しているか，自らのイデオロギーに即した形で支持政党や投票先を正しく選定できているかという問題，すなわち「政治的洗練性」（Political Sophistication）について，バーテルズらの議論は感情的な有権者を強調し，対して クレイマーらの議論は認知能力のある（より洗練された）有権者を想定した議論とみることも可能である（善教 2013：40-41）。

参考文献

〈外国語文献〉

Achen, Christopher H., and L. M. Bartels (2016) *Democracy for Realists: Why Elections Do Not Produce Responsive Government.* Princeton : Princeton University Press.

Bartels, Larry M. (2008) *Unequal Democracy : The Political Economy of the New Gilded Age.* Princeton : Princeton University Press.

Berelson, Bernard R., P. F. Lazarsfeld, and W. N. McPhee (1954) *Voting : A Study of Opinion Formation in a Presidential Campaign.* Chicago : The University of Chicago Press.

Campbell, Angus, P. E. Converse, W. E. Miller, and D. E. Stokes (1960) *The American Voter, Unabridged edition.* Chicago : The University of Chicago Press.

Converse, Philip E. (1964) "The Nature of Belief Systems in Mass Publics." in David E. Apter (ed.) *Ideology and Discontent* : 206-261. New York : Free Press.

Cramer, Katherine J. (2016) *The Politics of Resentment:Rural Consciousness and the Rise of Scott Walker.* Chicago : The University of Chicago Press.

Edsall, Thomas B., and Mary D. Edsall (1991) *Chain Reaction : The Impact of Race, Rights, and Taxes on American Politics.* New York : Norton.

Frank, Thomas (2004) *What's the Matter with Kansas? How Conservatives won the Heart of America.* New York : Holt Paperbacks.

Gest, Justin (2016) *The New Minority : White Working Class Politics in an Age of Immigration and Inequality.* Oxford : Oxford University Press.

Hetherington, Marc J., and J. D. Weiler (2009) *Authoritarianism and Polarization in American Politics.* Cambridge : Cambridge University Press.

Hetherington, Marc J., and J. D. Weiler (2015) "Authoritarianism and Polarization in American Politics, Still?" in J. A. Thurber and A. Yoshinaka (eds.) *American Gridrock:The Sources, Character, and Impact of Political Polarization* : 86-112. Cambridge : Cambridge University Press.

Hochschild, Arlie Russell (2016) *Strangers in Their Own Land : Anger and Mourning on the American Right.* New York : The New Press.

Inglehart, Ronald (1977) *The Silent Revolution.* Princeton : Princeton University Press.

Inglehart, Ronald, and Pippa Norris (2017) "Trump and the Populist Authoritarian Parties : The Silent Revolution in Reverse," *Perspectives on Politics* 15 (2) : 443-454.

Judis, John B. (2016) *The Populist Explosion : How the Great Recession Transformed American and European Politics.* New York : Columbia Global Reports.

Kinder, Donald P. (1998) "Opinion and Action in the Realm of Politics," in D. T. Gilbert, S. T. Fiske, and G. Lindzey (eds.) *The Handbook of Social Psychology.*

New York : McGraw Hill.

Kinder, Donald R., and Cindy D. Kam (2010) *US Against Them : Ethnocentric Foundations of American Opinion.* Chicago : University of Chicago Press.

Kinder, Donald P., and N. P. Kalmoe (2017) *Neither Liberal nor Conservative: Ideological Innocence in the American Public.* Chicago : Chicago University Press.

Ladd, Everett Carll, and Charles D. Hadley (1975) *Transformations of the American Party System : Political Coalitions from the New Deal to the 1970s.* New York : Norton.

Levitsky, Steven, and J. Loxton (2013) "Populism and Competitive Authoritarianism in the Andes," *Democratization* 20 (1) : 107-136.

Lupia, Arthur, and M. D. McCubbins (1998) *The Democratic Dilemma : Can Citizens Learn What They Need to Know?* Cambridge : Cambridge University Press.

Lupia, Arthur (2016) *Uninformed : Why People Know so Little about Politics and What We Can Do about It?* Oxford : Oxford University Press.

MacWilliams, Matthew C. (2016) "Who Decides When the Party Doesn't? Authoritarian Voters and the Rise of Donald Trump," *PS : Political Science & Politics* 49(4) : 716-721.

Müller, Jan-Werner (2016) *What is Populism?* Pennsylvania : University of Pennsylvania Press.

Murray, Charles (2012) *Coming Apart : The State of White America, 1960-2010.* New York : Crown Forum.

Noah, Timothy (2012) *The Great Divergence : America's Growing Inequality Crisis and What We Can Do about It.* New York : Bloomsbury Press.

Oliver, J. Eric, and Wendy M. Rahn (2016) "Rise and the Trumpvolk : Populism in the 2016 Election," *The Annals of the American Academy of Political and Social Science* 667 (1) : 189-206.

Perez, Efrén O., and Marc J. Hetherington (2014) "Authoritarianism in Black and White : Testing the Cross-Racial Validity of the Child Rearing Scale," *Political Analysis* 22 (3) : 398-412.

Philips, Kevin P. (1969) *The Emerging Republican Majority.* New York : Arlington House.

Popkin, Samuel L. (1991) *The Reasoning Voter : Communication and Persuasion in Presidential Campaigns.* Chicago : University of Chicago Press.

Putnam, Robert D. (2015) *Our Kids : The American Dream in Crisis.* New York : Simon & Schuster.

Teixeira, Ruy, ed. (2008) *Red, Blue, and Purple America : The Future of Election and Demographics.* Washington, D.C. : Brookings Institution Press.

Vance, J. D. (2016) *Hillbilly Elegy : A Memoir of a Family and Culture in Crisis.* New York : Harper Collins.

Williams, Joan C. (2017) *White Working Class : Overcoming Class Cluelessness in America.* Boston : Harvard Business Review Press.

〈邦語文献〉

稲増一憲（2015）『政治を語るフレーム――乖離する有権者，政治家，メディア』東京大学出版会。

上谷直克（2017）「『競争的権威主義』と『委任型民主主義』の狭間で――ラテンアメリカの事例から考える」『日本比較政治学会年報』第19号，117-144頁。

マルガリータ・エステベス＝アベ（2017）「憤るアメリカ白人とその政治化」『アステイオン』86号，209-215頁。

岡山裕（2017）「アメリカ二大政党政治の中の『トランプ革命』」『アステイオン』86号，29-44頁。

金成隆一（2017）『ルポ・トランプ王国――もう一つのアメリカを行く』岩波新書。

境家史郎（2006）『政治的情報と選挙過程』木鐸社。

善教将大（2013）『日本における政治への信頼と不信』木鐸社。

田中愛治（1998）「選挙研究における『争点態度』の現状と課題」『選挙研究』第13巻，17-28頁。

谷口尚子（2005）『現代日本の投票行動』慶應義塾大学出版会。

中村悦大（2011）「有権者の政治的判断をめぐる研究動向――理性か感情か」『選挙研究』第27巻第1号，5-15頁。

水島治郎（2016）『ポピュリズムとは何か――民主主義の敵か，改革の希望か』中公新書。

三宅一郎（1989）『投票行動』東京大学出版会。

山崎新・荒井紀一郎（2011）「政治洗練性が規定する態度の安定性」『選挙研究』第27巻第1号，120-134頁。

山田真裕・飯田健編著（2009）『投票行動研究のフロンティア』おうふう。
山田真裕（2016）『政治参加と民主政治』東京大学出版会。
山本圭（2016）“It's Populism, Stupid!”『現代思想』2017年1月号，183-189頁。
吉田徹（2016）「ポピュリズムとは何か――『民の声は神の声（Vox Populi, Vox Dei)』？」杉田敦編『グローバル化の中の政治』岩波書店，103-125頁。

（にしかわ・まさる：津田塾大学）

CHAPTER 4

トランプの移民政策

──分断社会に投下された煽動的言動とその本質──

手塚沙織［南山大学］

1　問題意識の所在

米大統領選におけるドナルド・トランプの勝利は，メディアや知識層の大方の予想を裏切り，アメリカ社会の分断を印象付けるものであったと報じられた[1)]。トランプは，大統領就任後，最大の公約である「アメリカファースト（America first）」に沿って，アメリカ人の雇用を守るという政策を次々と打ち出した。その中でも，2017年８月，トランプが二人の共和党上院議員トム・コットンとデイビット・パデューによる移民法の改革法案「強力な雇用のためのアメリカの移民改革（Reforming American Immigration for Strong Employment)」を支持する記者会見は大きく報じられ，波紋を呼んだ。この記者会見に対し，民主党全国委員会の委員長トム・ペレスは「ドナルド・トランプとマイク・ペンスは，移民排斥事項を強硬に推し進め続け，合法的移民を劇的に削減し，家族の再統合を制限することで，何百万の「アメリカン・ドリーム」を否定している。……（省略）これは，アメリカが支持するものではない[2)]」と声明を出した。民主党や多くのメディアは，トランプが「アメリカの理念」を壊しているかのように報じた。日本のメディアでも，トランプの支持の移民法案に関して「新移民政策に反発　国家理念の転換懸念[3)]」（『毎日新聞』2017年８月12日）や，「トランプ氏，合法移民の削減法案を支持　波紋広がる[4)]」（『朝日新聞』2017年８月３日）とし，米民主党や多くのメディアと同様の論調で報じた。

移民政策は，アメリカにとって最もセンシティブな政策分野である。それは，マクロレベルでは，ナショナル・アイデンティティ，人口構成，国家安全保障，労働市場，経済格差，さらには外交にまで及び，ミクロレベルでは，アメリカ人個人の先祖や親族の史実，個人のアイデンティティ，イデオロギーにまで関わるからである。世界にとっても，アメリカの移民政策は，他人事ではなく，センシティブなものである。アメリカは年間100万人もの移民を受け入れており，アメリカへの外国人の年間の出入国は，観光ビザを含めると，数億件に上る。その上，アメリカ在住の移民からの母国への送金額（2015年度）は，世界最大規模で613億ドル（およそ6.5兆円）にも達し，発展途上国の経済を支えていると言っても過言ではない。[5)] アメリカの移民政策に対して，他国が意見を述べるのは，その政策がもたらす影響の規模の大きさゆえである。

議論をトランプに戻すと，トランプの支持する移民法案は，民主党やメディアの大半が主張する通り，「アメリカの理念」に反していると言えるのだろうか。さらに，メキシコとの国境沿いの壁の建設やイスラム教徒の一時入国停止などのトランプが提案する移民政策は，異常と言えるのだろうか。これらのトランプの移民政策を支持する人々は，「アメリカの理念」に反する人たちと言えるのだろうか。トランプは，その言動の率直さと大胆さから，彼の人種差別的発言などと相まって，「人種差別」「移民排斥」などと批判されることが多い。しかしながら，それは，トランプの過激な発言に注目しすぎて，トランプが主張する移民政策の本質が見えていないのではないだろうか。トランプの移民政策は，これまでの移民政策をめぐる歴史と照らし合わせると，極端なものではなく，むしろ，以前から連邦政府の関係機関や研究者によって提案され続けてきたものであり，共和党の保守派だけでなく，民主党も推進し続けてきたものであった。だが，メディアの多くは，アメリカの移民政策が抱える問題，それを解決しようと提案されてきたものにあまり触れることなく，民主党を始めとするリベラル派の考えだけを切り取り，トランプの移民政策が「アメリカの理念」に反しているかのような印象を与えている。しかし，トランプの移民政策の主張は，「アメリカの理念」に反するところにあるのだろうか。

これらの問題意識のもと，本稿の目的は，トランプの性格や彼の提案する他の政策とは切り離して，トランプの移民政策そのものを検討することである。結論を先取りすれば，トランプの主張する移民政策は，これまでの移民政策をめぐる社会と国内政治の動向と照らし合わすと，閾値ではなく，正常値であることを明らかにする。その上で，トランプの移民政策は正常値でありながら，二つのシンプルな言葉で分断された社会にて一貫して主張され続けたからこそ，共和党予備選，大統領選においてトランプが他の候補者との差異を際立たせた候補者になりえたことを明らかにすることを試みる。第2節にて，トランプが主張する移民政策を受け入れる土壌としてのアメリカ社会の分断を把握する。第3節では，社会での分断をふまえ，連邦議会と州レベルでの移民政策をめぐる歴史的動きを論じる。第4節にて，トランプの主張の本質とは何かを考察した上で，移民政策という観点に焦点を絞り，2016年の大統領選，とりわけ共和党予備選におけるトランプと各候補者を比較した上で，トランプは他の候補とどう違っていたのか，それが保守派やトランプ支持者とされる人々にどのような点で共感されてきたのかを検証する。最終節にて，分断された社会における，今後の移民政策の行方を占う上で，大統領就任後のトランプの移民政策を考える。

2　移民政策をめぐる社会の分断

メディアや専門家の大方の予想を裏切り，トランプが大統領に当選した衝撃「トランプ現象」は，「アメリカ社会の分断」を顕在化させたかのように報じられた。「トランプ現象」に関して様々な観点から分析がなされている。米の外交雑誌『フォーリン・アフェアーズ』は，トランプ現象に関して特集を発行月毎に組んできた。ニューヨーク・タイムズでは，トランプの大統領選の勝利を理解する上で，以下の六つの著書を推薦している[6]。『綻びゆくアメリカ――歴史の転換点に生きる人々の物語（原題 *The Unwinding*）』(2013)，『自らの土地のよそ者たち（*Strangers in their own land*）』(2016)，『ヒルビリー・エレジー――アメリカの繁栄から取り残された白人たち（原題 *Hillbilly Elegy*）』(2016)，『リベラルよ，聞きなさい（*Listen, Liberal*）』(2016)，『ポピュリストの急増（*The Populist Explosion*）』(2016)，『下層白人（*White Trash*）』(2016) である[7]。これらの著書に共通しているのは，アメリカ社会が「階層（クラス）」によって分断されているという認識である。さらには階層の中でも通常関心が注がれない「忘れられたアメリカ人（the Forgotten Americans）」，トランプの言葉でいう「サイレント・マジョリティ（沈黙する大多数）」を独自の観点から説明しているという点である[8]。日本でも2017年に翻訳本が出た『ヒルビリー・エレジー』は，典型的な白人社会に育ってきた著者が，学歴が上がるに伴い，見えてきた異なる社会階層の分断を描いている。これらの著書は，トランプが大統領選に勝利する前に書かれたものである。つまり，トランプが大統領になる前から，社会は分断されていた。「トランプ現象」と呼ばれるものを引き起こす土壌は，それ以前から十分に観察されていたのである。

むしろ，アメリカ社会の分断は，歴代の大統領にも明白に認識されていたことだった。クリントン大統領の1993年の就任演説では「我々は依然として最強である経済を引き継いでいるが，それはビジネスの失敗，賃金の停滞，拡大する不平等，我々自身の間での深い分断によって弱体化する[9]」と述べている。ブッシュ大統領も１期目の就任式にて，「時には，我々国民の間に違いがあまりに大きすぎて，同じ大陸に住んでいても，国を異にするように見えることもある[10]」と述べ，２期目の就任式においても「我々は分断を見てきた，それは偉大な目的に向かって前進するために修復しなければならないものである。私はその分断を，誠意を持って修復する[11]」と述べている。また，オバマも同様に社会の分断に気づいていた。そこで，オバマは2004年に「白人のアメリカでもない，黒人のアメリカでもない，ラティーノ系のアメリカでもない，アジア系のアメリカでもない，ただあるのはアメリカ合衆国である[12]」という著名なスピーチを行ったのである。だが，このスピーチ，さらに言えばオバマ大統領のもとでアメリカ社会の分断は止まったわけではない。

アメリカ社会の分断の最大の要因の一つとなっているのが，マジョリティとマイノリティである。オバマ大統領の当選時には，彼の支持基盤となったヒスパニック系をはじめとする「マイノリティ」に関心が高まった[13]。オバマ大統領以前の，ブッシュ大統領も，クリントン大統領も，ヒスパニック系を始めとする「マイノリティ」に対する関心は高かった。というのも，マイノリティとされるヒスパニック系の人口が1990年代以降，急増していたからである。その一方で，このヒスパニック系の人口の増加，合法・不法問わず移民の大量流入に脅威を感じたのが，トランプが語りかけた「サイレント・マジョリティ」であった。「サイレント・マジョリティ」は，かつてニクソンが大統領選で多用した言葉であった。トランプとオバマの大統領選でそれぞれの候補を大統領に導き，関心が高まった「マジョリティ」と「マイノリティ」。「マイノリティ」がヒスパニック系や黒人などを表す一方，アメリカの「マジョリティ」とされる人たちは，ヨーロッパ系のプロテスタントの白人層を指す。

アメリカの「マジョリティ」とされる人たちに対する最大の脅威の一つとして捉えられるようになってきたのが，非ヨーロッパ諸国からの移民の大量流入に伴う人口構成の変化である。戦後，アメリカの人種別の人口構成が大きく変化したのは，1965年移民及び国籍法（以下，1965年移民法）による。公民権運動を背景とし，1965年移民法では，1952年移民及び国籍法（以下，1952年移民法）で踏襲されてきた出身国別割当制が廃止された。そのため，それ以前の移民の出身国の多くはヨーロッパであったが，1965年移民法実施以後，中南米やアジアからの移民が急増した。1990年には再び移民法が改定され，移民の受入れは100万人まで拡大された。これらの移民法の改定に伴い，移民（海外出身者）の人口は増加し（図１参照），アメリカへの移民の人口構成は大きく変化した（図２参照）。

人口構成を変化させる大量の移民の受入れに関する問題は，1990年代から本格的に認識され，その不安や懸念は高まっていった[14]。アーサー・シュレージンガーは，『アメリカの分裂――多元文化社会についての所見（原題 *The Disuniting of America : Reflections on a Multicultural Society*)』(1991）において，21世紀には非ヨーロッパ系移民の流入の増加が，一部白人アメリカ人の恐怖として，アメリカ社会における「少数派の多数派化」を生じさせるのかという疑問を呈し，移民のアメリカへの同化のプロセスが機能するかどうかにかかっているとした[15]。シュレージンガーの疑問に答えるかのように，移民の大量流入に直面するアメリカ社会を，危機感を持って表したのが，ハーバード大学の政治学者サミュエル・ハンチントンである。1996年のハンチントンの代表作『文明の衝突（原題 *The Clash of Civilizations and the Remaking of World Order*)』では，メキシコからの移民・非正規移民の大量流入に警鐘を鳴らした上で，ヒスパニック系の移民は，従来のヨーロッパ系の移民と異なり，「マジョリティ」のアメリカの文化・社会へと同化しないとした。ハンチントンと同様に，大量の移民の受入れによる問題は，他の研究者からも提起されていた[16]。アメリカ社会における移民に関する著書は，世論の見方とも呼応している[17]。1995年６月に行われた移民の受入数に関する世論調査によると，７％が増加，24％が現状維持を支持する一方，65％もの回答者が削減を支持した[18]。マジョリティとされる白人の人口が，2050年には半分ほどにまで落ち込み，最大のマイノリティとしてヒスパニック系の人口が20％以上になるという1992年の国勢調査局による人口予測も，移民の大量受入れに関する不安や懸念を高める上で，十分な根拠となりえた[19]。この予測は，1996年の報告書でもほぼ同じものであった[20]。

アメリカの「マジョリティ」とは異なる移民，つまり非ヨーロッパ系移民の大量流入に関する問題は，2001年9.11同時多発テロ事件を経て，国家安全保障という形を帯びて，先鋭化していく。2002年には，パトリック・

図1　海外出身者の人口と総人口に占める割合の推移

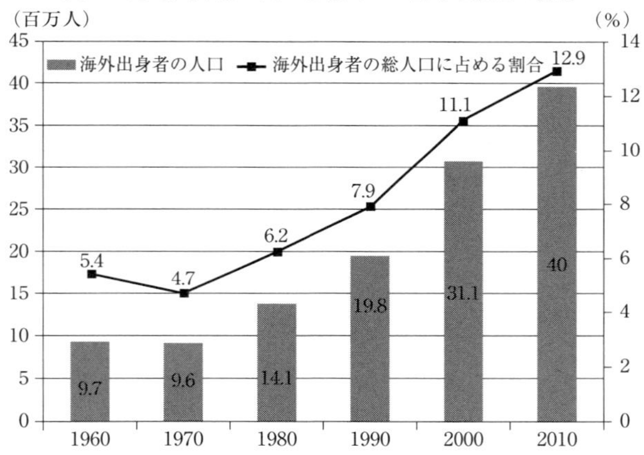

出典：US Census Bureau, Foreign-Born Population and Percentage of Total Population, for the United States: 1850-2010より抜粋して筆者作成。

図2　移民の出身国の割合（1960-2015）

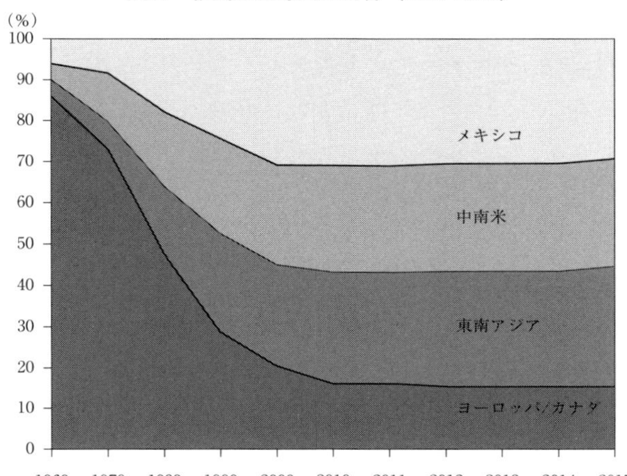

出典：Pew Research Center, "Origins of the U.S. Immigrant population, 1960-2015"より。

ブキャナンが『病むアメリカ，滅びゆく西洋（原題 *The Death of the West*)』を出版した。ブキャナンは，ニクソン，フォード，レーガンといった歴代の共和党大統領のシニア・アドバイザーを務め，自らも1992年から大統領選に出馬した保守派の大物論客である[21)]。当時から，ブキャナンは，アメリカ社会が「民族意識と忠誠心」によって分断されている状況を観察し，アメリカを始めとする西洋諸国が，「人口減少」，「西洋を根底から変えるような，異なる人種・文化の大量移民」，「西洋の伝統・宗教・道徳に根深い憎悪を抱く反西洋文化の台頭」，「世界国家樹立に向けての国家解体と政府エリートの背信行為」（295頁）の危機に瀕していると警告した。さらに，ブキャナンは2012年に『超大国の自殺（原題 *Suicide of a Superpower*)』を発表し，あらゆる方面の詳細な統計データを提示しながら，多様性が国家の分裂を導き，今やアメリカは危機的状況にあることを伝えた。こういった移民の大量の流入によるアメリカの「マジョリティ」の文化，文明，信仰，さらに言えば国民を国民たらしめるナショナル・アイデンティティの衰退は，ブキャナンを始めとする保守派の論客だけに共有されていたわけではない。ハンチントンも2004年の『分断されるアメリカ（原題 *Who Are We?*)』にて，ヒスパニック系移民の大量流入による，アメリカの内で起こっているナショナル・アイデンティティの衰退に警鐘を鳴らしている。ハンチントンは，ナショナル・アイデンティティの衰退に反して，サブナショナルやトランスナショナルなアイデンティティは一部のエリートに共有されているだけであって，大多数のアメリカ人は共有しないとした[22)]。

合法・不法問わず移民の大量の流入への危機感や不安が，保守派の知識層だけでなく，「マジョリティ」のアメリカ人にもある一定程度共有されていたことは，上述した著書がベストセラーになったことに表されていただけではない。世論調査でも，大量の移民の受入れに対する不満や，非正規移民の増加に対する不安が表れていた（図３参照)。トランプが大統領選に出馬する前から，合法・不法問わず移民の大量の受入れに対する不満

図3　非正規移民に対して個人的不安があるかどうか

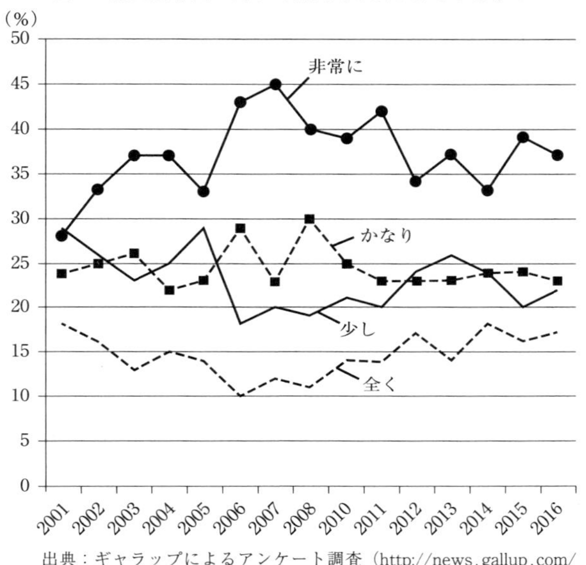

出典：ギャラップによるアンケート調査（http://news.gallup.com/poll/1660/immigration.aspx)をもとに筆者作成。

や懸念は，静かに深く浸透していたと言えよう。そこで，トランプは，アメリカが抱える問題の中から，移民政策に焦点を当て，率直な言葉でその懸念や不安を抱く人々に語りかけた。トランプの主張に共感するだけの土壌が，すでに存在していたと言える。経済学者のトーマス・フリードマンは，2016年大統領選のトランプの勝利の要因として，マイノリティが過半数を占める国へと変化し，米国民，とくに白人中産階級が「居場所をなくしたような気分」になっており，そのような文化的な問題が，貿易赤字や所得格差問題よりも影響していると語った[23)]。

では，アメリカ社会を分断させていた大量の移民の受入れをめぐる議論は，国内政治でどのように認識され，どのような動きがあったのであろうか。トランプの主張は，それ以前の議会での移民政策をめぐる議論において，どのように位置付けられるのだろうか。次節では，移民政策をめぐる国内政治を分析する。

3　移民政策をめぐる国内政治

1965年移民法により，アメリカへの移民の出身国は大きく変わった。1965年移民法を引き継いだ1990年移民法による改定では，その受入数を大幅に増加させ，年間100万人までとした。年間100万人の受入移民の基準は，約70％が「家族の再統合」である米国市民の配偶者や未成年の子供，15％が国内経済のメリットとなる技能や能力を有する者とされている。「家族の再統合」を重視した，これだけの規模の受入れを行っている国は他にない。移民国家のカナダは，国内経済に貢献できる能力などを受入基準としたポイント制度を採用し，受入移民のおよそ60％は，アメリカと反して，能力ベースである。他方，オーストラリアもカナダと同様にポイント制度を採用している。つまり，現在，職歴や学歴などの能力を基にし，国内経済に貢献できるかで受入れの判断がなされる選抜的移民受入政策が世界の主流である。しかし，アメリカは，これとは異なり，依然として「家族の再統合」を重視した大量の移民の受入れを行っている。アメリカにおいて，「家族の再統合」を重視する移民法は，もともと人口構成を変化させないために立案された。しかしながら，その思惑とは外れ，中南米やアジアからの移民が急増した。それらの移民は，「家族の再統合」により，さらに親族を引き寄せ，「移住の連鎖（Chain Migration）」となった。それに加えて，隣国メキシコからの非正規移民は急増し続け，アメリカはその処遇と対策に頭を抱えてきた。

先述してきたが，1990年移民法の制定・実施後間もなく，合法・不法問わず，非ヨーロッパ圏からの大量の移民の流入は問題視されるようになった。そのため，「家族の再統合」を最重視する移民法から，国内経済に応じた移民の受入れという政策転換が，議会においてもたびたび提案されてきた。その中でも，移民の受入れの転換に影響を与えたものとして，元テキサス選出民主党バーバラ・ジョーダン議員が率いた移民政策改革委員会は，移民政策の方向性を決める上で，重大な役割を担っていた。ジョーダン委員会は，移民法の影響や効果を分析し，改善点を提案するために1990年移民法改定にてその創設が定められた。1994年に，途中経過として同委員会が報告した提言には，移民の受入数の段階的削減，家族の再統合から国内経済に応じた受入基準の変更，不法移民の流入に対する厳格な対策などが盛り込まれた。この提言自体に政治色はなかったが，移民の受入れの削減や不法移民への取締など厳格な移民政策を進める上で，保守派の共和党議員には，強力な根拠を与えることとなった。同提案の方向性と同様であるとし，移民に関する法案の審議を行う下院司法移民小委員会の委員長のラマール・スミス共和党議員は，家族の再統合を重視した受入基準の狭小化と受入数の大幅な削減を盛り込んだ法案を提出した[24)]。

ジョーダン委員会の提言に加え，移民政策に関する連邦レベルの動きを活発化させることになった背景には，州レベルにおける合法・不法移民の大量流入に対する対策を講じる動きが政治的に先鋭化していったことが挙げられる。この動きは，合法・不法移民の密集が最も高いカリフォルニア州で始まった。カリフォルニア州では，1994年に不法移民の公的社会サービスへのアクセス禁止などが盛り込まれた住民提案187号が提出された。保守派および共和党の住民から提出された提案187号は，民主党やヒスパニックだけでなく，この提案を「マイノリティへの挑戦」とみなしたアジア系アメリカ人も反対した[25)]。提案187号は賛成59％対反対41％で可決される結果となり，同提案の可否を問う運動は，同時に行われた中間選挙にまで影響を与え，保守派にとって追い風となった[26)]。カリフォルニア州に続いて，ニュージャージー州，ミネソタ州などでも同様の不法移民に対する厳しい対策を求める議案が提出された。

こういった州レベルの動きは，1994年のジョーダン委員会の提言に加えて，1996年の大統領選において移民政策を避けられない論題へと変化させた。1996年２月の世論調査では，約80％にも上る大多数のアメリカ人が，移民の受入数の大幅な削減を支持し，合法・不法問わず，移民の大量受入れに反対していると伝えられた[27]。二期目を目指すクリントン大統領は，1994年のジョーダン委員会の提言を取り入れ，国境警備の強化や非正規移民の雇用に対する罰則などを提案した。他方，ボブ・ドール共和党大統領候補は，非正規移民の強制送還のプロセスの簡素化や，非正規移民への行政サービス禁止など厳格な政策を打ち出した。1996年の大統領選以降も，大統領選では非正規移民に対する処遇と対策は，移民政策の主要な争点として議論され続けた。

事実，非正規移民の流入の対策として，連邦政府による米墨間の国境沿いのフェンスの増強と国境監視は，クリントン政権時に始められた[28]。米墨間の国境沿いの地域では，国境警備隊によって，「オペレーション・ホールド・ザ・ライン」，「オペレーション・ゲートキーパー」，「オペレーション・セーフガード」，「オペレーション・リオ・グランデ」といった国境警備作戦が次々と実施された。1990年代の反移民感情の高まりを受け，移民政策をめぐる保守的動きは盛り上がった。ブッシュ政権下では，2006年10月にメキシコからの非正規移民の流入に対する対策として，米墨間に1000km以上の頑丈なフェンスの建設を進める「2006年安全なフェンス法(the Secure Fence Act of 2006)」が法制化された。これを引き継ぎ，オバマ政権では国境沿いにフェンスが建設された。

1990年の移民法以降，合法・不法問わず移民の大量流入は，連邦レベルでも州レベルでも問題視され，それらの問題を根本的に解決するような包括的な移民法案はたびたび提案されてきたが，法制化することはなかった[29]。部分的には，1996年に「不法移民と移民に対する責任法」や，2006年に「安全なフェンス法」などが成立し，合法・不法移民の流入に対する政策は厳格化されてきた。しかしながら，その間もアメリカは，景気の良し悪しにかかわらず，毎年100万人の移民を受け入れ続けてきた。1996年には約500万だと推計された非正規移民は，10年後の2006年には1100万人まで膨れ上がり，この莫大な不法移民の数が減少する気配もなかった[30]。アメリカは，大量の移民の流入と大量の非正規移民の処遇と対策に苦悩し続けたまま，2016年の大統領選を迎えたのである。

4　2016年大統領選とトランプの移民政策

2016年の大統領選にて，トランプ共和党候補ほど注目を集めた候補者はいない。トランプはポリティカル・コレクトネスを一切構わず，その発言の過激さから人種主義者，女性・障害者軽視，白人至上主義などの批判を浴びてきた。トランプの移民政策も，その過激な言い方から，リベラル派や民主党，さらには世界の首脳からの非難も招いた[31)]。むしろ，それが，移民政策における主張をめぐって，トランプと民主党候補者，さらには共和党候補者との差異を際立たせる結果となった。一般的には，民主党と共和党の移民政策をめぐる意見の隔たりは，共和党内での隔たりと比べると，顕著である。逆に言えば，移民政策をめぐる共和党内での違いは，党間の違いに比べれば，さほど大きいものではない。それをうまく利用したのが，まさにトランプであった。

トランプは，2015年６月の大統領選の出馬表明演説から，メキシコ移民を犯罪者呼ばわりし，その流入を批判し，米墨間の国境沿いの壁の建設を提案した。メキシコ移民に対する発言は，共和党全国委員会の委員長ラインス・プリーバスに「役立つものではない」と批判され[32)]，「ミス・ユニバース」を放送するスペイン語専門チャンネル「ユニビジョン」や，「NBCユニバーサル」といったメディアから契約を打ち切られる事態へと発展した。トランプは，様々な方面から非難を浴びたが，メキシコからの移民の大量流入をはじめとした移民政策の問題点を徹底的に訴える姿勢を大胆にも変えることはなかった。それから約半年後の2016年１月，共和党指名争いの皮切りとなるアイオワ州の党員集会を１カ月前に控え，トランプは初の大統領選キャンペーンのテレビCMを公開した。たった30秒ほどのCMにおいてトランプは，イスラム過激派によるテロ事件を受けたイスラム教徒の一時入国禁止と，非正規移民の流入を防ぐための国境沿いの壁の建設の必要性を訴えた[33)]。トランプが大統領選の出馬表明から初のテレビCMに至るまで，アメリカが抱える数々の問題の中から移民政策に照準を合わせていたことは，トランプにとって有権者に訴える政策として移民政策が最も戦略的に価値が高かったことを表している。トランプは，共和党候補者の中で，他の主要な論題では他の候補者との差異を目立たせることができないが，移民政策という重要でありながらセンシティブな課題に的を絞り，そこで中道へシフトすることのない非妥協的な候補者として自分をブランディングし，有権者に徹頭徹尾アピールした。

トランプの移民政策は，(1)国境沿いの壁の建設と国境警備の強化，(2)移民の受入基準の変更と削減，(3)特定の国からの受入れの制限，これらの三点が主な提案であった。トランプの移民政策は，その発言の強烈さから差別的だと酷評されるが，その内容は決して目新しいものではない。これらは，前節で説明した通り，1990年代以降にジョーダン委員会の提言を支えにした共和党議員を中心とした議員から提案されてきたものであり，ブッシュ政権下でもオバマ政権下でも進められていたものであった。しかしながら，前大統領と異なるのは，上記の移民政策のトランプの主張が，二つのシンプルな言葉に集約され，ブランディングされたことである。それは，「壁を建てる（Build the Wall)[34)]」と「アメリカファースト（America First)」である。これらの言葉には，トランプがこれまでの移民政策の政治的動向を踏まえた問題点を把握し，それらの解決をどういった側面から有権者に印象付けるのが効果的であるかを理解していることが表れている。その側面とは，法治国家，国家安全保障，経済政策の三つである。

第一に，法治国家の側面である。トランプの移民政策をめぐる姿勢は，アメリカが完全な「法治国家」を貫徹すべきであると強調している。トランプは，ポリティカル・コレクトネスに一切構わず，暴力的で差別的な言葉を使い，非正規移民を強制送還させるべきだという主張をする[35)]。この発言の根底には，非正規移民は法律を犯して入国してきた者であり，それらに永住権や市民権を授与するような処遇（恩赦）は，合法的に入国在留している者に対して不平等であり，アメリカの法治国家の考えに反するという姿勢が貫徹されている。トランプに対して，他の共和党候補者による移民政策は「法治国家」を貫徹するという側面が抜け落ちていた。「法治国家」を貫徹するという側面を強調するためには，非正規移民に対する姿勢を候補者自身が非妥協的に貫徹する必要があるだろう。しかし，ライバルの共和党候補者のテッド・クルーズは，非正規移民の処遇に関しては明言を避け続け，その姿勢を表明したのは，共和党党員集会が開かれる2カ月前の2015年12月のことであった[36)]。一方，共和党候補者のマルコ・ルビオの非正規移民の処遇に対する姿勢は，有権者が信用できるものとは言い難かった。というのも，ルビオの非正規移民に対する姿勢は，2010年の上院議員の出馬時から共和党予備選の間，曖昧なものであり続けたからである。ルビオは，2013年に超党派からなる「ギャングエイト」の一員として非正規移民に対する永住権を与えることを盛り込んだ包括的移民法案を提出する一方で，この非正規移民に対する永住権は恩赦ではないと繰り返し主張し続けた。逆に，ジョン・ケーシック共和党候補は，予備選では非正規移民を合法化（永住権を授与）すると主張し，非正規移民の処遇に対して比較的寛容であった。このように共和党候補者の非正規移民の処遇に対する曖昧もしくは寛容な姿勢によって，トランプは「法治国家」の貫徹という側面から他の共和党候補者との差別化が図れた。トランプは，非正規移民の強制送還という過激な政策を「壁の建設」と合わせることで，現在の問題を解決する方法と，これからも発生し続けるであろう非正規移民の流入問題の解決を連結させて，表象させた。つまり，「壁の建設」は，現行の問題と将来の予測可能な問題に対して，「法治国家」であるアメリカは断固たる姿勢で望むという訴えである。

第二に，国家安全保障の側面である。先述した法治国家の側面に加えて，「壁を建てる」という言葉が，国境を死守し，自国民の安全を守るということを率直に表している。トランプは，「国境を守れない国は，生き延びられない[37]」「国境を守れない国は，国ではない[38]」と，国境の重要性，国境を守るべき壁の存在の正当性をつねに強調する。「壁を建てる」ことで，国家の安全を脅かす存在の流入を壁で物理的に止めるという主張は，国境沿いの壁の建設と国家安全保障とを表象的に結びつけた。トランプの「壁」は，国家安全保障のもとに正当化され，自国民の安全を脅かす者の流入は，合法・不法問わず移民への反感情を煽った。非正規移民＝犯罪者と見なし，それらの流入を防ぐトランプの「壁」の主張を正当化する事件は，徹底的に洗い出され，有権者に語られた。サウスカロライナ州の党員集会を直前に控えた2016年２月には，トランプ陣営の同州の選挙キャンペーンCMにて，2008年ロサンゼルスで起きた非正規移民による黒人学生の殺人事件を取り上げ，トランプが非正規移民の流入を止め，理不尽な事件を防げる唯一の候補者だと話す遺族の映像を流した。非正規移民による犯罪の被害者の遺族の言葉を通した，壁の建設の正当性の訴えは，サウスカロライナ州での同CMだけでなく，被害者の遺族自身が選挙集会の舞台で語ることで，有権者に現実味を与えた[39]。オバマ政権を含めたこれまでの連邦政府は，非正規移民の流入を見逃し，自国民の安全を保障できていないということを徹底的に訴えた。「壁を建てる」ことは，移民ではなく，自国民の安全を最優先させた「アメリカファースト」の考えと合わさった。それによって，トランプの主張は有権者に賛同を得やすいものとなった。トランプが，移民政策の問題点としての不法移民の存在の脅威から壁の建設の正当性を引き出し，国家安全保障の観点から移民政策を論じ，その解決案をシンプルな言葉で提示したことは，他の共和党候補との違いを鮮明にした。トランプが非妥協的かつ強硬な姿勢を固持する一方で，テッド・クルーズとマルコ・ルビオの両共和党候補は，それ以前の上院議員としての政治活動期と比べて移民政策に対する姿勢を硬化させたものの，そのことが結果的に矛盾した候補者というイメージとなった。そもそも，クルーズもルビオも双方の従来の支持層からすると，移民政策に対して強硬な姿勢が取りにくい。クルーズはテキサス州選出の上院議員であり，テキサス州はヒスパニック系の移民の受入れが多く，州人口に占めるヒスパニック系の人口は約40％に達する[40]。ルビオは，キューバ出身の移民の父親を持ち，スペイン語も堪能な数少ないラティーノ系の上院議員で，フロリダ州から選出されている。フロリダ州は，州の人口の約25％がヒスパニック系で占められており[41]，ルビオは移民の受入れや非正規移民の処遇には比較的寛容な姿勢を取ってきた。ヒスパニック系の有権者から最も高い支持を得た共和党候補者はルビオだったが，逆にそれがルビオの移民政策に対する姿勢を複雑化させた。クルーズ，ルビオ，ケーシックの有力共和党候補者は，国家安全保障の観点からも移民政策の問題に対する強硬な提案はできず，国家の安全を守れる候補者とは見なされなかった。トランプは，政治的経歴やそれに付随する支持層がないがゆえに，他の共和党候補者と比べると，マジョリティとされる白人中間層にターゲットを絞り，国家安全保障の名のもとにマイノリティに配慮を示さない形で移民政策の強硬な解決案を主張できたのである。

第三に，経済政策の側面である。移民政策は，有権者の最優先事項に挙げられる経済政策とは異なる。しかし，合法・不法移民が雇用を奪っており，移民は国内労働者の競合者であると見なされれば，有権者にとって移民政策は経済政策となり得る。事実，景気の悪化は，反移民感情を引き起こしやすい。トランプは大統領選中の2016年２月に「不法移民によって奪われた，もしくは企業によってアウトソースされた雇用を取り戻す[42]」と公約し，移民政策を経済政策の側面から論じている。メキシコからの低賃金労働者と国内労働者（有権者）との間に建てられる「壁」は，国内労働者の雇用を守るという表象すらも含蓄される。壁の建設には，NAFTAによるメキシコへの雇用流出を止めるという意味が内包されているのである。言い換えれば，「壁を建てる」という言葉は国内労働者の雇用を最優先にする「アメリカファースト」主義が含意され，経済状況の苦しいアメリカ人有権者にとって効果的であった。トランプと比べると，ルビオ，クルーズ，ケーシックは移民政策を経済政策と結びつけていない。むしろ，他の候補者が移民は経済に利益をもたらすという側面を出すと，それはトランプとの違いを一層際立たせることとなる。

トランプが大統領選に出馬表明した2015年６月から，事実上の共和党指名候補となった2016年５月までの約１年の予備選にて，トランプは移民政策を通じて共和党候補者との違いを際立たせてきた。メキシコ移民に関する差別的発言を伴ったトランプの移民政策は民主党やリベラル派から非難されてきた一方，保守派から高い評価を受けていた。

予備選後もトランプは移民政策を最重視した選挙戦略を変えることはなかった。トランプを勝利に導いた州（スイング・ステート）は，ペンシルベニア，フロリダ，オハイオ，ウィスコンシン，アイオワ，ミシガンである。その中でも，オハイオ，ペンシルベニア，フロリダの３州は，トランプとヒラリーの両大統領候補が予備選後に最も頻繁に現地入りした州であった。[43] オハイオとフロリダは，2012年大統領選で民主党と共和党候補者が僅差で競り合ったように，歴史的に激戦州である。これらの２州に加えて，ペンシルベニアはトランプ陣営が最重視した州である。トランプは，2016年10月１日のペンシルベニア州マンハイムでのスピーチにて，TPPがNAFTAに続く最低の条約であり，こういった条約によりメキシコや他の国へ仕事や金が流れることを話した後，非正規移民の流入を取り上げ，「壁を建てる。誰がその費用を払うのか？」と観衆に問い，「メキシコ！」と言わせるほどの熱狂と賛同を得た。[44] トランプは，経済政策と移民政策をメキシコというキーワードで密接に結びつけている。

5　社会の分断におけるトランプの移民政策

合法・不法問わず大量の移民の流入と莫大な数の非正規移民の存在に関する問題が抜本的に解決されず，社会が分断している中，それに対して強硬な態度で非妥協的な解決案を提示したのがトランプであった。しかしながら，その中身，合法・不法問わず移民の大量流入に対する対策案は，これまでの移民政策をめぐる議論で提案されてきたものであった。トランプは，移民政策をめぐる動向を把握し，マジョリティの不満や恐怖を理解した上で，これらをうまく呼び起こす形で，「法治国家」「国家安全保障」「経済政策」の観点から移民政策に関する問題への解決案を二つのシンプルな言葉「壁を建てる」と「アメリカファースト」でブランディングした。これほど有権者に効果的に訴えたフレーズはなかったであろう。逆に言えば，移民政策ほど，トランプと他の候補者の違いを浮き彫りにした課題もなかったと言ってもよいだろう。

2016年大統領選にてトランプと他の候補者との差異をはっきりさせた政策としての移民政策は公約通りに実施されているのか。それが分断された社会でどのように受け止められているのか。現時点でトランプの政策に評価を下すのは時期尚早であろう。それでも，大統領就任後のトランプの移民政策を，大統領選の主張と照らし合わせ，彼の突飛さと一貫性の欠如を踏まえた上で検証することは，今後の移民政策の行方を占う上でも一定の意義をもつだろう。

トランプが，2017年1月の大統領就任後に実施した移民政策は，主に以下の三点であろう（時系列順）。(1)特定の国からの受入れの制限，(2)移民の受入基準の変更と削減，(3)国境沿いの壁の建設と国境警備の強化，これらの三点は，公約した提案と照らし合わせると，少し変更された点がある。まず，特定の国からの受入れの制限として，トランプは，大統領就任直後の2017年1月27日に大統領令13769を発令し，イスラム圏の特定7カ国出身者に対してアメリカへの入国を一時停止し，難民プログラムを永続的に停止することを定めた。トランプは，この大統領令を「海外テロリストの米国への入国から国家を守る（Protecting the Nation from Foreign Terrorist Entry into the United States）[45]」ためとし，「国家安全保障」の側面を強調した。メディアを通じて，ニューヨークやサンフランシスコなど全米の主要な空港で大規模なデモが起きている様子が伝えられた。この大統領令は，「違憲である」「アメリカの理念に反する」などの批判がなされた。さらには，諸外国の首脳も大統領令に対して懸念や不快感を表した。[46] しかしながら，大統領令の発令直後の世論調査によると，この大統領令は半数以上の国民に支持された。[47] さらに，この大統領令が発令された約半年後の世論調査においても，大統領令の改訂版としてのイランなどの6カ国の市民に対する入国禁止措置も半数以上の国民に支持された。[48]

第二に，移民の受入基準の変更と削減であるが，冒頭の問題意識で取り上げたが，トランプは共和党上院議員トム・コットンとデイビット・パデューによる移民法の改革法案「強力な雇用のためのアメリカの移民改革（Reforming American Immigration for Strong Employment)」を支持した。この移民法案は，学歴や英語力など能力に応じて受入れの可否が決められるポイント制の導入，移民受入数の削減，難民受入の制限などが盛り込まれている。民主党議員やリベラル派からは「アメリカの理念に反する」などと酷評された一方，世論調査によると，このトランプの支持した移民法案に対して，半数ものアメリカ人が賛成した。[49]

最後に，選挙時にトランプが強調した国境沿いの壁の建設であるが，選挙期間中の2015年9月の世論調査においては，支持率が48％であったが，大統領就任後の2017年9月には35％に低下した。[50] 世論調査では壁の建設に選挙時ほどの熱狂さは感じられないが，トランプと彼を支持する連邦議会の議員は異なる。壁の建設費用をメキシコに負担させることが非現実的であり，その代わりに予算案に入れるかどうかをめぐって議会では意見が割れている。最新の世論調査（2017年12月）では，43％もの共和党議員が壁の建設のために，連邦政府の一時的閉鎖でさえも支持するとした。

トランプの選挙時に主張した移民政策は，選挙後の実施段階に移っても，一定数の有権者や共和党議員から支持を得ている。リベラルや民主党から差別主義者として批判されるトランプであるが，彼の移民政策を支持した者に対しても同様の批判がなされる傾向がある。彼の移民政策に対する意見表明自体が「移民国家」としてのアメリカに反するかどうかの一種の踏み絵となり続ける限り，アメリカ社会の分断は続くだろう。

注

1）　トランプの勝利は，CNNでは「史上最大の番狂わせの一つ」であったとし，ニューヨーク・タイムズでは，トランプは「何千万人ものアメリカ人にとって，世界の多くの国々にとっても，考えられない」大統領だとした（“The Trump Revolt”, *New York Times*, Nov. 9, 2016）。ウォールストリートジャーナルでも，トランプの勝利は驚きを持って伝えられ，トランプが「アメリカの現代史で最も型にはまらない（unconventional）大統領」であると称した上で，彼の勝利がアメリカをより深く分断させていくことになるだろうと報じた（“ ‘Deplorables’ Rise Up to Reshape America；Wearing establishment disdain as a badge of honor, supporter propelled the Republican nominee to the most stunning victory in modern American history,” Nov. 11, 2016. *Wall Street Journal*）。日本においては，『朝日新聞』や『毎日新聞』などで「トランプショック」という言葉を用いて，大統領選が予想外の展開であったことを表現している。

2）　https: //www. democrats. org/Post/tom-perez-on-republican-immigration- bill-announcement（閲覧日2017年８月３日）

3）　https://mainichi.jp/articles/20170813/k00/00m/030/005000c（閲覧日2017年８月17日）

4）　http://www.asahi.com/articles/ASK835KNZK83UHBI01S.html（閲覧日2017年８月17日）

5）　World Bank, “Annual Remittances Data” (updated as of Apr. 2017).

6）　https: //www. nytimes. com/2016/11/10/books/6-books-to-help-understand-trumps-win.html

7）　日本語の翻訳本が出ているもののみ，原題とした後に英語表記をした。原題と記載せず英語表記のみのものは，日本語の翻訳本が刊行されていない。

8）　推薦される６冊の中でも，『下層白人（*White Trash*）』（2016）がヒルビリーやレッドネック（redneck）と呼ばれる白人貧困層に関して，アメリカ史実から明らかにする。アメリカ史実ではあまり語られることのなかった「階層（クラス）」があり，白人貧困層（レッドネックと呼ばれる）は，イギリスが人を廃棄できるという考えのもとアメリカに人を送り込んでいた，イギリスの植民地時代の遺産であるとする。一方，『綻びゆくアメリカ（原題 *The Unwinding*）』は，全く異なる経済社会階層のアメリカ人の物語を詳述することで，資本主義のアメリカという国が経済的「階層（クラス）」ごとに分断されている事実を描き出す。

9）　The American Presidency Project, January 13, 1993. http://www.presidency.

ucsb.edu/ws/index.php?pid=46366（閲覧日2017年９月10日）

10） http://www.presidency.ucsb.edu/ws/?pid=25853 （日本語訳は『病むアメリカ，滅びゆく西洋』（16頁）を参照）

11） http://www.npr.org/templates/story/story.php?storyId=4460172

12） http://www.washingtonpost.com/wp-dyn/articles/A19751-2004Jul27.html

13） たとえば，『マイノリティが変えるアメリカ政治――多民族社会の現状と将来』（2012）など。

14） マサチューセッツ工科大学の政治学者マイロン・ウェイナー（Myron Weiner）（1992/93）は，移民が安全保障（security）に対して，以下の５つの項目から「脅威」と見なせるとした。移民の母国の政権に対して，受入国に対して，文化的脅威，自国民から職を奪うといった社会経済的脅威，受入国が移民を使って母国を脅す，とした。さらに，ウェイナーは1996年『フォーリン・アフェアーズ』にて，国際移動は，従来の研究対象にされてこなかった分野にも，その関心が高まってきたことを述べている（Winer, Myron（1992/93）"Security, Stability, and International Migration", *International Security*, Vol. 17, No. 3（Winter 1992/93), pp.91-126）。

15） アーサー・シュレージンガーJr.（1992）『アメリカの分裂』岩波書店，156-158頁。

16） 大量移民の受入れによる問題は，経済的観点・社会的観点・政治学的観点から分析が進められていた。経済的観点からは，主に，社会福祉の負担の増大と低技能労働市場への影響が提起されている。ハーバード大学の経済学者ジョージ・ボルハス（1990）は，1965年移民法以降の大量移民は，教育水準が低く，低技能労働者であるため，社会保障を受けるものが多いとする（Borjas, George（1990）*Friends or Strangers?: The Impact of Immigration on the US Economy*. Basic Books）。その他にも，*Threatened Peoples, Threatened Borders : World Migration & U.S. Policy*（1995）などの著書により研究者の間でも大量の移民の受入れに対する懸念は一定程度共有されていた。

17） デビット・リーマーズ（David M. Reimers）は，1990年代半ばに出版された移民に関する著書６冊の書評の中で，これらの著書に共通するのは，1965年移民法以降の移民政策と経済問題に着目し分析した上で，それぞれが当時の移民受入数の削減か，現状維持かのどちらかを支持している点であるとした（Reimers, David M., "The Immigration Debate," *Journal of Ethnic History*, Spring 1998, pp.87-93）。つまり，1990年移民法の改定によって100万人の移民受入が始まって間もない1990年代半ばの時点で，移民受入れのこれ以上の増加という選択肢は研究者の間でも支持されていなかったのである。

18）Gallup News, Immigration,（http: //www. gallup. com/poll/1660/immigration. aspx. 閲覧日2017年11月20日）

19）1992年の国勢調査局による人口予測の報告書（U.S. Bureau of the Census, Current Population Reports, P25-1092, *Population Projections of the United States, by Age, Sex, Race, and Hispanic Origin : 1992-2050*. U.S. Government Printing Office, Washington DC, 1992.）。ニューヨーク・タイムズでは，白人の人口が減少する一方，ヒスパニック系人口が急増し，2013年には黒人の人口を上回るという予測がなされた最新の国勢調査の報告書を，国勢調査官のインタビューとともに紹介している（“Population Growth Outstrips Earlier U.S. Census Estimates”, Dec. 4, 1992, *New York Times*）。

20）Day, Jennifer Cheeseman, *Population Projections of the United States by Age, Sex, Race, and Hispanic Origin : 1995-2050*, U.S. Bureau of the Census, Current Population Reports, P25-1130, U.S. Government Printing Office, DC, 1996.

21）ブキャナンの移民政策に関する考えは，共和党支持者の一定数から支持を得ていたことが大統領選出馬時のギャラップの世論調査からわかる。1996年のギャラップとCNN, USA TODAYの調査によると，大統領選に出馬中の共和党候補者（Bob Dole, Pat Buchanan, Lamar Alexander, Others）において，移民に関する問題に対する対応としてブキャナンが最良だと考える支持者は39％で，最多であった（Gallup Poll, 1996：27-28）。

22）Huntington, Samuel P.（2004）*Who Are You? The Challenges to America's National Identity*. Simon & Schuster（ハンチントン，サミュエル（2004）『分断されるアメリカ』（鈴木主税訳）集英社）。

23）Thomas Friedman, *New York Times*, Nov. 9, 2016（『朝日新聞』「トランプ氏勝利　居場所なくした私たち　トーマス・フリードマン」2016年11月21日）

24）“Immigration Initiatives Ride Wave of Anxiety Over Illegals”, *Washington Post*, July 2, 1995.

25）賀川真里（2005）『カリフォルニア政治と「マイノリティ」』不磨書房，61-113頁。

26）同前。

27）“Clinton Says, ‘Me Too’ as GOP Blasts Immigration,” *Insight Magazine*, March 18, 1996.

28）Kym Neck（2011）“Mexico-U.S. Barrier（Border Fence）,” Arnold, Kathleen R. ed, *Anti-Immigration in the United States*, Greenwood, pp. 338-340.

29）州レベルで，不法移民に対する厳格な取り締まりを求める動きは2000年代以降も断続的であった。たとえば2010年アリゾナ州移民法（S.B.1070）が挙げられる。

30） Homeland Security, Office of Immigration Statistics, “Estimates of the Unauthorized Immigrant Population Residing in the United States : January 1996” ; “Estimates of the Unauthorized Immigrant Population Residing in the United States : January 2006”.

31） トランプのイスラム教徒入国禁止の提案に対し，サウジアラビアの王子アルワリード・ビン・タラールがツイッターで「あなたは共和党だけでなく，アメリカにとって不名誉だ」「決して勝つことがないのだから，大統領選から撤退しなさい」とトランプを激しく批判した（“Saudi Prince Alwaleed Calls Trump a Disgrace,” Dec. 13, 2015.（https://www.reuters.com/article/us-usa-election-trump-alwaleed/saudi-prince-alwaleed-calls-trump-a-disgrace-idUSMTZSAPEBCC9FZVGE20151212　閲覧日2017年12月20日））。また，ローマ法皇も，トランプの米墨間の壁の建設や非正規移民の強制送還の提案に対して批判的見解を述べた（“Pope suggests Trump ‘is not Christian’,” *CNN Politics*, Feb. 19, 2016.（https://edition.cnn.com/2016/02/18/politics/pope-francis-trump-christian-wall/index.html　閲覧日2017年12月20日））。

32） “Priebus : Trump immigration comments ‘not helpful’ ; Republican National Committee Chairman Reince Priebus said Friday that Donald Trump's recent comments on Mexican immigrants were “not helpful.”” *Washington Post*, June 26, 2015.

33） 政治家などの発言の事実確認を行うPolitiFactによると，トランプの初のCMで使用された外国人が国境を越えて押し寄せる映像は，米墨間の国境のものではなく，モロッコとスペインの間のものであった。この映像は，メキシコから国境を越えて大量の不法移民が押し寄せているという歪曲したイメージを生み出し，PolitiFactから「でたらめな主張（Pants on Fire）」であると評された。“Donald Trump's first TV ad shows migrants ‘at the southern border,’ but they're actually in Morocco,” Jan. 4, 2016.（http://www.politifact.com/truth-o-meter/statements/2016/jan/04/donald-trump/donald-trumps-first-tv-ad-shows-migrants-southern-/　閲覧日2017年12月20日）

34） トランプが，自著の*Crippled America : How to Make America Great Again*（2015）において，移民政策に関する第３章の題名を「移民：よい壁がよい隣人をつくる（Immigration : Good Walls Make Good Neighbors）」としていることからも，トランプの移民政策は「壁」というキーワードを重視していることが窺い知れる。

35）元共和党下院議員で，下院議長まで務めたニュート・ギングリッチがトランプに関する著書 *Understanding Trump*（2017）の中で，トランプがメキシコからは国境を越えて薬物が入り，非正規移民の中には犯罪者がいるなどという過激な発言を行ったのは，リベラル派から人種差別だと批判されながらも，ポリティカル・コレクトネスを気にせず，この問題に弱腰の政治家にうんざりしている有権者に対するシグナルだったと分析している。

36）"Ted Cruz finally says what he'd do about undocumented immigrants," Washington Post, Dec. 16, 2015.（https://www.washingtonpost.com/news/post-politics/wp/2015/12/16/ted-cruz-opposes-legal-status-for-undocumented-immigrants/?utm_term=.afaebf90754f　閲覧日2017年12月20日）

37）Trump 2015, p.19.

38）Trump 2015, p.22.

39）トランプは，2016年４月に非正規移民の最密集州であるカリフォルニア州の選挙集会にて，非正規移民による殺人事件の被害者の遺族を舞台に迎え，彼らの経験を語らせている。以下，選挙集会での遺族の訴えとトランプの主張の動画（"Full Speech：Donald Trump Massive Rally 31,000+ in Costa Mesa, CA" https://www.youtube.com/watch?time_continue=729&v=OWjQiYXVfXM　閲覧日2017年12月20日）。

40）U.S. Census Bureau, 2012-2016 American Community Survey.

41）Ibid.

42）"Donald Trump to Foreign Workers for Florida Club：You're Hired," *New York Times*, Feb. 25, 2016.（https://www.nytimes.com/2016/02/26/us/politics/donald-trump-taps-foreign-work-force-for-his-florida-club.html　閲覧日2017年12月20日）

43）"The States Clinton, Trump are Visiting the Most," U.S. News, Aug. 15, 2016.（https://www.usnews.com/news/articles/2016-08-15/ohio-pennsylvania-are-presidential-races-most-visited-battleground-states　閲覧日2017年12月20日）

44）"Trump Unleashed：Donald Trump Full Speech in Manhaim, PA 10/1/16"（https://www.youtube.com/watch?time_continue=8&v=uY89pjXa-EU　閲覧日2017年12月20日）

45）White House, Office of the Press Secretary, January 27, 2017.（https://www.whitehouse.gov/the-press-office/2017/01/27/executive-order-protecting-nationforeign-terrorist-entry-united-states　閲覧日2017年1月27日）

46）ドイツのメルケル首相は，大統領令は「テロと戦う上で，特定の経歴や信仰でひとくくりにして人々を疑うために正当化されない」と批判した（http://www.independent.co.uk/news/world/europe/donald-trump-muslim-ban-germany-angela-merkel-immigration-refugee-executive-order-a7551641.html　閲覧日2017年1月30日）。フランスのオランド大統領も大統領令を非難し，国連はトランプに対して大統領令の再考を促した（https://www.washingtonpost.com/news/worldviews/wp/2017/01/28/heres-how-the-world-is-responding-to-trumps-ban-on-refugees-travelers-from-7-muslim-nations/　閲覧日2017年1月30日）。

47）調査対象者のうち大統領令に対する賛成は54%，反対は38%（"Poll：Majority Support Trump's Travel Ban," U.S. News, Feb 8, 2017.（https://www.usnews.com/news/politics/articles/2017-02-08/poll-majority-support-trumps-travel-ban 閲覧日2017年2月10日））。

48）"Poll：Majority of voters back Trump travel ban," *Politico*, July 5, 2017.（https://www.politico.com/story/2017/07/05/trump-travel-ban-poll-voters-240215　閲覧日2017年7月7日）

49）"Poll：Voters support Trump-backed immigration bill", *Hill*, Aug. 9, 2017.（http://thehill.com/homenews/administration/345852-poll-voters-support-trump-backed-immigration-bill　閲覧日2017年12月20日）

50）"Poll：Support drops for border wall, deporting Dreamers", *Hill*, Sep. 21, 2017.（http://thehill.com/homenews/administration/351752-poll-support-drops-for-deportation-border-wall　閲覧日2017年12月20日）

参考文献

賀川真理（2005）『カリフォルニア政治と「マイノリティ」』不磨書房。

久保文明，松岡泰，西山隆之，東京財団「現代アメリカ」プロジェクト（2012）『マイノリティが変えるアメリカ政治——多民族社会の現状と将来』NTT出版。

Borjas, George J.（1990）*Friends or Strangers : The Impact of Immigration on the U.S. Economy*. Basic Books.

Briggs, V. M. Jr., and S. Moore（1994）*Still an Open Door? : U.S. Immigration Policy and the American Economy*. The American University Press.

Buchanan, Patrick J.（2002）*The Death of the West : How Dying Populations and Immigrant Invasions Imperil Our Country and Civilization*. Thomas Dunne

Books.（ブキャナン，パトリック J. (2002)『病むアメリカ，滅びゆく西洋』（宮崎哲弥監訳）成甲書房）

Buchanan, Patrick J. (2011) *Suicide of a Superpower : Will America Survive to 2025?* : Thomas Dunne Books.（ブキャナン，パトリック J. (2012)『超大国の自殺――アメリカは，二〇二五年まで生き延びるか？』（河内隆弥訳）幻冬舎）

Frank, Thomas (2016) *Listen, Liberal : Or What Ever Happened to the Party of the People?* Metropolitan Books.

Gingrich, Newt (2017) *Understanding Trump*. Center Street.

Hochschild, Arlie Russell (2016) *Strangers in Their Own Land : Anger and Mourning on the American Right*, New Press.

Huntington, Samuel P. (2002) *The Clash of Civilizations and the Remaking of World Order*. Simon & Schuster.（ハンチントン，サミュエル P. (1998)『文明の衝突』（鈴木主税訳）集英社）

Huntington, Samuel P. (2004) *Who Are We? : The Challenges to America's National Identity*. Simon & Schuster.（ハンチントン，サミュエル P. (2004)『分断されるアメリカ』（鈴木主税訳）集英社）

Isenberg, Nancy (2016) *White Trash : The 400-Year Untold History of Class in America*. Penguin Random House.

Judis, John B. (2016) *The Populist Explosion, How the Great Recession Transformed American and European Politics*, Columbia Global Reports.

Neck, Kym (2011) "Mexico-U.S. Barrier (Boder Fence)," Arnold, Kathleen R. ed. *Anti-Immigration in the United States*, Greenwood.

Reimers, David M. (1998) "The Immigration Debate," *Journal of American Ethnic History*, Vol. 17, No. 3, Spring 1998 : 87–93.

Packer, George (2013) *The Unwinding : An Inner History of the New America*. Farrar, Straus and Giroux.（パッカー，ジョージ (2014)『綻びゆくアメリカ――歴史の転換点に生きる人々の物語』（須川綾子訳）NHK出版）

Schlesinger, Arthur Jr. (1991) *The Disuniting of America : Reflections on a Multicultural Society*. W.W. Norton & Company（シュレージンガー，アーサー Jr. (1992)『アメリカの分裂』（都留重人監訳）岩波書店）

Teitelbaum, M. S., and M. Weiner., eds. (1995) *Threatened Peoples, Threatened Borders:World Migration and U.S. Policy*. W.W. Norton & Company.

The 1996 Gallup Poll : Public Opinion. Rowman & Littlefield Publishers.

Trump, Donald (2015) *Crippled America : How to Make America Great Again.* Threshold Editions.

Vance, J. D. (2016) *Hillbilly Elegy : A Memoir of a Family and Culture in Crisis.* Harper Collins Publishers.（ヴァンス，J. D.（2017）『ヒルビリー・エレジー――アメリカの繁栄から取り残された白人たち』（関根光宏・山田文訳）光文社）

（てづか・さおり：南山大学）

CHAPTER
5

フランスの移民政策および難民政策に見る「統合」と「分断」
――サルコジ主導による政策期からオランド政権までを中心に――

東村紀子［大阪大学］

1　フランスの「共和国的移民統合モデル」の限界と見直し

近年，フランスをはじめヨーロッパ各国において「反移民」や「難民の受け入れを拒否しよう」との呼びかけを行い，それらの言説を主要な政策スローガンとして掲げる政党や政治団体の動きが活発化している。9.11の米同時多発テロ事件は，今まで多くの移民や難民を受け入れてきた欧州社会においては決して対岸の火事とは言えないことを強く認識する契機となり，その後も欧州域内で発生した数々のテロ事件（未遂も含む）は，移民や難民に対する憎悪や不安，社会全体への緊張感を強いる出来事であった。こうしたテロ事件が起きるたび，ヨーロッパ的価値観や欧州の社会文化になじまないと見なされてきた非欧州系移民や難民は，フランス社会はもちろん，欧州社会全体においてもよりいっそう警戒されるべき存在となった。特に近年，豊かさを求めて渡欧してきた背景を持つ家族的移民や，その子孫の出自の文化や伝統を誇張する存在に対しては，強制的かつ物理的排除を行うことが是認される，いわば現在は「統合」とは全く逆の「排除」が政策に盛り込まれる動きが顕著にみられるようになり，こうしたところにフランス社会の「分断」が見てとれる。そんな中，共和国フランスの三色旗に象徴される「自由・平等・博愛」という概念は，歴史と哲学に裏打ちされた誇るべきフランスの伝統である一方で，今日では特に移民政策および難民政策において，あらゆる矛盾や複雑な対立構造を包含するものとなっている。つまりフランス政府が，統合が不可能あるいは仏社会に同化しえない移民や難民と見なす人々や，フランス経済発展のために役に立たないと判断される人々に対しては，物理的排除や社会的排除も辞さないことを前提に，選別的に移民や難民の受け入れを行うことを決定することを是としたモデルを推進しているのである。そしてこうした動きは，従来の共和国的移民統合モデルの基本である「不可分にして一つ」という前提の上に成り立った社会を分断することも致し方ないこととして受け止められつつあり，同モデルの理論に基づいた統合のあり方を再検討することが必然的に迫られる状況へと大きなうねりを見せているのである。

本稿では，フランス政府によって移民統合モデルの本格的な見直しが図られ，新たな移民統合モデルが必要とされるように広く認識され始めた2002年以降のシラク政権期（以降，特に注記がない限り本文中の「サルコジ主導による政策期」とはこの2002年５月に発足し2007年５月まで続いたシラク政権期とサルコジ大統領政権期であった2007年５月から2012年５月までの移民政策および難民政策の両期間を指すこととする）およびオランド政権期に焦点を当てている。特にサルコジ主導による政策が展開されるようになった2002年５月以降，フランスの移民政策および難民政策が「フランス経済活性化にとって有用な移民か，不用な移民か」「フランス経済およびフランス社会への貢献度が高い人物か否か」という経済的合理性の観点から，フランス国内への入国や滞在を希望する者をふるいにかける政策を推進する選別主義へと変容していったことに注目する。その上で，まずは同国の移民政策および難民政策がいかなる契機によって生じ，どのような要因または政治アクターの影響を受けているのかを分析し，社会の安定や安全に対する脅威といった安全保障分野ならびに経済的・社会的懸念や憎悪が，移民に対する不信や排除を加速させているという現状を政治学的観点から明らかにする。本稿においては以上の観点に主眼を置きつつ，サルコジ主導による政策期およびオランド政権ではいかなる移民政策および難民政策がとられるようになったのか，そして両政策期における移民政策および難民政策が誕生する以前の同領域の政策と比較していかなる点が変容してきたのかを研究の問いに設定し分析を進めていくこととする。

本稿全体の構成は以下の通りである。まず第2節において共和国的移民統合モデルが従来どのように解釈されてきたのかを整理した内容を明示する。その後，第3節ではサルコジが2002年に内相に就任してから2007年に大統領に選ばれ，その任期を終えた2012年5月までの移民政策について整理と分析を行う。続く第4節ではオランド政権下においていかなる移民政策と難民政策がとられるようになったかを明らかにする。第3節と第4節の両政策期における政策を分析する目的とは，これらの対比を行うことにより，それぞれの政権あるいはフランス政治の中でその時代ごとに何が重要な政治課題と設定され，また政府が「移民」や「難民」というアクターをどのように捉えていたのかの違いをより明確に理解するためである。ここでは両政策期間を比較しつつサルコジ主導による政策期とオランド政権期において，それぞれの政権期間における政策に大きな差異がみられるのか，あるいはオランド政権における政策は前政権の政策の延長線上もしくは連続性の上にある性質のものであったのかを明らかにするのが目的である。そして最後の第5節においては本研究の結論を明示する。

なお従来は，移民と難民の両者を分析対象とする時，両者の法的地位の違いやそもそもの性質の違いを明確に打ち出すところから議論が出発していたが，本稿ではあえてその定義づけにこだわることを避ける。なぜなら近年の紛争による迫害行為や戦闘地域から逃げてくる従来の「難民」も当然存在する一方で，戦闘地域または内戦地域に該当せず，経済的な豊かさや生活の安定を求めてヨーロッパに入域してくる移民が難民を装う，いわゆる偽装難民が大量に発生しているからである。かような場合，難民受入国政府は「真に難民か，それとも移民か」を判別するのに多くのコストを費やすとともに各難民申請者個人の個別具体的なケースも勘案しなければいけないことから，正確な判別と処遇を決定する作業が困難を極めているのが実情である。そのため本稿では，論稿のはじめに「移民」「難民」についての定義づけや差異について明確に線引きすることはあえて避けることとし，政策決定過程において問題設定されている政策内容を明確に示していくことで論稿を進めていく。

2　移民統合モデルをめぐるこれまでの議論

後の節および結論部分において示す通り，本稿ではサルコジ内相（2002年当時）が移民政策に着手した後の政策と，2012年から始まるオランド社会党政権下において，経済性や安全保障の観点を重視した選別的移民政策および難民政策が共通して推進され，イデオロギー的には対立するはずの両政策期間において実は連続性があることに言及している。それでは，サルコジ主導による政策期が始まる以前の移民政策および難民政策は，どのような議論が軸として展開され，フランス人社会において普遍的な価値を持つ概念として広く受け止められてきたのであろうか。そこで重要なキーワードとなるのが本節で述べる「共和国的統合モデル」である。ここで共和国的統合モデルについて述べることにより，続く本稿の第３節および第４節において，フランス政府が近年，移民や難民を受け入れる上で共和国的統合モデルの有用性に限界を感じ，同モデルに基づく概念的かつ抽象的な議論よりも，経済的貢献度や社会的貢献度などを数値化し，ポイント制で個人を「有用か無用か」で算定し選別していくプラグマティックな政策を推し進めていったことをよりいっそう明快に説明できると考えるからである。

現在までの先行研究の議論やフランス社会で「共和国的統合モデル」が取り上げられる時，同モデルは移民もフランス人も等しくフランスという国を構成する一国民として法の下に平等かつ自由な個人として認められることが大前提と受け止められてきた。したがって各自の民族的出自や宗教的帰属意識などはあくまでも私的領域に属するものであり，同時に公的な場においては個人の帰属意識や共同体意識からは独立した自由な存在であることが求められ，この「公」と「私」の境界線は美しく明快な線引きがなされるべきだと解釈されてきた。ところが実社会においては非欧州系移民の定住化現象とともに，1980年頃から同モデルの行き詰まりが指摘され始めた。言語や学歴の障壁を克服できず非行に走る移民若年層はフランス社会における疎外感を募らせ，彼らの宗教的ルーツへの強い帰属意識とあいまって，フランス政府が最も忌避していたコミュノタリスムを生み出した。ゲットーやスラム街がフランス国内の至る所に形成され，治安悪化を憂うネイティヴなフランス人の間では移民排外主義的主張に正当性を認める政治的空気が醸成されたのである。つまり多様な出自を持つ人々が混在する社会においては，フランス政府が楽観視するほどには予定調和的に，あるいは理念通りに統合モデルは機能しなかったのである。さらに本稿では，すべての人々をフランス市民として包摂する理論であったはずの万能な共和国的統合モデルが，皮肉なことに「フランス人」と「非欧州系フランス人」とを分断し，排除を加速させる道具となって機能してしまっており，結果として2005年暴動を引き起こすきっかけの１つともなったことも指摘しておく（東村 2010a）。

1980年以降，フランスでは移民の統合問題に社会の関心が集まるようになったが，実は早くも1945年の政策決定過程の時点において，移民の同化や統合は移民政策の大きな論点となっていた（渡辺 2009）。渡辺が指摘する通り，1945年4月に人口・家族高等諮問委員会が創設され，移民問題専門家のジョルジュ・モコや著名な人口学者が集まり，モコは移民の「同化可能度」を重視して，フランス人に民族的に近い外国人労働者を受け入れる必要性を訴えていた。つまり，この時点においてすでに，国内経済活性化のための移民の積極的な受け入れを急務とする一方で，社会における異質性が混合・共存していくことの難しさを予測しており，将来的に起こり得るフランス社会の「分断」を恐れつつも潜在的にはすでに予測していたのである。その上で，民族の同質性を重視し，文化・政治・宗教の近似性が高い民族を優先的に受け入れる政策アイデアが生まれていたと言える。

実際，この考えは国民の利益にかなう有効な政策提言としてド・ゴールに受け入れられ，民族的・人口学的・職業的・地理的出自を判断材料として移民の帰化申請が受理されていく政策方針が打ち出された。しかし，モコの主張する移民の出身国を判断材料とした優遇政策はヴィシー政府の差別的な移民選別政策を想起させ，共和国原則や平等原則理念に反するとして，最終的には移民の属性によって帰化申請や滞在許可付与の可否を決定する方法は認められなかった。

第二次世界大戦後の移民政策は，移民の受け入れと彼らの出入国管理のほか，移民の同化を推進する方針が盛り込まれ，移民政策の主要な対象は，ヨーロッパ系移民からマグレブ系移民やサブサハラから来る移民に移ると同時に，移民に対しフランス社会への統合あるいは同化を目指すように働きかけていった。このように見ると，現代フランスの移民受け入れ政策では，フランス政府が移民政策の核心においてきた「共和国的統合モデル」そのものと，多様化し差異化が顕在化する移民の実情との乖離や矛盾が拡大していることが分かる。そして建前上は，フランスの統合概念を理解し，同概念に適応していく意思のある者であれば，個人の属性にかかわらずフランス社会を形成する一員として認める立場をとっていた。しかし，9.11事件や2002年大統領選のルペン・ショックを契機として，不法移民や家族連れの移民，加えて治安悪化や宗教的対立が，社会階層を超えて人々の注目を集めるようになり，移民政策はもはやタブーとされる政治領域ではなくなった（東村 2010b)。むしろ既存の移民政策をそのまま無批判に受け入れていても良いのかとフランス社会が自問する政治的気運が生まれ，この機を境に，フランス国内社会における不安分子と見なされる不法移民や，フランス経済にとって負担の重い家族連れ移民を徹底的に排除していく，新たな統合モデルが模索されるようになった。また，人権理念を至上価値として移民を擁護してきた社会党の政策は，不法移民や「書類上においてのみフランス人」の増加現象を加速させ，彼らの既得権益を保護する一方で，ネイティヴなフランス人の諸権利を奪う失策として認識された。この結果，社会党の政策は，時代にそぐわないインテリゲンツィアの意見として軽視され，世論の支持を得られない主張として認識されるようになった。[1)]

では，そもそもフランスにおける移民の統合問題を読み解く上での鍵となる「共和国的統合モデル」とは何であったのか。フランス革命を経た後，近代の共和制が定着していく中で，公的領域から教会権力の排除が明確に規定されるようになり，宗教と政治との完全分離を約束する法律が施行されていった。政治の非宗教化原則は，1905年に策定された政教分離法によって確立され，フランス国家は個人の諸権利や平等を保障しつつ，国家自体の中立性および非宗教性，国民の単一不可分性と普遍性を不変の原則とする考えが明確に打ち出されたのである。こうして，公的領域において「単一不可分な共和国」を構成する一員として，「共和国に統合された」社会構成員となることがフランス共和国の市民となるための絶対的条件とされるようになった。言い換えるならば，フランスにおける共和主義は，個人の自由を無制限に認める性質のものではなく，また，民族や出自，宗教や言語など個人の属性に関する差異を尊重する多文化主義をも認めない社会秩序維持のモデルとして理解されてきた。いわば，フランスの共和国的統合モデルとは歴史的にも政策的にもフランスの共和主義と社会秩序維持の観点を軸とした，コミュノタリスムの徹底的な否定であった。つまり「共和国的統合モデル」とは，フランス国家が，マジョリティである人々（ネイティヴのフランス人）がマイノリティである移民を排除の対象としないための包摂を目指す理論であり，「移民」を「市民」へと移行させるための理念的統合政策として捉えられていたのである。換言すれば，社会統合が実現されるということは，たとえある個人の出自が「移民」であっても，その社会秩序維持としての共和国的統合モデルを尊重することによって，その個人は「移民」という属性から解放され，フランス国家との契約関係を結んだ「フランス市民」となりうると想定されていたわけである（Costa-Lascoux 1989）。こうした理論のもと，1990年代に入るまで，上記の共和国的統合モデルは差異を理由とした区別を認めず，多様な人種構成を持つ国家ゆえに個人を平等に扱う普遍主義に基づいて，フランス社会に共生する多文化間の分断を予防・解決しうる万能薬として解釈されるようになっていった。つまりフランスの共和国的統合モデルを基点にした見方をすれば，オランダなどが採用する多文化主義は共和国的価値の重要な根幹をなす普遍主義の否定であり，「単一不可分な共和国」を分断に導きうる隔離政策モデルであるとして見なされたのである。

ところが1980年代に入ると，フランスにおける移民の定住化および滞在の長期化が指摘され始め，特にイスラム系移民の統合問題が注目されるようになった。とりわけ1989年にパリ近郊クレイユの公立中学校で起こったスカーフ事件[2)]では，共和国的統合モデルの持つ諸価値と各個人の持つ自由との対抗関係が取り上げられ，多くの政治家や知識人を巻き込む一大論争にまで発展した。さらに時期を同じくして，フランス社会全体における失業問題や貧困問題が表面化・深刻化すると，フランス独特の普遍主義に基づく平等概念こそが，現実には多くの異質性を含む実社会において，むしろ不平等や差別を生成・助長し，社会統合を妨げる要因となっているのではないか，との指摘がなされるようになった。特に社会学領域における議論では，社会参入を目指す移民にとって，言語や学歴の障壁は，労働市場に参入しようとする際の克服しがたいハンディキャップの根源となり，他者からの差別理由となっていることが指摘された。実際，求職時に提出する証明写真や履歴書により，採用者側に，肌の色や名前，居住地や出身地からある程度の出自を推定されることや，移民の出自が非ヨーロッパ系であることを理由に差別を受ける事例が報告されていた。こうした出来事は，移民が社会的安定や地位上昇を夢見て努力しても，個人の努力や能力ではどうにも変えることができない面で差別される現実が，フランス社会には厳然と存在することを証明する例として，たびたび指摘されてきた。そしてこの「非欧州系であること」は長年，フランスではしばしば「イスラム系であること」と同義とされ，政教分離を原則とするフランスの市民性や共和国的統合モデルとの不一致を理由に，かえって差別が正当化されてしまう現状も指摘されてきた。つまり，平等原則や普遍主義を前提とした共和国的統合モデルは，あくまでも統治者側による大義名分であり，多様な価値観の混在する実社会において差別に直面する移民にとって，このモデルが尊重されることにより逆に差別が促され，社会参入への可能性がいっそう狭められると同時に社会的排除の対象へと追いやられるモデルとして次第に認識されるようになってきたのである。やがて1990年代半ばには，共和国的統合モデルがフランス社会における普遍的原理として浸透することを危惧する議論が生まれていた。「フランス流多文化主義」という言葉を提唱し，その理論の有用性を説いたフランスの哲学者ジョエル・ロマンは，かつてフランス政府が統治していく過程において確かに共和国的価値観が暫定的に有効であった時代が存在したことは認める一方で，共和国的統合モデルという名の同化主義に基づく価値観は，フランス社会における多様な社会構成員の間に大きな分断をもたらしうるとして一貫して否定的な立場をとった（Roman 1998）。

長年にわたってフランス社会においては，共和国的統合モデルは議論を差し挟む余地のない，普遍的な価値を持つ揺るぎないものとして当然視されてきた。しかしサルコジ内相就任以降，同内相が「フランスの移民統合モデルはすでに破綻している」と何度も繰り返し，また実際に同国の移民政策および難民政策で当然視されてきた共和国的統合モデルの揺らぎがすでにサルコジ主導による政策期の初期段階において生じていたことを以下の節において実証研究に基づいて論じていくこととする。

3　サルコジ主導による政策期における移民政策
――経済的合理性の追求と「新たな移民モデル」――

2002年のフランス大統領選後，選挙に勝利したシラク大統領は，先の大統領選挙において最大の争点であった不法移民対策と，移民を取り締まるための治安対策とを最優先課題と位置づけるニコラ・サルコジを内相に任命した。同内相は2012年大統領選挙においてオランド候補に敗れるまでの間，時にあえて挑発的言動を行いながら国民の注目を集め，従来の寛容な移民政策に抵抗を抱く有権者層を引き寄せた。サルコジ内相の状況認識においては，不法移民による犯罪率増加や治安悪化といった一連の現象は，社会党を中心とした前政権による不法移民に対する寛容な滞在合法化措置と，フランス国籍の安易な付与の結果であった。そこでサルコジ内相は，国内社会に秩序と安寧を取り戻すためには，まずは警察権限を一層強化させて治安を回復するとともに，不法移民を早急に国外退去させ，家族移民の入国および滞在制限をより厳格化していくことこそが緊急課題であるとして，2003年移民法を成立させた。また，それまでのフランス的共和主義と移民統合システムを当然視してきたフランス政府は，イスラム系住民によるモスク建設の要求や，公営施設における男女隔離の要求などの動きの顕在化を，共和国概念および政教分離原則を揺るがしかねない重大かつ差し迫った問題として捉えてきた。こうした中，2005年暴動が勃発した。

2005年10月末の暴動勃発を受けて，サルコジ内相はとりわけ混乱の著しい激しい地域を視察した際に「社会のクズども」，「ごろつきを放水で一掃しろ」などの言葉で罵倒する姿が，多数のメディアで報道された。このような同内相の態度は，左派政治家や人権団体だけでなく，シラク大統領やドヴィルパン首相からも非難された。このように政府内でも足並みが揃わない中，サルコジ内相は「選ばれた移民」政策の皮切りとして，フランスにおける留学生の受け入れを厳格化する方針であることを発表した。同内相は，自らの主導する移民政策の正当性をあらためて強調し，昨今における選挙の棄権率上昇やフロン・ナシオナル（国民戦線：FN）の支持率上昇は，移民統合モデルの見直しすら拒否して建前論のみを並べる伝統的右派や，不法移民を野放しにしたリベラル派の政党に対する愛想尽かしの結果であると批判した。

右派からも左派からも様々な批判を受けながら，サルコジ内相は独自の対移民政策を進めていった。サルコジ内相は，増えすぎた移民人口が国内社会および国内経済全体の負担になっていると述べ，特に不法移民が多く存在することによる財政負担に焦点を当てるようになった。サルコジ内相は具体的な例として，就学児童を持つ不法移民やサン・パピエ（県庁から発行された正規の滞在許可証名を持たない人）の親が，就学児童が家庭にいることを口実にフランスに長期不法滞在するケースを取り上げ，そうした移民家庭がフランスの医療保障制度や教育制度に多大な負担をかけていると非難した。加えて，フランス国籍や滞在許可証の取得を目的とした国際偽装結婚が後を絶たない現状を指摘し，家族的つながりを悪用する不法移民の摘発に全力を挙げていく意向を表明した。そして今後，フランス経済にとって有用な移民を積極的に受け入れる一方で，そうでない移民には滞在許可を付与しない方針を盛り込んだ2006年移民法を策定することを宣言した。同法は治安対策に加え経済政策としての取り締まりを加味した移民政策を推し進めていくものであり，再び非難の的となった。しかし，今までサルコジ内相に対してことごとく批判的であり，もっぱら不法移民やサン・パピエに対しては融和的立場を示していたシラク大統領とドヴィルパン首相は，この時点から同内相の掲げる選択的移民制度の支持へと方針を切り替えていった。同首相は，各国に所在するフランス大使館に対し，フランスでの長期滞在を希望する外国人の入国理由や滞在理由，人物を詳細に調査・厳選した上でヴィザを付与するよう要請し，シラク大統領は年頭の大統領所信演説において，移民の家族的呼び寄せ制度を悪用した不法移民の撲滅強化を訴えた。つまり，この期に及んでは，治安悪化や財政負担などの諸問題に対応していくことが早急に望まれており，もはや政治家個人の個人的好悪や政治的駆け引きを全く度外視した，現実的かつ制度化された移民政策の実現が望まれていたと考えられる。

サルコジは内相に就任以来，司法と密接な連携をとりながら，治安回復とイスラム過激派を含めた不法移民の排除を最優先課題とした。ところが，フランスにとっての直接的被害はなかったものの，2004年にはマドリードにおいて列車爆発テロ事件が起こり，翌年にはロンドンで地下鉄同時多発テロが起こった。いずれも多くの死傷者を出したことに加え，加害者側が事件を起こした国の市民権や国籍を持ちながらも，イスラム原理主義のテロ分子として甚大な被害を与えたことは，EU全体としての移民政策および安全対策の見直しをも喚起させることとなった。フランスもこうした事態を受け，テロ予防策としてのテロリストの検出や取り締まりは焦眉の急とされており，サルコジ内相主導のもと，内務省内の国土監視局，中央総合監視情報局，司法省管轄の司法警察局テロ対策課，対外安全総局，憲兵隊を総動員し，テロリストの動向に監視の目を光らせることを急務とした。このような管理・監視政策をさらに具現化した政府の動きとして，2006年1月にテロ対策法を制定し，取り締まり困難地域やモスク等の礼拝所周辺などもビデオカメラにより監視することを可能にした。さらに2005年暴動が勃発する直前，サルコジ内相は治安対策の一環として，治安困難地域に機動隊と憲兵隊の常駐を宣言していた。

サルコジ2006年移民法の草案が閣僚会議に提出されると，同法の重要骨子として政府があらためて移民に対し，フランス的統合概念を受け入れるためのクラスを設置し，フランス語についての充分な知識習得を要求する内容であることが明らかにされた。こうした取り組みは一見，統合あるいはフランス社会への同化を容易化あるいは促進し，より「移民」を「市民」として包摂する手段および目的とした政策のようにも見える。しかしこの言語習得義務やフランス的統合概念の理解を求める教育の推進は，フランス社会においてマジョリティとは異なる異質性を持つ人々に自らの異質性をあらためて認識させ，建前上は存在しないはずの「移民」と「市民」との間の分断をむしろ浮き彫りにするものであった。つまり教育という名の下に，フランス的諸価値を受け入れられる人物かどうかを国家が判断し，受け入れられない者をできるだけ早い段階で速やかに判別し，排除することを容易にする手段として用いようとしたのである。そこでこのような政府の考え方に対し，怒りを持つ人々や国外退去措置を恐れる1万5000人にも上る人々は，抗議デモを行った。およそ350団体にも上る移民擁護団体が組織したこのデモは，サルコジ内相が移民を国益というエゴのために「使い捨ての移民」と見做していることを非難するとともに，2006年移民法の策定は，個人生活や家族的つながりを無視した基本的人権の剥奪行為であると批判したのである。政府内からだけでなく，宗教関係者や左派政党傘下の労働組合，人権団体等からことごとく非難の対象となったサルコジ内相は，今度は自身の所属する党の大会において「フランスに滞在していることを苦痛に感じる者は，フランスを即座に離れれば良い」と力説した。多くのメディアはこの発言を，極右政党と位置づけられているFNのスローガン「フランスを愛するか，フランスを離れるか」をそっくり模倣し，移民やサン・パピエの人々を挑発した表現として取り上げたが，サルコジ内相は「選ばれた移民」政策は，世界中のあらゆる民主主義国家で行われており，人種差別を助長すると危惧される移民選別政策は，むしろ人種差別を撤廃していくにあたり必要不可欠な措置であると主張した。さらにサルコジ内相は昨秋のパリ大暴動の原因を，従来の政権が人種差別問題を恐れるあまり移民政策を制度化しないままタブー視し続けてきたことに求め，既存の移民統合モデルはもはや破綻したとあらためて宣言した。そこで今後，フランス的統合概念に適応しうる移民および経済的貢献度の高い移民のみを，フランス政府が選別的に受け入れていく必要性を訴え，人々の理解を求めた。サルコジ2006年移民法案については，国家が人々を選別する概念と手法に反対する左派諸政党から，多くの修正案が提出されたものの，最終的に同法案は国民議会を通過した。つまり，伝統的右派議員の多くはサルコジ内相のとる政策に異議を唱えながらも，不法移民や家族的つながりを理由に入国してくる移民に対しては，法治主義に則り，厳正に対処していくべきであるとして，サルコジ2006年移民法に対しては肯定的な考えを示したのである。

本節では，サルコジ内相が2002年に就任して以来，常に治安対策と移民問題をリンクさせ，同じ党に属する政治家から激しく非難されながらも，彼自身の職権を支えとして2006年移民法が策定されるまでの過程を明らかにした。この流れをつぶさに分析することにより，長年にわたってタブーとされてきた問題領域に挑戦し，変革を訴えたサルコジ内相が，行き詰まった従来の移民統合モデルの転換を図ろうとしていたことが分かる。さらにサルコジ内相が進めてきた移民政策は，制度化された移民政策を模索する政策であると同時に，フランス経済にとって有益であるか否かの選別的視点および経済的効率性を基軸とした政策と，EU外囲国境を隔てた非ヨーロッパ系移民に対する警戒および社会的排除をも加味したものであると言えよう。また，サルコジ内相は2006年移民法を策定するにあたり，キリスト教関係者には同意と理解協力を求めるよう熱心に働きかける一方で，テロリズムおよび暴動行為への不安やイスラム恐怖症の機運を煽り，キリスト教文化圏社会対イスラム教文化圏社会という対立構造を，一般社会に再認識させてきた。そしてこうした対立構造を基盤として，サルコジ内相は宗教的非対称性と社会的格差および経済的格差を政治課題と絡め，イスラム系移民を自身の問題意識および政策の核心に据えることで，自らの政治課題としても，移民を含めたフランス社会全体における議論としても活性化させていった。

4　オランド政権下における移民政策と難民政策

2012年5月，オランド大統領の就任とともに「左派の中の最右翼」と呼ばれていたマニュエル・ヴァルス（当時）国民議会議員兼エヴリー市長が新政府の内相に任命された。同年大統領選において，オランド（当時）大統領候補は外国人参政権付与を実現していきたいとの意向を示しており，同大統領の就任に伴って移民政策はサルコジ主導による政策期のそれとは異なり，若干の寛容性を見せるものと思われていた。ところがその１カ月後には，外国人に対する寛容性を見せていたオランド政権も大きな変貌を遂げることとなる。ヴァルス内相は国内推定人数およそ１万5000人いるとされているロマ系住民が土地の不法占拠を行っていることを指摘し，フランスへの入国や滞在手法が合法と認められない多くのロマ系民族はフランス社会から一刻も早く排除されるべきであると述べた。そのためには彼らの居住キャンプを取り壊して強制退去させ，彼らの出身国と見なされているルーマニアやブルガリアなどへの国外退去処分を迅速かつ積極的に行っていかなければならないと自身の政策方針を明確に打ち出した。以前，サルコジ元大統領がロマ系住民の国外退去処分について言及した際には，同大統領は社会党やその支持者から大きな非難を受けた。ところが今回は，社会党出身であるヴァルス内相がロマ系住民の排除を是としたことから，同内相は社会党内においては社会党らしくない珍説を唱える人物として再び注目を集めた。

ヴァルス内相主導のもと，まずはロマ系民族排除のための暫定的措置として，ロマ系住民の労働市場への参加を著しく制限することが決定された。それと同時にロマ系民族による土地の不法占拠と定住を禁止するために即刻強制退去処分を行い，ロマ系住民のキャンプ群解体に着手した。次に同内相は，セーヌ・サンドニ県モントゥルイユにあるロマ系住民のキャンプ群を訪れ，今後はロマ系民族を強制送還させる際に一切の経済的援助を与えないとの考えを公表した。2013年夏になると，フランス政府はリール地方裁判所による司法判断のもと，同市近郊の商業施設建設予定地においてキャンプ生活を送っているロマ系住民を強制退去させるなど，ロマ系民族の排除に関し迅速かつ強硬な政策を加速していった。まもなくヴァルス内相はFrance Interというラジオ放送内において「ロマ系住民はルーマニアもしくはブルガリアに戻る義務がある」と述べた[3)]。そしてロマ系住民の生活様式は，フランス人もしくはヨーロッパ人の生活様式とはあまりに違いがあり，ロマ系住民は統合され得ないカテゴリーに入ると言い切った。こうしたヴァルス内相の政策をシンボリックに表す発言は，特定のエスニック・グループへの差別的な批判であり，非人道的発言として国際人権擁護団体や研究者，移民擁護団体から非難を受けることとなった[4)]。

こうしてオランド政権はロマ系住民に対する強硬な姿勢をとり，国内では不法移民の国外追放を求める気運が高まる中，さらに新たな課題が持ち上がっていた。フランスだけでなく欧州全体での難民の受け入れをめぐる問題である。2013年10月，ランペドゥーザ島沖において，アフリカ諸国からの難民が乗っていた船が転覆するという事故が起きた。また同時期において毎週1500人前後の難民を乗せた船が地中海沿岸国に次々と接岸されていることが確認された。難民を乗せた船が転覆して死亡者が多数出る話や，難民の受け入れを拒否したい国々の，鉄条網でできた国境線沿いの陸路をひたすら歩き続ける難民の映像が毎日のようにメディアに取り上げられ，同様の出来事が特に珍しくない政治的事象となった。こうしたいわゆる「難民危機」と呼ばれる時代を迎え，特にイタリア経由でフランスに入国してくる難民が絶えないことから，カズヌーヴ内相主導のもと，フランス政府はとりあえず難民を収容する施設を港湾部に設置し，数千人もの難民を受け入れることを目指したのである（2014年3月にヴァルス内相は首相となり，以降はカズヌーヴ内相が移民政策を担当することとなった）。

難民の受け入れ施設は，実はフランス国内ですでに1999年に設置されていたが，施設付近の治安悪化と運営難を理由に2002年にはサルコジ内相（当時）の指示によって閉鎖され，二度と同様の施設は作らない旨が宣言されていた。ところがカズヌーヴ内相や地方議会議員は，日々の生活に事欠く難民がフランス国内に多数流入した状況において，それがたとえ一時しのぎの措置とはいえ有用かつ不可欠な手段であると考え，以前よりあった受け入れ施設を難民受け入れセンターとしてカレーに設置することを決定した。さらに，単に難民を一時的に保護するだけでは足りないと考えた同内相は，イギリス当局にも積極的な協力と財政支援を呼びかけ，英仏両国の協力体制を加速していくことを約束した[5]。

2015年5月に入ると，EU内における難民の割り振り（クォータ制）が難民問題をめぐる議論の中で最も熱を帯び，独仏間の友好関係を揺るがすものとなった。オランド大統領とヴァルス首相は，クォータ制を各国内における法制度を無視する不公平なシステムであるとして強烈な不満をあらわにした。オランド大統領は，すでに多くの難民を受け入れているフランスにはクォータ制は全く必要ではなく，むしろ同制度が適正に導入されるべきは今まで難民を受け入れてこなかった非協力的な（例えばヴィシェグラード4カ国など，おもに中東欧諸国などの）国々であるとして，欧州委員会への不快感と不信感を明らかにした。ヴァルス首相もオランド大統領と同じくクォータ制の導入について断固拒否する姿勢を示し，同制度を受け入れることによっていっそう不法移民（偽装難民）がフランス国内において増加し，最終的には彼らを市民として受け入れなければならなくなることへの懸念を表明した。つまり，オランド政権はクォータ制を導入することによって，フランスに来た難民や偽装難民がみなそこで歓迎されると考えた結果，彼らがフランス社会への統合などは度外視して住み続け，同時にフランス経済のへの過剰負担が増す一方となることへの拒否を示したのである。またフランス国内に住み続ける多くの不法移民や，合法移民であってもフランス社会にとって安全保障上の脅威となる犯罪を起こす者など，すでに国内における移民問題が処理しきれていない現状において，無条件に定住できるとの思い違いを抱く人々をこれ以上増やしたくないというのがフランス政府にとっての本音であった。つまりフランス社会へ統合される意思を持たない人々や，共和国的価値観を理解しないまま経済的な理由のみで難民申請をしてやってくる人々が増えることへの危機感でもあった，と言える。

そんな中，欧州委員会は5月27日，各国との移民・難民の割り振りを発表し，フランスは合計9127人の難民を受け入れるよう割り当てられた。EUからの振り分けに不満を持つEU各国の内務大臣は6月16日，ルクセンブルグにおいて開催されたEU内相会議に招集されたが，依然クォータ制に関する議論は平行線のままであり，合意に至るには程遠い道のりであることが明らかとなった[6)]。同会議では仏伊国境地帯の警備強化の協力政策についても取り上げられ，フランス側はイタリアの国境警備が甘いことによってフランスは様々な損害を被り，行政的コストおよび経済的コストがかさんでいることについて強い不満を述べた。対するイタリア側は，基本的人権と人間の尊厳を無視したフランス警察によって難民のあらゆる自由と権利が制限されていることへの困惑と反発を表明した。これに対しカズヌーヴ内相は，イタリアからフランスに入った不法移民はダブリン協定の規則により再びイタリアに返されるという手続きに則っただけであり，何らEU法にも抵触していないと主張した。

フランスは今後，9127人の難民を新たに受け入れることを義務づけられことは，政府レベルにおいても複数回の会議を重ねるべき，しかし喫緊の議題となった[7)]。欧州委員会からのクォータ制導入の要請を受けた同日，カズヌーヴ内相のイニシアティブによりフランス政府における閣僚会合も開催された。同会合は，難民の人々の尊厳を傷つけずに彼らをフランス社会に受け入れることができるよう，衛生面や安全面での問題が山積している一時的な難民受け入れセンターの改善の必要性を訴えるものであった。この改善点を実行するために①難民をより良い環境で受け入れ，②より良い環境で住まわせ，③不法移民（不法入国者あるいは不法滞在者）とのつながりを持たない環境に置く，という３点に力点が置かれた。ヴァルス首相は上記①〜③の環境を整えるため，公道や駅構内に溢れ返る難民に関しては，見切り発車であったとしてもひとまずは難民受け入れセンターを作り，迅速に住居を提供することによって解決されると考え，収容能力については随時政府が応じていく方針を明らかにしていた。しかしカズヌーヴ内相は，常から懸念も抱いていた。その懸念とは，本国において迫害された事実もないにもかかわらず，ヨーロッパでの生活の快適さや経済生活の向上を求めて入国してくる，いわゆる偽装難民に対する水際防止策であった。カズヌーヴ内相は，このような偽装難民を迅速に出身地に強制送還するべきであると考えていた。折しも2015年１月に起きたテロへの恐怖感がまだ冷めやらない時期であり，非常事態宣言も出される中でフランス社会は緊迫した空気に包まれていた。そうした中で内務省もよりいっそう警察権限を強化し，テロ分子を洗い出すために全力を挙げていた。そのため，わずかでもテロリストとしてみなされる可能性があるとの嫌疑をかけられた者や，不法滞在者として集団で住んでいる人々を住居から放り出し，強引な家宅政策が相次いで実施され，逮捕される事例が後を絶たない時期であった。もちろん，無実でありながら家宅捜索の対象となった人々は不満の声を上げ，政府による人権侵害が堂々とまかり通っているとして非難したが，ヴァルス首相はカズヌーヴ内相による警察捜査の手法や，偽装難民や不法滞在者の強制送還への迅速かつ強硬な取り組みについて高く評価していた。

難民危機の発生以来，ほぼ毎日のように偽装難民と思しき人々が乗った船が欧州の海域に入ってくる状況が続いていた。そのため，カズヌーヴ内相は不法滞在である移民か，真に難民の立場にある人物であるか否かを見分けるための「ホットスポット」の設置を迅速に行う重要性についても説いた。同内相の認識においては，イタリアだけに難民危機の責任を負わせるのではなく，さらにフランスからイタリアへ通る国境地帯についても単に警察権限を強化することに腐心するのではなく，人道的方法によって彼らを保護する必要性を感じていたのである。

このようにEUの首脳レベルでの足並みがそろわない中，2015年11月13日にはパリのバタクラン劇場やタイ料理のレストラン，サン・ドニのサッカースタジアムにおいて連続テロ事件が起きた。サッカースタジアムで起きた自爆テロ犯のすぐそばにはシリア国籍であることを示すパスポートが発見されており，このことはテロ行為と難民申請者とを結びつける言説に決定的な裏付けを与えることとなった。FN党首のマリーヌ・ルペンは，テロの原因をフランス社会党政権による手ぬるい難民政策の結果であるとして強く非難し，フランス社会党を「強力なゴミ吸引機」に喩えた。そのうえで恒久的なシェンゲン協定の破棄の必要性を訴え，FN以外の党はテロ対策に関して完全に無力であると力説したが，これに社会党政権からの反論が公式に発表されることはなかった。

5　移民政策および難民政策に見る
ポリティカルコンセンサスとフランス社会の分断

以上，本稿はサルコジ主導による政策期およびオランド政権下における移民政策および難民政策に焦点を当てて分析を行ってきた。サルコジ内相は，就任直後から「従来の政府による移民統合モデルが破綻した」との発言を行い，フランス政府が社会を統治するために掲げてきた伝統的な共和国的統合モデルに疑問を投げかけ，議論の活性化に挑んだ。さらに治安回復対策として犯罪者の国籍別統計をとることに積極的な姿勢を示し，非欧州系移民による犯罪率が上昇していると指摘した。こうした発言は，実社会において厳然と存在する「属性による差異」を明確化し，その正当性を示すことによって，同化可能かつフランス社会にとって有用な人材とネイティヴのフランス人との間の一体感をよりいっそう強めるものであった。そして排除される人々に対しては，フランス社会における疎外感と挫折を感じさせ，「不可分にして一つ」とされてきたフランス社会の分断をも辞さない構えを示し，物理的にもフランス国外へと押し出すことを狙った政策を反映したものと言える。

また，オランド政権誕生当初は，寛容な移民政策あるいは難民政策が採られるであろうと予測されていたが，人権派を旗印としてきた社会党政権においても移民政策が寛容化されることはなかった。むしろ社会党の名前をかさに一見寛容そうに見える体を装いつつ，大統領を同党から送り出したあかつきには，実はサルコジ主導による政策期の移民政策の方針に沿ったままか，あるいはさらなる強硬手段によって移民や難民を排除してきた。ここにフランス社会党がもはや伝統的な左派イデオロギーによって動いているのではなくすでにフランス社会において右派と左派との間にはポリティカルコンセンサスが形成されており，移民政策や難民政策もその一つとして進められていることを挙げておく。

そもそもフランス社会においても意外なこととして受け止められがちな内容ではあるが，1980年代初頭，フランスで最初に移民を排除するべきであるとの主張を展開したのは当時のフランス共産党であった。同党は，移民はフランス人労働者の賃金を相対的に下げ，ネイティヴなフランス人労働者の雇用機会を奪う存在と見なすとともに，労働力を安く買いたたく資本家たちを批判するための格好の道具とも位置づけていた。同党は現在，国境管理政策については国境の完全撤廃や，移民や難民への寛容な受け入れを推進する姿勢を見せているが，もとはと言えば移民集住地区での治安悪化の原因を移民に求め，同党所属の市長自らが，移民を物理的に排除するための暴力的ともいえる行為を先導していたことも付け加えておきたい。なお，現在のフランス社会党とフランス共産党の間にはTerra Novaと呼ばれる政策同友会があり，彼らはより多くの移民からより多くの票数を集めるため，移民への同情を呼びかけるとともに，移民受け入れ寛容策をとるべきと強く主張する。この共闘体制は一見，人道主義に則った動きに見えるものの，その手段や政策目標の実態はいわば既得権益を守りたい貧困層の移民へのばらまき政策であり，移民集住地区の多い地域で常に一定の求心力を持てるよう実質的な選挙対策としての活動が目立つ。したがって，本稿においても便宜上「右派」「左派」をいう言葉を用いているが，実は従来の右派か左派かといった二元論は，大まかに政党や政策理念のイメージをつかむ際には理解容易で便利な概念であるものの，一方では正確さと移民政策をめぐる動向分析にあたっては緻密さを欠く表現であることも指摘しておく。つまり経済政策と密接に結びつき，長期化・深刻化した社会問題である移民問題に関し，左派も右派もお互いに表面上のイデオロギーは対立するはずであるものの，根底ではすでに一定のポリティカルコンセンサスが成立しており，各政党横断的に共通した政策方針をとるようになった，ということである。そして「右派」も「左派」のいずれもが，移民政策や難民政策を選挙対策のための有用な政治的道具として用いる手法をとる。そのため，いかなる政党から大統領が現れようとも，大統領の出身政党のイデオロギーが即ち移民政策の決定的な決め手となる時代はすでに過ぎ去っていることが明白な事実となって表れてきた。その根拠として本稿では，2012年までサルコジ主導による政策期において肯定され，常に社会党からは非難の的とされてきた選択的移民受け入れ制度は，社会党政権下においても脈々と受け継がれるどころか，フランス経済に貢献度が高い移民を選択的に受け入れ，フランス社会への統合が難しいと判断する移民は他国に押し付ける政策が展開されていることを指摘する。つまり2000年代に入るまで一定の説得性を持っていた共和国的統合モデルは，長期にわたる不況に対する不満と不安が交錯する世相のフランス社会において，その限界点が示されるとともに，経済的貢献度という可視化された基準にとって代わられたと考えられるのである。そうして右派と左派のポリティカルコンセンサスが密接に結びつくと同時に，ネイティヴなフランス人や欧州系移民などのマジョリティ集団と，「フランス社会に統合され得ない」と見なされる人々やフランス社会における貢献度が認められない人々の間には埋められない大きな溝が生成されている。これはすなわち，フランス社会に同化されることのない人々は，フランス社会から分断され，取り残されてもそれは自己責任によるものとの考えと，弱肉強食論や自己責任論，社会福祉抑制論等を強く推し進める新自由主義的政策とがあいまって，よそ者の排除を声高に訴える政党や政治家を求める政治的要請の波が押し寄せたと考えられる。不法移民をまずは排除の対象とする動きはもちろん，合法移民や「すでにフランス社会において統合された」と見なされる人々に対しても，あらためて統合（＝同化）の度合いを測るなどの，従来の管理政策や統合政策をより一層厳格化された要件を課す動き，また人権最優先主義の左派政党や社会民主主義的政策が影を潜め，フランス経済にとって負担となる移民や難民を切り捨てることをも容赦しない動きを見ると，やはり「自由・平等・博愛」の精神とは全く逆の，非寛容主義を容認せざるを得ない動きがフランスにおいても見られると言える。

ボーダーレスの時代と言われる今日，移民問題や移民政策はフランスだけでなく欧州全体において近似した潮流の中で模索され続けている。今や移民をめぐる議論は従来の建前論とは別に，経済的不安に悩まされている欧州諸国においては，以前の寛容主義的受け入れ政策を批判する議論が脚光を浴びている。そして同時に，経済的統合や政治的協力の成功に向けて意気込んできたEU内においては，移民政策における政治的協力や政治的統合がいかに実現されるかという問いは，重要な答えと新たな問いを提供しうる課題である。フランスのように自国への価値体系への同化を求める国もあれば，移民の出身地の宗教や文化を認めて共存を図る多文化共存主義を指向する国があり，いずれの国も理想と現実が乖離し，苦悩している。これらの違いを超えて，連合体として共通の政策を採ることを目指してきたEUが，どのように移民政策に取り組み，どのような政治的目標を掲げているのかを知ることは，単に各国の政治を比較するレベルを超えて，国際関係論にも有益な示唆を与え得るものであろう。

*　本稿執筆にあたり，貴重なコメントおよび懇切丁寧なご指導を賜りました匿名査読者の先生方ならびに日本比較政治学会ご所属の先生方に深謝申し上げます。なお本稿は，科学研究費（若手B）による筆者の「欧州連合における移民政策と難民政策――『人道主義』の矛盾」の研究成果の一部として発表させて戴いています。

注

1）　2010年5月11日，本稿筆者がタンドネ（Maxime TANDONNET）大統領府移民政策担当顧問（2010年当時。2018年2月現在，フランス内務省官僚として在職中）へのインタビューを行った際，社会党による場当たり的かつ無責任な政策こそが，現在ではフランス人だけでなく，皮肉にもフランスに住む合法移民やサン・パピエの諸権利をも圧迫する結果を招いたと述べている。さらに同顧問は，サルコジ内相のもとで推進した「制度化された移民政策(immigration organisée)」は本来，①フランス国籍や滞在許可の乱発を防ぐ（偽装結婚により滞在許可証取得を行うケースへの対処も含む），②合法的移民と不法移民とを区別する，③合法的移民を国家が保護していく立場をとる必要がある，という3点を重要視していることを強調した。

2）　パリ北部Oise県の公立中学校において，モロッコ人の女子生徒3人がチャドルを着用して登校したため，３人の当該生徒は校則違反として退学処分を受けた。1994年にはバイルー国民教育担当大臣が「フランス共和国は，すべての宗教的自由や政治的信条，文化的信念を尊重する一方で，学校の共同生活を送る上である生徒を分断してしまうような，『これみよがしのしるし』を身に着けることは制限されるべきである。」との通達を出した。2004年にはスタジ報告に基づいて「宗教的シンボル禁止法」が制定され，同法はキリスト教の十字架，イスラム教のスカーフ，ユダヤ教のキッパなど宗教的シンボルが明らかである衣服や装飾品を公立学校において着用することを禁止すると同時に，ユダヤ教とイスラム教の宗教祭を祝祭日として扱うことについても禁止した。

３） "Roms: surenchère verbale et idées reçues avant les municipales", *Le Monde*, 24 septembre, 2013.

４） "Roms: la vocation de Manuel Valls", *Le Monde*, 25 septembre, 2013.

５） 近年の傾向として，フランス領土内に入国してくる難民のうちフランスに留まることを望む者もいる一方で，より経済的条件の良いイギリスに渡ることを目指す難民が目立って増えている。そのため両国間における難民保護や難民認定制度には協力体制が必須であるが，フランス側からの働きかけに対してイギリスは距離を置いている。

６） "France, Italie et Allemagne cherchent un consensus sur la répartition des migrants", *Le Monde*, 17 juin 2015.

７） "Un plan pour améliorer la prise en charge des migrants", *Le Monde*, 17 juin 2015.

参考文献

Belset, Christophe (2003) *L'extrême droite en France en 30 questions*. Paris : Geste editions.

Bowen, John (2004) "Does French Islam Have Borders? Dilemmas of Domestication in a Global Religious Field". *American Anthologist*, 106(1) : 43-55.

Bowen, Norman (2007) "France, Europe, and the Mediterranean in a Sarkozy Presidency." *Mediterranean Policy*, 18(4) : 1-16.

Costa-Lascoux, Jacqueline (1989) *De l'immigré au citoyen*. Paris: Harmattan.

Coudrier, Hubert (2008) *Amours, Ruptures&Trahisons*. Paris : Edition Fayard.

Etienne, Anne (2007) "Do Election Results Represent People's Political Ideologies? A Study of French 2002 Presidential Elections". *French Politics*, 5(1) : 20-32.

Fassin, Didier (2005) "Compassion and Repression : The Moral Economy of Immigration Policies in France." *Cultural Antholopology*, 20(3) : 362-387.

Fougère, Denis et Safi, Mirna (2006) *L'acquisition de la nationalité française : quels effets sur l'accès à l'emploi des immigrés?* Paris : INSEE.

Gastaut, Yvan (2000) *L' immigration et l' opinion en France sous la Vème République*. Paris : Seuil.

Givens, Terri and Adam Luedtke (2004) "The Politics of European Union Immigration Policy : Institutions, Salience, and harmonization". *The Policy Studies Journal*, 32(1) : 145-165.

Groupe d'information et de soutien des immigrés (2003) *Le Guide de l'entrée et du sejour des etrangers en France*. Paris : La Découverte.

Héran, François (2002) *Immigration, marché du travail, integration*. Paris : La documentation francaise.

Ineke, Van Der Valk (2003) *Right-wing parliamentary discourse on immigration in France*. Holland: University of Amsterdam.

Joppke, Christian (2013) *Citizenship and Immigration*. Cambridge : Polity Press.

Lahav, Gallya and Anthony Messina (2005) "The limits of a European Immigration Policy: Elite Opinion and Agendas within the European Parliament." *Journal Compilation*, 43(4) : 851-875.

Lequin, Yves (2006) *Histoire des étrangers et de l'immigration en France*. Paris : Larousse.

Ossman, Susan and Susan Terrio (2006) "The French Riots : Questioning Spaces of Surveillance and Sovereignty." *International Migration*, 44(2) : 5-21.

Reinhard, Philippe (2005) *Chirac mortelle randonnee Sarkozy*. Paris : First Edition.

Roman, Joël (1998) *La démocratie des individus*. Paris : Calmann-Lévy.

Rydgren, Jens (2008) "Immigration skeptics, xenophobes or racists? Radical right-wing voting in six West European countries." *European Journal of Political Research*, 47(6) : 737-765.

Salt, John (2005) *Current trends in international migration in Europe*. Strasbourg : Council of Europe Publishing.

Schnapper, Dominique (2007) *Qu'est-ce que l'intégration?* Paris : Folio.

Tandonnet, Maxime (2006) *Immigration : sortir du chaos*. Paris : Flammarion.

Tandonnet, Maxime (2016) *Droit des Étrangers et de l'Accès à la Nationalité*. Paris :

Ellipses Marketing.
Tribalat, Michèle (2017) *Assimilation : la fin du modèle français : Pourquoi l'Islam change la donne.* Paris : L'artilleur.
Trierweiler, Valérie (2014) *Merci pour ce moment.* Paris : Les Arènes
Verneuil, Christohphe (2010) *La France et les étrangers.* Paris : Ellipses.
Vink, Maarten (2005) *Limits of European Citizenship : European Integration and Domestic Immigration Policies.* London : Palgrave Macmillan.
Weil, Patrick (2005) *La France et ses étrangers.* Paris : Folio-histoire.
Wihtol de Wenden, Catherine (2017) *La question migratoire au XXIe siècle.* Paris : Presses de Sciences Po de Paris.
伊東るり（2017）「共和国的統合コンセンサスへの挑戦とその帰結」小井戸彰宏編著『移民受け入れの国際社会学』名古屋大学出版会，141-165頁。
稲葉奈々子（2003）「共和主義的統合の終わりと多文化主義の始まり」小井戸彰宏編著『移民政策の国際比較』明石書店，83-116頁。
上原良子（2007）「ニコラ・サルコジ，グローバリゼーションへのフランスの闘い」『アステイオン』第67巻，35-62頁。
大泉常長（2017）『激動の欧州連合（EU）の移民政策』晃洋書房，2017年。
柄谷利恵子（2003）「人の国際的移動の管理と移民の権利保護に関する国際レジーム その萌芽的形成と問題点に関する試論」『比較社会文化』第９巻，137-146頁。
柄谷利恵子（2004）「移民と難民の境界――作られなかった【移民】レジームの制度的起源」『広島平和科学』第26巻，47-74頁。
柄谷利恵子（2016）『移動と生存――国境を越える人々の政治学』岩波書店。
島村智子（2017）「欧州国境沿岸警備規則――EU の域外国境管理制度をめぐる動向」『外国の立法』第273号，39-71頁。
菅原真（2010）「フランス2007年法オルトフー法と憲法院判決」『多文化共生研究年報』第７号，21-41頁。
鈴木尊紘（2008）「フランスにおける2007年移民法 フランス語習得義務からDNA鑑定で」『外国の立法』第237号，14-35頁。
鈴木尊紘（2010）「移民に入国先の共同体理解を求める試み――フランスおよびオーストラリアにおける法と実践を中心に」『レファレンス』３月号，67-85頁。
高山直也（2006）「フランスにおける不法移民対策と社会統合」『外国の立法』第230号，72-90頁。
高山直也（2007）「フランスにおける不法滞在者の隔離措置の変遷」『外国の立法』第

233号，37-97頁。
竹沢尚一郎（2011）『移民のヨーロッパ 国際比較の視点から』明石書店。
館田晶子（2005）「フランスにおける通常の家族生活を営む権利と家族の再結合」『跡見学園女子大学マネジメント学部紀要』第３号，87-107頁。
豊田透（2016）「フランスにおける難民庇護法の改革」『外国の立法』第267号，86-124頁。
豊田透（2017a）「フランスにおける国の情報監視活動を規定する法律」『外国の立法』第272号，３-48頁。
豊田透（2017b）「フランスにおける平等と市民性に関する法律の制定」『外国の立法』第272号，108-140頁。
浪岡新太郎（2009）「宗教・参加・排除」宮島喬編著『移民の社会的統合と排除』東京大学出版会，75-89頁。
野村佳代（2009）「サン・パピエと選別移民法にみる選別・排除・同化」宮島喬編著『移民の社会的統合と排除』東京大学出版会，185-203頁。
長谷川秀樹（2009）「エスニック・マイノリティとフランス共和主義――移民とコルシカを事例に」『差異を生きる アイデンティティの境界を問いなおす』明石書店，115-136頁。
畑山敏夫（1997）『フランス極右の新展開――ナショナル・ポピュリズムと新右翼』国際書院。
畑山敏夫（2006）「グローバル化と新しいナショナリズム」『ヨーロッパ・デモクラシーの新世紀――グローバル化時代の挑戦』早稲田大学出版部，163-186頁。
東村紀子（2010a）「サルコジ2003年法の策定過程――移民政策の転換期を迎えて」『国際公共政策研究』第14巻，第２号，125-139頁。
東村紀子（2010b）「サルコジ2006年移民法における『選ばれた移民』政策――新しい移民統合モデルと『制度化された移民政策』システムを求めて」『国際公共政策研究』第15巻，第１号，137-150頁。
町田敦子（2006）「フランスの移民政策の現状と課題」『世界の労働』第56巻９号，38-53頁。
宮島喬（2006）『移民社会フランスの危機』岩波書店。
宮島喬（2009）「移民の統合の共和国モデルとその変容」『移民の社会的統合と排除』東京大学出版会，１-12頁。
宮島喬（2017）『フランスを問う――国民，市民，移民』人文書院。
山本三春（2008）『フランス ジュネスの反乱――主張し行動する若者たち』大月書店。

渡辺千尋（2009）「移民と移民政策の変遷——1945年から1974年まで」『移民の社会的統合と排除』東京大学出版会，31-45頁。

（ひがしむら・のりこ：大阪大学）

CHAPTER 6

トルコにおける政軍関係と分断構造

岩坂将充［同志社大学］

1　トルコにおける「政」と「軍」の分断

トルコでは，共和国建国期に掲げられた近代化理念「アタテュルク主義（Atatürkçülük）」[1]のもと，ムスリムが多数を占める国家ながらも世俗主義（lâiklik）が標榜されてきた。とくに，現行憲法である1982年憲法下では，軍（将校団）[2]が「世俗主義（ないしアタテュルク主義）の擁護者」として親イスラーム[3]とみなされる勢力との対決姿勢を鮮明に打ち出してきた。1997年に福祉党（Refah Partisi, RP）を首班とする連立政権に圧力をかけ総辞職に追い込んだことや，2007年に公正発展党（Adalet ve Kalkınma Partisi, AKP）の大統領候補決定に際し軍事介入を示唆したことなどは，軍を中心とする「世俗主義」陣営と「親イスラーム」陣営との間の深い政治的・社会的分断の存在を強く印象づけるものであったといえる。そして，こうした分断の存在はトルコ政治を分析するうえでの前提とされ，「軍は世俗主義（ないしアタテュルク主義）を擁護するためこれに反した政権に対しクーデタ／政治介入を行う」という説明は多くの場合当然のこととして受け止められてきた[4]。

しかし，2016年７月15日に生じたAKP政権に対するクーデタ未遂事件は，AKP政権と同様に親イスラーム的な勢力が背後に存在したとされ（第４節で詳述），従来の説明がきわめて困難なものであった。この事件は，尉官・佐官級将校らが中心となって起こしたものであったが，参謀総長や各軍司令官の賛同を最後までえられておらず，軍内部で分断が生じていたことも未遂に終わったひとつの原因となった。第一義的に軍を「世俗主義の擁護者」，AKP政権を「親イスラーム」とみなし，クーデタの要因をこれまで描かれていたような分断の構図にのみ求めることは，むしろトルコ政治の適切な理解を妨げてしまう可能性がある。

そこで本章は，2016年クーデタ未遂事件がなぜ未遂に終わったのかという点にも注意を払いつつ，軍による過去3回のクーデタ（1960・1971・1980年）を中心に，クーデタ未遂（1962・1963年）や明示的な政治介入（1997・2007年）とも比較することで，トルコにおける「政」と「軍」の分断の実態を，これまで議論されてきた視点からではなく，ノードリンガー（Nordlinger 1977）が提示した将校団の「団体としての利益（corporate interests）」という概念に注目し明らかにする。より具体的には，トルコにおけるクーデタ要因を比較検討することで，将校団の「団体としての利益」が政軍関係の変化に決定的な影響を与えたことを指摘するものである。

本章の構成は以下のとおりである。まず次節では，クーデタ要因を分析する際に看過されてきた点と注目すべき点を整理したうえで，将校団の「団体としての利益」に基づいた本章の分析視角を提示する。第3節では，将校団の「団体としての利益」に留意しながら，トルコにおける3回のクーデタを中心にその要因を明らかにする。第4節では，AKP政権期において進展した「政治の文民化」も将校団の「団体としての利益」と深く関連していたことを指摘し，2016年クーデタ未遂の背景とそれがトルコの「政」と「軍」の分断に与えた影響を示す。そして第5節では，トルコの分断構造において将校団の「団体としての利益」が持つ意味について，考察するものとする。

2　クーデタ要因と「団体としての利益」

(1)　クーデタは「なぜ」生じるのか

軍がクーデタという行動を選択する要因を，従来の政軍関係研究ではどのようにとらえてきたのだろうか。まず留意すべきなのは，政軍関係研究は長らく「軍の文民政府・政治への介入の抑制」，すなわち「文民統制（civilian control）の実施」を最も重要なトピックのひとつとしてきたという点である[5)]。そのため，将校や将校団の政治・社会・経済状況に焦点を当てた，クーデタの要因に関する分析は相対的に少なく，また，複数の事例を視野に入れた研究も限られた数しか存在してこなかった。

この点において，新興国の政軍関係研究においてノードリンガーが示した見解はきわめて示唆的である（Nordlinger 1977：63，［　］内および傍点は筆者）。

> ［クーデタは，］生じうるコストやリスクを認識し，意識的にまとめられた目標を達成するために，目的を持って始められる。それゆえクーデタは，兵士たち自身の観点から分析・説明される。

一方，トルコに関する政軍関係研究，とりわけ個別事例研究ではなく複数のクーデタに通底する要因を扱った研究も，あまり豊富であるとはいえない。そのなかでも，他国・他地域の事例との比較可能性のあるものは，オズブドゥン（Özbudun 2000）と濱中（濱中 2009）に限られている。

オズブドゥンは，オドンネル（O'Donnell 1973）がラテンアメリカ地域の事例をもとに展開した，政府・国内資本家・都市労働者による輸入代替工業化の最終的な失敗が官僚主義的権威主義体制（bureaucratic-authoritarian regimes）の出現を招くという議論を，トルコにおける1980年の事例にも適用可能であるとした（Özbudun 2000：26-28）[6)]。ここでオズブドゥンは，輸入代替工業化の失敗とそれによる社会経済状況の悪化や民主主義の危機を，クーデタ要因として挙げている（ibid.：31-37)。

濱中は，所得格差や紛争指標といった具体的な数値を用い，アセモグル（アジェムオール）とロビンソン（Acemoglu and Robinson 2006）のモデルを適用したうえで[7]，トルコにおけるクーデタ（ないしは体制変動）を「社会情勢の悪化によるクーデタ・コストの低下を主要因とし，所得格差の拡大を伴って民主政治が崩壊した」と説明した（濱中 2009：44)。また濱中はこれに加え，トルコの軍政が長期化しない理由についても，ゲーム理論におけるコミットメントの概念によって説明を試みた（濱中 2009：45-46)。

これら２つの研究は，トルコのクーデタ要因を考えるうえで非常に有益なものであるが，それぞれが挙げた要因のみでは説明が困難な部分がある。なぜなら，両者とも，将校団が常に介入を志向している，すなわち「プリートリアンな兵士（praetorian soldiers)」であることを暗黙の前提としているからである。パールマター（Perlmutter 1977）によると，「プリートリアニズム（praetorianism)」における将校団は「潜在的かつ実際的に介入主義的であり，その介入性質は恒久的なものであり，改憲を引き起こす権力を有している」（ibid.：12)[8] が，トルコの将校団がこれに当てはまるか否かについては両者とも特に説明していない。つまり，これらの研究は，社会状況が悪化しクーデタ・コストが低下した際にクーデタが生じるという「いつ」には明確な解答を示しているものの，「なぜ」クーデタが生じるのかということについては十分に説明できていないのである。

これに対し，前出のノードリンガーはここでも重要な示唆を与えている。ノードリンガーの議論における特徴の１つは，将校団を「本質的に政治介入を行う傾向を備えている」とはみなしていないという点である。パールマターは，ハンティントン（Huntington 1957）のいう「団体性（corporate character, corporatenessまたはcorporatism)」（ibid.：11-18）が肥大化することによって政治介入は必然化すると説明するが，ノードリンガーはこれを，政治介入を行う将校団が持つ1つの背景として扱い，「クーデタが『なぜ』起こるのか」という問いに改めて答えようと試みた(Nordlinger 1977：63)。

そこで本章では，クーデタ要因に関するノードリンガーの議論をもとに，トルコにおけるクーデタ要因ならびにその特徴についての通時的な検討を行うものとする。

（2）「団体としての利益」

クーデタ要因を考察する際に中心となる問いは，何が将校（および将校団）に文民政府を転覆させる動機となるのか，そして，文民政府のどのような側面が将校や将校団のプリートリアン的行動を促進しそれを実行する機会を与えるのか，という点である。ノードリンガーはこれら問いに対して，将校団の「団体としての利益」の保護と増大をクーデタの最も重要な要因として挙げた。

ノードリンガーによると，将校団に限らずすべての公的制度では自らの利益保護やその強化に関心が高いため，概して①適切な予算支援，②組織内部問題の処理・運営に関する自律，③競合制度からの浸食に対する職務の保護，④制度自身の存続，という4つの要素における利益をそれぞれ団体として共有している（ibid.：65)。また，団体としての将校団ではなく，将校の個人的利益の保護・拡大がクーデタ要因となることも考えられるが，「個人としての利益」と「団体としての利益」がしばしば同一であること，そして後者の達成によって前者も自動的に達成されることが多いことから，ノードリンガーは要因としての「団体としての利益」の優位性を主張した(ibid.：66)。

本章では，これら4つの要素を基礎としつつ，トルコの事例を検証していく。まず，①予算（あるいは経済状況）に関しては，ノードリンガーは「文民政府による（軍事関連）予算の削減もしくは増大の拒否」(ibid.：66-67）が生じるか否かに左右されるとした。これは，いわゆる軍事費の削減や増額の拒否だけではなく，将校の給与や福利厚生といった点も含めて考える必要がある。ノードリンガー自身も，この要素は，将校らの自己イメージはもちろん，職務の保護や制度の存続といった他の「団体としての利益」にも影響すると指摘している（ibid.：68-69）。

②自律（autonomy）は，将校団内部の教育・訓練カリキュラムや特定のポストへの将校の任命におけるものとして位置づけられ，将校団が団体として保有する（または保有すべきと考えている）利益に対する介入からの自律と考えることができる。そのため，既得の政治的・経済的利益の維持も，この要素に含まれる。また，対立的な文民政府が将校団内に自らの支持層の創出を試みる将校団の「政治化（politicization）」の動きも，ここでいう将校団の自律を侵すものであるといえよう。

そして，③職務の保護および④制度の存続については，非正規軍の創設と拡大に伴う将校団の役割や存在感の縮小が想定されており（ibid.：75），将校団の場合はこの２つの要素はほぼ同一のものとして考えることができる。具体的には，文民政府を支援するゲリラの存在や夜警組織の拡大，文民政府の支持者の武装化が挙げられる。さらに，将校団自体の分裂や，内戦やそれに近い規模での治安の著しい悪化（次段落）も，この要素と関連性が強いといえる。

これらの４つの要素に加えて，クーデタの実行を促進するものとして，「文民政府の正統性（legitimacy）の喪失」にも留意が必要である。これは，文民政府の違法行為，経済政策の失敗ならびに反政府勢力との暴力の拡大（に伴う警察力の軍への依存）によってもたらされるものであるが，あくまでもそれだけではクーデタの直接の要因とはならず，クーデタの可能性を高める作用を持つにとどまる（ibid.：85-86）[9)]。

政軍関係研究においては，前述のとおりクーデタ要因分析が限定的であったこともあり，こうしたいわば「古典」的な説明が存続してきた。本章はこれに強く異を唱えるものではないが，ここでは，リー（Lee 2008）による批判を踏まえつつ，２つの重要な点を付け加えたい。１点目は，

「団体としての利益」は，将校団の合理主義的物質主義的選好（rationalist-materialist preferences）を前提としない場合もある，という点である。この点については，イングルハートら（Inglehart and Welzel 2005；Inglehart 2015）による物質主義から脱物質主義への移行に関する議論を重ねつつ，次節で検証する。そして2点目は，クーデタ実行後におもに軍事政府によってとられる「『団体としての利益』の『喪失の予防』」という措置である。これについては，各クーデタの要因分析の際に確認する。

本章では，クーデタ要因／「なぜ」を分析する際に，ここで示した「団体としての利益」という概念を適用して，説明を試みたい。次節では，トルコで生じた1960・1971・1980年クーデタについて，それぞれ「団体としての利益」の観点から要因分析を行い，トルコにおけるクーデタ要因や政軍関係の変化（あるいは不変化）を明らかにする。

3　トルコにおけるクーデタ／軍の政治介入

（1）1960年クーデタ

1960年クーデタは，トルコ初の政権交代によって成立した民主党（Demokrat Parti, DP）の単独政権に対し実行された，共和国史上初のクーデタである。メンデレス首相（Adnan Menderes）と閣僚2名が処刑されたのち，1961年に新憲法の制定と総選挙を経て民政移管にいたったこのクーデタでは，「団体としての利益」のうち政治的・経済的権益と深く結びつく「自律」や「予算」にその要因を見出すことができる。

トルコ共和国の建国には，オスマン帝国の元将校であったムスタファ・ケマル（Mustafa Kemal，後のアタテュルクAtatürk）を含め軍が深くかかわっていたが，初代大統領に就任したアタテュルクは軍の政治への不介入を徹底し，軍の脱政治化原則を軍事刑法（Askerî Ceza Kanunu，法律第1632号；1930年）にて定めたことで，将校は政党への参加が禁止され，退役しない限り議会議員への立候補もできなかった。しかし，アタテュルクが設立した共和人民党（Cumhuriyet Halk Partisi, CHP）の一党独裁体制期（1923〜1946年）ならびに複数政党制導入後の単独政権期（1946〜1950年）には，将校出身の議員・閣僚が一定数存在するなど（図1参照），将校団の政治への関与は完全に失われたわけではなかった。[10)]

こうした状況は，1950年に政権交代によって成立したDP単独政権期に大きく変化した。メンデレス首相・バヤル大統領（Celal Bayar）に率いられたDP政権のもとでは，将校出身の議員の割合は4％にまで低下し，閣僚に関しても政権後期には0％となった（Frey 1965：181, 283，図1参照）。このような将校団の政治（政府）への関与の制限に加え，DP政権は軍首脳部らの刷新も行った。参謀総長は政権発足直後に交代となり，三軍（陸・海・空軍）の司令官と多くの将軍も解任された。また，軍内部の昇進にもDP政権は積極的に介入した（Ş. S. Aydemir 1968：49；Ahmad 1977：150-151；Jenkins 2001：26）。

DP政権による一連の介入によって，将校団の政治への関与および「自律」は危機に直面した。これは同時に，将校団の「予算」，すなわち経済的権益にも負の影響を与えた。DP政権後半には経済は急激に悪化し始め，1955年には貿易赤字は1950年と比較して約8倍にも増加し，経済成長率も

図1　第1〜第10議会における将校出身議員の割合

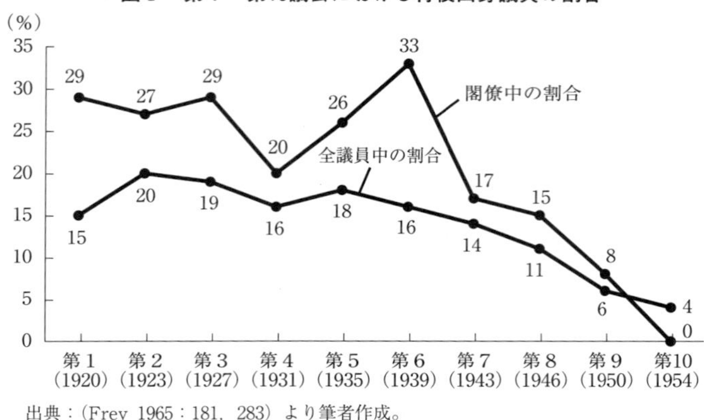

出典：（Frey 1965：181, 283）より筆者作成。

13%から4%へと下落した（Fisher 1963：32）。このような状況において，政治への関与が断たれた将校らは，高いインフレ率に伴う給与の目減りを甘受せざるをえなかった。当時の将校らの証言によると，こうした経済状況のもとで彼らは衣服を買う余裕もない欠乏状態にあり，自尊心や誇りが失われていったという（Fidel 1969：639；Karpat 1970：1665）[11)]。

1960年クーデタは，このような背景・要因のもと，国家統一委員会（Millî Birlik Komitesi, MBK）を名乗る計38名の将校らによって実行された。MBKは，尉官・佐官級将校が中心であり，将官級将校はわずか5名であった。名目上のリーダーであったギュルセル（Cemal Gürsel）も元陸軍司令官にすぎず，現職のエルデルフン参謀総長（Rüştü Erdelhun）はむしろクーデタによって逮捕される側であった。こうした，軍の本来の指揮命令系統を逸脱したかたちでの実施は，1960年クーデタの特徴の1つであるとともに，以降のクーデタにも影響を与えた。

MBKによってクーデタ後に取り組まれた政治制度改革では，1961年憲法の制定とともに，内閣の諮問機関としての国家安全保障会議（Millî Güvenlik Kurulu, MGK）の創設が重要である。MGKは憲法第111条によって規定され，大統領（議長），首相，国防相，内相，外相，参謀総長，三軍司令官，ジャンダルマ司令官（Jandarma）[12)]によって構成された。MGKでは，国防に限らず将校団が重要であるとみなす問題が取り上げられ，閣議決定に優先権があるものの，将校団の政治への関与を制度化するという点でも大きな意味を持った。また，トルコ軍国内任務法（Türk Silahlı Kuvvetleri İç Hizmet Kanunu，法律第211号；1961年）も制定され，「軍は憲法に規定されたトルコ共和国とトルコの祖国を防衛することに責任を負う」と規定した第35条は，将校団に政治介入の法的根拠を与えた（Heper and Güney 2000：637）。これに加えて，1949年に国防相の管轄下へと変更されていた参謀総長の地位が，1961年には再び首相の下へと変更されるなど，将校団の政治的権益ないし「自律」の回復，ならびに制度化によるその「喪失の予防」という観点から，クーデタ後には様々な変更が加えられた。

一方，経済的権益ないし「予算」に関しても，同様の措置が取られた。その代表的なものが，軍の全職員に社会保障制度を提供する軍互助協会（Ordu Yardımlaşma Kurumu, OYAK）の設立である。OYAKは1961年憲法第205条によって規定され，その財源を全ての現役・退役将校たちの義務的な分担金（月給の10%）や様々な部門への財政投資の収益から得た。OYAKの設立は，軍を産業に直接参入させ，数年のうちにOYAKはトルコの最大のコングロマリットのひとつに成長した。また，この他に，陸・海・空軍の財団も様々な公共部門の企業に出資しており，軍は国内の軍需産業に関与するなど積極的に経済界にかかわるなど（Karasapan 1987：29-30），その経済的な地位を確固たるものにしていった[13]。また，軍事費そのものについても，2000年代までは対GDP比率において一定の水準が維持され続けることとなった（図2参照）[14]。このようにして，将校団の経済的権益ないし「予算」についても，クーデタ後に回復が見られるとともに「喪失の予防」が制度的に図られたのである。

図2　トルコの軍事費の推移（1960-2015年）

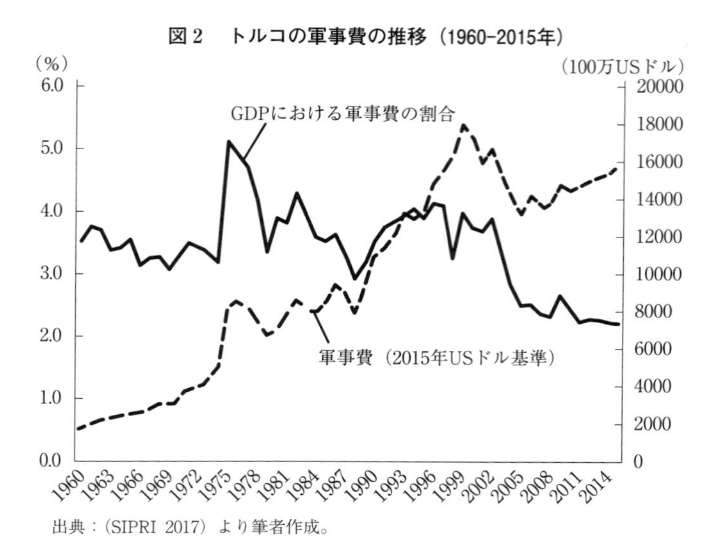

出典：（SIPRI 2017）より筆者作成。

(2) 1971年「書簡による」クーデタ

1960年クーデタの約10年後に起こった1971年クーデタは，軍首脳部が大統領・首相をはじめとした文民政府に「書簡（muhtıra)」を送付したことが契機となり，議会を解散することなく1973年まで実権を握った出来事である。ここでも，将校団の「団体としての利益」の危機を観察できると同時に，のちの1980年クーデタにつながる将校団内での変化も確認することができる。

1960年代の将校団における特徴の１つは，その一体性の欠如である。1960年クーデタも指揮命令系統に沿わないかたちで実行されたが，軍事政府であるMBKでも，尉官・佐官級将校らと将官級将校らとの間には，政策について重大な見解の相違が存在していた。また前者においても，民政移管の方法について意見が分裂していた（İpekçi and Coşar 1965：123-124)。この不一致は，最終的には尉官・佐官級将校グループがMBKから除名されるかたちで決着したが，一体性の欠如は以降も継続した。

その顕著な例が，尉官・佐官級将校を中心とした国軍連合（Silahlı Kuvvetler Birliği, SKB）の存在である。1960年クーデタ後に結成されたSKBは，当時大佐であったアイデミル（Talat Aydemir）を中心に，将校団内の圧力団体として機能した。SKBは，将校団内のヒエラルキーの遵守をうたいつつ，投票によって多数派に従い行動することが規定されていた（Seyhan 1966：175-176；T. Aydemir 1968：122-124)。そして，陸軍士官学校司令官となったアイデミルは，MBKから除名されたグループが果たせなかった政策の実施を求め，1962年にクーデタを試みた。しかし，実行部隊はMBK幹部や参謀総長の拘束に失敗し，軍首脳部の支持も得られずにクーデタは失敗に終わった（Seyhan 1966：138-142；T. Aydemir 1968：196-198)。このクーデタ未遂によって，共謀を疑われた69名の将校らは解雇され，SKBの勢力は著しく減退した。アイデミルは，1963年にも再度クーデタを試みたが，ここでも参謀総長らを拘束できず完全な失敗に終わった（T. Aydemir 1968：255-262)。政府はこのような事態を重く受け止め，関係者と1459名の陸軍士官候補生を逮捕するなど前回のクーデタ未遂よりも厳しい態度で臨み，後にアイデミルを含む７名を処刑した（Ahmad 1977：180-181）。[15]

これら２回のクーデタ未遂は，将校団内における一体性の欠如や，指揮命令系統／ヒエラルキーが十分に機能していなかったことを如実に表している。そして将校団の欠如した一体性の隙間には，左派組織である社会主義者文化協会（Sosyalist Kültür Derneği, SKD）が浸透していった。SKDは，右派との武装闘争に傾斜していたトルコ労働者党（Türkiye İşçi Partisi, TİP）とは異なるかたちで勢力拡大を目指しており，議会や官僚組織にもネットワークを持ちつつ，1960年代後半には将校との連携も模索し始めた（Lipovsky 1992：97）。[16] SKDの影響を受けたクーデタ計画[17]は，いずれも有力な将官級将校を引き込むことができず消滅したとされるが，将校団にとっては，社会の混乱に加えこうした内部の亀裂も，「職務の保護」や「制度の存続」に著しい負の影響を与えるものであったといえる。

また，将校団への浸透を図ったグループが，左派という立場ながらも「アタテュルク主義者」を名乗っていたことも，注目すべき点である。アタテュルク主義という言葉は，1960年代において左派・右派を問わずそれぞれの運動の正当化のために利用されていたが，このことは軍首脳部の間で大きな懸念事項となっていた。最終的に将校団の政治介入が決定された参謀総長らによる会議では，「左派はケマリズムを濫用している」，「若者や国民をケマリズムの周囲に集結させる必要がある」といった発言が相次いで見られた（Batur 1985：283；285）。アタテュルク主義をめぐるこのような状況に直面し，軍首脳部は少なくとも，他のそれと区別するために，彼らの「軍のアタテュルク主義」を示し将校団内に浸透させる必要性を認識していたといえる。

こうした状況を受けて，「書簡」やその後の憲法改定においては，アタテュルク主義について明確な言及がなされた。[18] これは，1960年クーデタのクーデタ声明や1961年憲法でアタテュルク主義への言及がなかったことと，非常に対照的である。また，将校団内や士官学校での教育においても，アタテュルク主義教育に重点が置かれるようになった（Birand 1986：54）。さらに，参謀本部や陸軍司令部からアタテュルク主義に関する書籍が刊行され，軍のアタテュルク主義観や「公定アタテュルク主義」の形成が試みられるとともに，アタテュルク主義を濫用する勢力への留意が喚起された（岩坂 2011：42-43）。これらは，将校団による内側からの「職務の保護」や「制度の存続」の立て直しを意図した，アタテュルク主義への積極的な関与を示すものであるといえる。

これに加えて，高等軍事評議会（Yüksek Askerî Şûra, YAŞ）の再編[19]と，それに伴う将校団内ヒエラルキーの強化も並行して行われた。YAŞは，実質的には参謀総長および各軍司令官らが中心となって将官級将校の昇進について判断を下す組織であり，将校らは思想的な適正も精査される。そのため，軍首脳部の意向に反した将軍の昇進は困難であると同時に，「イデオロギー的に問題ありと見なされた将校は，将軍に昇進するための資格を得るより前に排除される」（Jenkins 2001：26）。こうしたYAŞの再編は，将校団の「自律」を高めるとともに，「職務の保護」や「制度の存続」につながる思想的一体性の形成に寄与するものであった。

また，1961年に設置されたMGKにも変更が生じた。MGKは，1971年の憲法改定によりその権限が閣議への意見の通知から「助言（tavsiye）」へと強化され，参謀総長以外の軍からの出席者の表記も，「軍の代表者（Kuvvet temsilcileri）」から「軍司令官（Kuvvet komutanları）」に変更することで「代表者」が「司令官」であることを確認し，MGKの決定が将校団の中で持つ重要性が強調された（Yazıcı 1997：121-122）。こうしたMGKの変更によって，将校団の政治的権益ないし「自律」の強化とともに，ヒエラルキーの維持も図られた。同様に，軍事高等行政裁判所（Askerî Yüksek İdare Mahkemesi）も，将校団のヒエラルキーや規律の維持を司法の側面から試みる組織として設置された（Akyaz 2002：370-371）。

（3） 1980年クーデタ

1980年クーデタは，1971年クーデタで整備された将校団内の一体性やヒエラルキーを基盤に，参謀総長ら軍首脳部によって計画・実行された。その背景には，やはり，1960年代よりもさらに悪化した治安とそれに伴う「団体としての利益」の危機があった。そしてこのクーデタは，現行の1982年憲法とそれに基づく体制，そして今日の国民の間での軍のイメージを決定づけたといえる。

1970年代は，1960年代に引き続き，CHP・公正党（Adalet Partisi, AP）という２つの有力政党と複数の小規模な政党が連立を繰り返す，政治的に不安定な時代であった。これは経済にも悪影響を与え，1977年には経常収支は約34億ドルの赤字となり，卸売物価指数も上昇して国民生活を圧迫した（Hale 1981：230；Hershlag 1988：22-23；後藤 2001：232）[20]。インフレ率も1978年に44%，1979年に68%，1980年には107%となるなど，悪化の一途をたどった（Hale 1981：162；Hershlag 1988：112；山田 1991：114-115）[21]。このような状況は労働者を経済的に困窮させたことはもちろん，燃料不足による送電停止にまで影響は拡大し，工場やオフィスにまで打撃を与えた。

そして，OYAKによってすでに市場経済に組み込まれていた将校団にとっても，経済の悪化は重大な懸念要素であった。また，こうした経済状況は治安にも悪影響を及ぼし，左派・右派間の武装闘争を伴う衝突も激化していった。しかし，いずれの連立政権もこれを抑制することができず，1975年にCHP・民族主義者行動党（Milliyetçi Hareket Partisi, MHP）の支持者同士が衝突したことを１つの契機に，左派・右派間の衝突は無差別テロへと変化し全国に拡大していった（Ahmad 1977：351-354；Birand, Bila and Akar 2001：44-46）。この時期の武力衝突やテロにより，1970年代末には毎年1000人を超える死者が発生した（Harris 1980：36-38）[22]。

こうした暴力の拡大は，警察力の軍への依存を高め，経済政策の失敗とともに「文民政府の正統性の喪失」としてクーデタの促進要因となった。

しかも，当時の警察機構も左右に分裂し，テロを鎮圧するだけの訓練・装備も有していなかったことから，将校団の危機の認識は暴力の拡大そのもの以上であったと考えられる（Demirel 2003：257）。そして1980年に，将校団はエヴレン参謀総長（Kenan Evren）のリーダーシップによって３度目のクーデタを実行した。

高い一体性を保持したクーデタは，エヴレンが中心となってヒエラルキーを維持した中で計画されていたことで実現された。1979年末には，エヴレンらは当時のコルテュルク大統領（Fahri Korutürk）宛てに各政党党首に事態収拾のための協力を要請する書簡を送付することで，尉官・佐官級将校たちに対する軍首脳部の態度表明も行った（Evren 1990：328-333；Birand, Bila and Akar 2001：132-136）。またエヴレンは，軍首脳部が全権を掌握し，新たな憲法・政党法・選挙法が作成されるまでは議会を閉会するなどの方針も打ち出した（Birand, Bila and Akar 2001：168-170）。

1980年クーデタの軍政期に制定された1982年憲法は，民政移管後も軍が政治への制度的な影響力を行使できるよう，いくつかの重要な要素が含まれた。MGKはさらに権限が拡充され，憲法第118条では内閣はMGK決定について「優先的に考慮する」と規定された。またMGKは議会に責任を負わず，国家の政策決定における最高意志決定機関との位置づけが明確にされ，将校団の政治的権益ないし「自律」はより強固なものとなった。また，将校団の「職務の保護」や「制度の存続」に深くかかわるテロ対策については，戒厳令布告・非常事態宣言での軍の役割の強化や，それによってストライキ・集会・デモの禁止などが可能となった。さらに，機能不全に陥っていた警官機構も，ジャンダルマ司令部が警察を管轄することで建て直しが試みられた（Birand, Bila and Akar 2001：277）。こうした迅速な対応によって，クーデタ後１年間でテロなどによる殺人は282名とクーデタ前１年間の10分の１に減少し，1982年までに武力衝突は事実上終焉した。[23)]

1980年クーデタでは，1971年クーデタ後に試みられた将校団の一体性やヒエラルキーの維持が一定の成果を上げていたことがうかがわれる。そして1980年クーデタは，将校団に一体性をもたらしたアタテュルク主義の浸透を，左派・右派間の分裂が著しかった社会にも適用を試み，将校団自身をその旗手と位置づけた。たとえば，クーデタの最初の声明においてもアタテュルク主義への明確な言及がなされていた（Evren 1990：546-547）[24)]。また，1982年憲法でも，アタテュルク主義に関連した記述は以前に比べ著しく増加した。さらに，新しい政党法（Siyasî Partiler Kanunu，法律第2820号；1983年）や結社法（Dernekler Kanunu，法律第2908号；1983年）においても，「アタテュルクの原則と革命（Atatürk ilke ve inkılâpları）」への敬意・忠誠を求めた。こうした諸制度へのアタテュルク主義の積極的な導入は，教育でも試みられ，「学生をアタテュルク主義者として育成し，アタテュルク主義的態度を身に着けさせる」ため，初等教育の最終学年（8年生）と中等教育3年間を通じて「トルコ共和国革命史（Türk Cumhuriyet İnkılâp Tarihi）」が義務化された（澤江 2005：104-105）。

このように，将校団は1960年クーデタと1971年クーデタを経て，政治的・経済的権益（すなわち「自律」や「予算」）を回復させ喪失の予防を図ってきたが，1980年クーデタ後は将校団のみならず国民の一体性も強固な制度とアタテュルク主義の浸透によって確保しようと試みた。ここには，将校団の主たる利益関心が，物質的な権益からより脱物質化（思想の重視）へと移行してきた軌跡を見ることができる。そしてそれは，1997年に生じた政治介入においても観察可能である。この政治介入では，当時の連立政権の首班RPとその党首であるエルバカン首相（Necmettin Erbakan）が親イスラーム色を強め，世俗主義に反したことが介入の理由とされた（澤江 2005：171-179）。また，RPは1998年に，その後継政党である美徳党（Fazilet Partisi, FP）も2001年に憲法裁判所によって閉鎖された。つまり，1980年クーデタ後の1982年憲法下においては，将校団は彼らの掲げるアタテュルク主義それ自体を理由として政治介入を行う構図が確立されたのである。

4　AKP政権期の政軍関係

（1）「政治の文民化」プロセスと2007年政治介入

こうした1982年憲法下での政軍関係は，2002年にAKPが単独政権を樹立して以降，大きく変化した。AKPは，将校団がアタテュルク主義の擁護者を自認し，かつEU加盟をその１つの要素である「現代文明水準への到達」と重ねて支持してきたことを利用し，同時期に著しい進展を見せたEU加盟プロセスへの要件として「民主化」，ないしは「政治の文民化」を推進したのである。[25)]

将校団にかかわる分野でもっとも大きく変更が加えられたのは，軍首脳部が政治に直接関与するMGKであった。2001年の段階で実施されたMGKに関する憲法改定では，会議の構成が文官・武官同数から文民多数へと変更され，あくまでも閣議に助言を行う機関であることが明記された。AKP政権期の2003年には，あらためてMGKを助言機関と定めるとともに，会議開催を毎月から隔月に変更，さらにMGK事務局によるMGK決議事項の履行監視権限を廃止し，MGK事務局長の武官規定の廃止も実現された。これに従い，2004年には実際に文民の事務局長が誕生するなど，MGK事務局も軍からの切り離しが進められた。さらに2004年には，放送・教育等に関連する各種機関へのMGKからの委員推薦枠が廃止された。こうして，軍がMGKなどを通じて影響力を行使する機会も，順次縮小されていった。

こうした「文民化」改革は，2006年までにひとつの段階を終えることとなり，将校団が1980年クーデタまでに得てきた政治的権益ないし「自律」は，様々な点で減退したといえる。そして経済的権益ないし「予算」においても，2004～2005年に重要な削減が試みられた（図２参照)。このような改革の受容は，2002～2006年に参謀総長を務めたオズキョク（Hilmi Özkök）の理解とリーダーシップによるところが大きいが，[26)]「アタテュルク主義の擁護者」という自己イメージを1997年の政治介入と同様に重視した結果であることもうかがえる。そしてこのような傾向は，2007年に生じた政治介入の試みでも確認できる。

2007年は，その夏に大統領選挙（当時は議会選出）が予定されており，同年4月にはAKPがギュル外相（Abdullah Gül）を候補としたことで，事実上「ギュル大統領」が内定していた。しかし，親イスラーム的な背景を持つ人物が大統領となることに反対したいくつかのアタテュルク主義的な市民団体は，大規模集会を大都市で開催することを決定した。そして参謀本部は，この流れに呼応するかたちで，AKPの世俗主義違反とアタテュルク主義擁護を根拠とした介入警告ともとれる声明をウェブサイトで発表した（*Hürriyet*, 28 April 2007）。

しかし，これは将校団にとって予想外の反応を引き起こした。イスタンブルやアンカラでそれぞれ20万人近くが参加した集会では，「ギュル大統領反対」とともに「軍の政治介入反対」がスローガンとして掲げられ，「クーデタが解決でないことは明白である」と参謀本部の声明を直接批判する団体も出現した（*Radikal*, 30 April 2007；*Milliyet*, 30 April 2007）。こうした批判は，アタテュルク主義の擁護者であるはずの軍にとって非常に大きな衝撃であり，アタテュルク主義に関する将校団の独占がもはや崩れてしまったことを意味するものであった。とはいえ，すでに将校団の政治や教育への十分な関与は失われており，むしろ国民の間でのイメージの悪化を避けるため，将校団が非民主的な手段である政治介入と自身の「アタテュルク主義の擁護者」性とを積極的に結びつけるような発言をすることはなくなった。

このような事態を経て，2008年頃から順次発覚・開始された対AKP政権クーデタ計画に関する裁判は，現役・退役を問わず軍関係者が多数かかわったことから，非常に多くの注目を集めた。これらの内容は2017年現在では疑問視される部分もあるが，元軍高官らに有罪判決が下るなど，軍のイメージを大きく損ねるものであったといえる。しかし，より注目すべきなのは，これらの裁判に対する抗議として行われた，2011年当時のコシャネル参謀総長（Işık Koşaner）および三軍司令官の辞任である。前述の裁判で勾留中の将校の処遇について，AKP政権と軍首脳部の間でYAŞ開催前に事前協議が行われたが，将校の釈放を求めたコシャネルの要求は受け入れられず，コシャネルと三軍司令官は辞任，後任の参謀総長にジャンダルマ司令官のオゼル（Necdet Özel）が就任した。オゼルは，AKP政権が以前から参謀総長にしようと意図していた人物であるとされ，以降の軍首脳部はYAŞが整備した強固なヒエラルキーに基づくことで，AKP政権と良好な関係を持った将校で占められるようになった（*Hürriyet*, 29 July 2011；*Radikal*, 29 July 2011；*Milliyet*, 30 July 2011）。

このように，AKP政権期における政軍関係は，制度的，思想的，また人的にも文民優位のかたちで安定していった。そして，将校団の「団体としての利益」の側面においては，EU加盟プロセスのもとで将校団は長く保持してきた政治的権益ないし「自律」，そして経済的権益ないし「予算」を低下させたものの，すでに思想面をより重視する傾向になっていたため，大きな反発は生じなかった。一方，思想的一体性によって維持が図られた「職務の保護」や「制度の存続」は，ほとんど変化を見せず継続していたといえる。

（2） 2016年クーデタ未遂

AKP政権期は，前述のようなかたちで政軍関係は安定していたが，2016年7月15日に文民政府に対するクーデタとみられる反乱が生じた。しかし，このクーデタの試みそのものは翌日昼頃までにはおおむね鎮圧されるとともに，17日には参謀本部のウェブサイトにて公式な鎮圧声明が発表されるにいたった。

この出来事がクーデタ未遂に終わった背景には，1971年以降確立されてきた将校団における強固なヒエラルキーと，参謀総長の代表性，そしてとくにオゼル参謀総長就任以降顕著となった政権との協調関係が挙げられる。

つまり，このクーデタの試みは，当初から軍首脳部の主導で行われる可能性は低く，将校団の通常の指揮命令系統から逸脱した尉官・佐官級将校が中心となった，1960年クーデタ（および1962・1963年クーデタ未遂）に類似した構造を持つものといえるのである。

事実，クーデタ・グループ（「祖国平和評議会（Yurtta Sulh Konseyi）」を名乗った[27]）に対する軍首脳部ないし軍高官の反応は，クーデタの動きが発覚した直後から明確にこれを否定するものであった。16日午前0時過ぎには，イスタンブルに司令部を置く陸軍第一軍のデュンダル司令官（Ümit Dündar）が，クーデタ・グループの行動は司令を受けておらずこれを支持しない旨，そしてイスタンブル県知事とともにこれに対処している旨を明らかにした（*Milliyet*, 16 July 2016）。アカル参謀総長（Hulusi Akar）はこの時点ではクーデタ・グループに拘束されていたが，デュンダルは参謀総長代理としてクーデタ未遂の鎮圧まで軍の指揮にあたった。さらに，ボスタンオール海軍司令官（Bülent Bostanoğlu）も，クーデタ・グループの行動を容認しないとの声明を発表したことで（ibid.），市民にもクーデタ・グループの構成と置かれた局面が明らかとなり，このクーデタの試みが文民政府に対してだけではなく，組織としての軍や軍首脳部に対する「反乱」であると認識されるにいたった。

これらの状況は，クーデタ未遂が生じたにもかかわらず，むしろAKP政権期の「文民化」が一定以上の成功であったことを示したといえる。経済的権益ないし「予算」が変わらずある程度保障され，思想面でも良好な対市民関係の維持に努めている状況で，軍首脳部にはAKP政権にクーデタという手段で挑む理由はなかったといってよい。その意味において，クーデタ未遂に関与したとAKP政権が名指しする「ヒズメト（Hizmet，あるいはギュレン運動Gülen Hareketi）[28]」の支持者とみなされる将校らが，目前に迫った政権による「粛清」に抗するため蜂起した，という説明は，一定の可能性を持つ[29]。もちろん，これは現時点の限られた情報において考えられる説のひとつにすぎないが，政権に加えて野党も概してこの見方を支持しており，そのうえで国内政治が動いているという状況は重く受け止める必要がある。

クーデタが未遂に終わって以降，トルコでは鎮圧後の処理が非常事態宣言を伴って早急に進められた。非常事態宣言は2017年現在も更新・継続されているが，トルコ全土を対象とした発令は今回が初めてである。非常事態においては法律相当の政令（Kanun Hükmünde Kararname, KHK）を発布可能となるが，これによって将校団・官公庁・大学・病院におよぶ様々な組織においてヒズメト関係者の大量免職・追放が進められた。国防相によると，将校団では2016年11月までに3600名以上の将校と1万6000名以上の士官候補生が追放された（*Habertürk*, 17 November 2016）[30)]。また，KHKによって文民統制もこれまで以上に強化が試みられた。陸・海・空軍やジャンダルマ，湾岸警備隊（Sahil Güvenlik）の位置づけも変更され，平時には三軍は国防省の管轄に，ジャンダルマと湾岸警備隊は完全に内務省の管轄となった。さらに，三軍がそれぞれ有していた各士官学校は廃止され，国防省の管轄下で国防大学（Millî Savunma Üniversitesi）が開校されたことも，大きな変化である。さらに，クーデタ未遂鎮圧直後の7月末に繰り上げて開催されたYAŞでは，クーデタ・グループの試みを未遂にとどめた功労者のひとりであるデュンダルを副参謀総長に起用するなど，より政権の信頼できる軍首脳部の人事が行われた。そしてMGKに関しては，2017年4月に実施した改憲国民投票での承認により，改憲案である「トルコ共和国憲法改定に関する法律」（Türkiye Cumhuriyeti Anayasasında Değişiklik Yapılmasına Dair Kanun；法律第6771号，2017年1月21日承認）の第16条B項にしたがって，ジャンダルマ司令官が構成員から外されることが決まり，数の上での文民優位がさらに確固たるものとなった。

2016年クーデタ未遂は，将校団の「団体としての利益」の観点からすると，このようにさらなる政治的権益ないし「自律」の減退を招く結果となった。また，今回の未遂は指揮命令系統から外れるかたちで実行されたものであっただろうことを考慮に入れても，今後はよりいっそう将校団が軍首脳部の指揮下で組織的に政治介入を行うことは困難となったといえる。このように2016年クーデタ未遂をとらえた場合，「団体としての利益」をめぐる状況で，これまで文民政府の中心的な改革対象となってこなかった経済的権益ないし「予算」をどこまで将校団が維持することができるのかが，今後のトルコの政軍関係において大きな焦点となってくるといえるだろう。

5 「団体としての利益」と分断

本章では，トルコにおける「政」と「軍」の分断の実態について，過去のクーデタやクーデタ未遂，政治介入の要因分析を将校団の「団体としての利益」の観点から行うことで明らかにした。そして，将校団の「団体としての利益」がクーデタを経ながら変遷してきたこと，また，「団体としての利益」の喪失を予防する制度の整備に伴い，将校団の関心が思想面へと移行したことで，AKP政権期における「政治の文民化」が成功したことを指摘した。そのうえで，「団体としての利益」における将校団の「自律」の低下が文民優位での政軍関係の安定を招き，「政」と「軍」の分断の緩和を促したこと，そして2016年に生じたクーデタ未遂もこうした文脈でとらえることが可能であることも示した。

ノードリンガーの提示した将校団の「団体としての利益」という概念は，ここで論じたように，将校団を中心に政軍関係を分析する際には依然有効であるといえる。しかし，本章で示したように，４つの要素それぞれの関係や時間を経て将校団が重視する点が変化するという認識も，事例を説明する際には必要であるといえるだろう。こうした認識を持つことで，他国の事例との比較研究を行う場合にも「団体としての利益」の概念はより活用されうると考えられる。また，「政」と「軍」の分断において，将校団の「自律」の低下およびそれ以外の要素の維持がその緩和につながるということも，本章がトルコの事例をとおして提示する重要な点である。

その一方で，将校団の経済的利益や「予算」に深くかかわる経済活動については，本章でも詳細には触れることができなかった。とりわけ，企業としてのOYAKやその他の軍需産業が，経済不況時にどの程度その損害を受けたのか，また，どの程度将校団の「団体としての利益」全体に影響し「政」と「軍」の分断に作用したのかという点は，本章での分析を深めるうえで明らかにすべきであるといえる。これらについては，その手法も含め，今後の課題としたい。

注

1）初代大統領アタテュルクの名に由来し，ケマリズム（Kemalizm）とも。アタテュルク主義に明確な定義はないが，世俗主義を含む「6本の矢（altı ok）」と呼ばれる6つの理念や，「現代文明水準への到達」，「国家の一体性」が一般に重要な要素とみなされている。

2）本章では，軍のなかでもとくに尉官以上の指揮官の集団である将校団（officer corps / subaylar）を区別し，分析対象とする。

3）本章では，親イスラームとは，厳格な世俗主義を掲げるトルコにおいて，しばしばそれを超える範囲でイスラーム的な主張を行う傾向を指すものとする。

4）たとえば，ドッド（Dodd 1983）やヘペル（Heper 1985），ジェンキンス（Jenkins 2001）などの研究が挙げられる。一方，アフマドは軍事政権が必ずしも厳格な世俗主義を採用したわけではないと指摘している（Ahmad 1977：373-374；Ahmad 1993：213-214, 219-220）。

5）ハンティントンをはじめ，ジャノヴィッツやパールマターといった政軍関係研究における最初期の研究の多くも，文民統制を中心的なトピックとしてきた（Huntington 1957；Janowitz 1964；Perlmutter 1977）。彼らの文民統制に関する議論は，現在もフィーヴァー（Feaver 1996）などに引き継がれている。

6）ただしこの説明は，1980年クーデタ後の経済政策が概して自由化傾向にあったものの，積極的な国家介入が行われる時期があるなど短期的に修正が繰り返されていたという事実を考慮すると，全面的にオドンネルのモデルに合致するわけではない。

7）アセモグルとロビンソンのモデルから導き出される仮説は，以下のように示される：政治体制が定着前の民主政治である時，クーデタ・コストがある水準より高い場合には民主政治は定着に向かい，ある水準より低い場合には政治エリートはクーデタを決行する。エリートの行動を決定する要因は，所得格差とクーデタ・コスト（紛争指標で表される社会情勢の悪化程度）である（濱中 2009：24）。

8） また同書の別頁（Perlmutter 1977：9，11-13）も参照のこと。プリートリアンな兵士ないしプリートリアニズムについては，ノードリンガーは「介入主義的な兵士をプリートリアンな兵士と呼ぶ」と定義した（Nordlinger 1977：2）。

9） ここで言及されている「文民政府の正統性」は，ノードリンガーは「統治するための道徳的権利（moral right to govern）」，ファイナーは「道徳的障壁（moral barrier）」としても指摘している。これ自体ではクーデタを抑制することはできないが，正統性の低下によって障壁も低下すると，クーデタの促進材料となりうる（Nordlinger 1977：92；Finer 2002：22）。

10） 将校出身の議員・閣僚は，DP政権期以降もわずかしか存在していない。APを設立し初代党首（1961～1964年）となった元参謀総長のギュミュシュパラ（Ragıp Gümüspala）や，1960年クーデタに加わり退役後にMHPの前身となる政党を率いたテュルケシュ（Alparslan Türkeş；1975～1977年・1977～1978年に副首相），オズアイドゥンル（İrfan Özaydınlı；1978～1979年に内相），元参謀総長のギュレシュ（Doğan Güres；1996～2002年に正道党選出議員）などがその例である。

11） また熊田も，将校には言及していないものの，この時期に都市部の固定収入生活者たちが経済的に大きな打撃を受けたと指摘している（熊田 1961：245-246）。

12） ジャンダルマとは，「保安隊」や「憲兵隊」とも訳され，通常は警備・治安維持などを担当する志願制の準軍事組織である。2016年クーデタ未遂までは，平時は内務省の，戦時は陸軍の管轄とされていた。また，訓練は陸軍と共同で行われ，階級も軍に準じていた。

13） また，将校たちは，食料品や住宅を安価で購入できたり，医療施設やレクリエーション施設を無料で利用することができたりするなど，その給与の他に数々の利益を得るようになった（Jenkins 2001：27）。

14） GDPにおける軍事費の割合は，1975・1976年のみ約5％にまで跳ね上がっている。これは，前年（1974年）のトルコ軍のキプロスでの軍事作戦，ならびに1975年のキプロス北部におけるキプロス・トルコ連邦国（Kıbrıs Türk Federe Devleti，1983年に北キプロス・トルコ共和国Kuzey Kıbrıs Türk Cumhuriyetiに改称）の樹立宣言が関係していると考えられる。

15） 2回目の未遂についてはアイデミル（T. Aydemir 1968：231-262）を参照。

16） SKDに思想的影響を与えたアヴジュオール（Doğan Avcıoğlu）とその思想につ

いては，彼が編集長を務めた『方向（*Yön*）』誌，ならびに（Avcıoğlu 1969）を参照。本書は当時将校団内においても広く読まれ，ある将官級将校は「（この本を読んでいない）将校は非常に物足りない」と発言していたという（Gürkan 1986：130）。

17）　おもなクーデタ計画については（Takkeci 1973；Batur 1985）を参照のこと。

18）　アタテュルク主義の「6本の矢」に通じる，「国民的（millî）」や「世俗的（lâik）」という言葉が主に使われた。

19）　法律名では「設立」となっているが，同法は軍事評議会機構とその任務に関する法律（Şûrayı Askerinin Teşkilatı ve Vezaifi Hakkındaki Kanun，法律第636号；1925年）を改定したものであり，YAŞは「再編」されたという表現がより正確である。この再編によって，YAŞには大将級将校は全員出席が可能となった（Akyaz 2002：353-356）。

20）　またこの頃にはすでに，先進工業地域とそれ以外の農業地域との経済格差や，都市住民間における貧富の差が拡大していた（新井 2001：277）。

21）　また松谷は，1978年以降のトルコの経済状況について，「もはや破産状態ともいうべき最悪の事態」と表現している（松谷 1987：325）。

22）　新井は，1977年は230人，1978年には1000人，1979年には1500人が死亡したとしている（新井 2001：278-279）。またオズブドゥンは，1975～1980年には5000人以上が死亡し，その3倍以上が負傷したと述べている（Özbudun 2000：35）。

23）　ドッドによると，クーデタ後6週間で逮捕者は1万1500人を数え，クーデタ後1年間には12万人超にまで増加した。また1982年まで8万人が収監されたままであり，そのうち3万人が裁判を待っている状態であった（Dodd 1983：45）。またオランは，軍政期の逮捕者は65万人に達したうえ，23万人に有罪判決が下り，168万3000人が軍当局の監視下に置かれたとしている（Oran 2001：19）。

24）　またクーデタ当日にエヴレンが国営放送にて発表した声明では，「アタテュルク主義の原則」についてもしばしば言及され，「次第に影響力を減退させられたアタテュルクの原則に再び活力をもたらすこと」もクーデタの目的として挙げられた（İnsel 2001：680-684）。

25）　トルコにおける「政治の文民化」については（岩坂 2014）を参照のこと。

26）　この時期における将校団の諸改革の受容については（岩坂 2008）を参照のこと。

27）　この名称は，アタテュルクの言葉「祖国に平和，世界に平和（Yurtta sulh, cihanda sulh）」に由来していることにも注意が必要である。

28）「ヒズメト」とは，トルコでは一般にイスラーム運動・社会運動として知られるものであり，説教師・著述家であるギュレン（Fethullah Gülen）の思想に共鳴した緩やかなネットワークの集合体として説明されることが多い。トルコでは，教育・メディア・経済・金融など様々な分野に進出し，現政権とは一時協力関係にあったものの，2012～2013年頃から激しく対立し，政権はヒズメト関係者を「並行国家構造」や「フェトフッラー派テロ組織」と呼称し追放する動きを進めてきた。ヒズメトに関しては（幸加木 2011）などを参照のこと。

29）将校団内のヒズメト支持者とみなされる将校らに対する捜査が開始されること，そして8月に予定されていたYAŞでこれらの将校の追放が予定されていたことなどが，メディアを通じても報じられていた（*Cumhuriyet*, 16 July 2016）。

30）なお，免職された公務員は2017年2月までに9万4000名以上にのぼった（*Sabah*, 1 February 2017）。

参考文献

〈トルコ日刊紙（すべて電子版）〉

Cumhuriyet / *Habertürk* / *Hürriyet* / *Milliyet* / *Radikal* / *Sabah*

〈日本語文献〉

新井政美（2001）『トルコ近現代史——イスラム国家から国民国家へ』みすず書房。

岩坂将充（2008）「EU加盟プロセスにおけるトルコの政軍関係——軍による民主化改革の受容とアタテュルク主義」『上智ヨーロッパ研究』第1号，81-104頁。

岩坂将充（2011）「トルコにおける軍の『公定アタテュルク主義』の模索と世俗主義」粕谷元編『トルコ共和国とラーイクリキ』（SOIAS Research Paper Series No. 4），上智大学イスラーム地域研究機構，32-55頁。

岩坂将充（2014）「トルコにおける『民主化』の手法——文民化過程にみる『制度』と『思想』の相互作用」『国際政治』第178号，132-145頁。

熊田亨（1961）「トルコ・クーデターの思想的側面」西順蔵・野原四郎・荒松雄・中岡三益・旗田巍・幼方直吉編『アラブのナショナリズム——その源流と構造』弘文堂。

幸加木文（2011）「現代世界の動向とイスラーム——現代トルコにおけるフェトゥッラー・ギュレンとその運動の位置付け」『イスラム世界』第76号，33-50頁。

後藤晃（2001）「トルコの工業化政策とエタティズム——経済統計の分析を通じて」『商経論叢』第36巻第3号，211-264頁。

澤江史子（2005）『現代トルコの民主政治とイスラーム』ナカニシヤ出版。

濱中新吾（2009）「比較政治体制理論と中東地域研究の調和と相克——エジプト・トル

コ・イスラエル」『山形大学紀要（社会科学）』第39号第2号，21-61頁。
松谷浩尚（1987）『現代トルコの政治と外交』勁草書房。
山田俊一（1991）「トルコの累積債務問題と調整政策」堀内昭義編『累積債務と財政金融』アジア経済研究所，111-150頁。
〈外国語文献〉
Acemoglu, Daron and J. A. Robinson（2006）*Economic Origins of Dictatorship and Democracy*. Cambridge : Cambridge University Press.
Ahmad, Feroz（1977）*The Turkish Experiment in Democracy 1950-1975*. London : C.Hurst and Company.
Ahmad, Feroz（1993）*The Making of Modern Turkey*. London and New York : Routledge.
Akyaz, Doğan（2002）*Askeri Müdahalelerin Orduya Etkisi : Hiyerarşi Dışı Örgütlenmeden Emir Komuta Zincirine*. İstanbul : İletişim Yayınları.
Avcıoğlu, Doğan（1969）*Türkiye'nin Düzeni : Dün, Bugün, Yarın*. Ankara : Bilgi Basımevi.
Aydemir, Şevket Süreyya（1968）*İkinci Adam : Cilt 3*. İstanbul : Remzi Kitabevi.
Aydemir, Talat（1968）*Talat Aydemir'in Hatıraları*. İstanbul : Kitapçılık Ticaret.
Batur, Muhsin（1985）*Anılar ve Görüşler : Üç Dönemin Perde Arkası*. İstanbul : Milliyet Yayınları.
Birand, Mehmet Ali（1986）*Emret Komutanım*. İstanbul : Milliyet Yayınları.
Birand, Mehmet Ali, H. Bila and R. Akar（2001）*12 Eylül : Türkiye'nin Miladı (3. Baskı)*. İstanbul : Doğan Kitapçılık.
Demirel, Tanel（2003）“The Turkish Military's Decision to Intervene : 12 September 1980,” *Armed Forces and Society*, 9(2) : 253-280.
Dodd, Clement H.（1983）*Crisis of Turkish Democracy*. Beverley : The Eothen Press.
Evren, Kenan（1990）*Kenan Evren'in Anıları, 1.Cilt*. İstanbul : Milliyet Yayınları.
Feaver, Peter D.（1996）“The Civil-Military Problematique : Huntington, Janowitz, and the Question of Civilian Control,” *Armed Forces and Society*, 23 (2) : 149-178.
Fidel, Kenneth（1969）*Social Structure and Military Intervention : The 1960 Turkish Revolution*. Ann Arbor : University Microfilms.
Finer, Samuel E.（2002）*The Man on Horseback : The Role of the Military in*

Politics (New Edition). New Brunswick : Transaction.

Fisher, Sydney Nettleton (1963) "The Role of the Military in Society and Government in Turkey," in Sydney Nettleton Fisher ed., *The Military in the Middle East : Problems in Society and Government.* Columbus : Ohio State University Press.

Frey, Frederick (1965) *The Turkish Political Elite.* Cambridge : M.I.T. Press.

Gürkan, Celil (1986) *12 Mart'a Beş Kala.* İstanbul : Tekin Yayınevi.

Hale, William (1981) *The Political and Economic Development of Modern Turkey.* London : Croom Helm.

Harris, George S. (1980) "The Left in Turkey," *Problems of Communism*, 29(3) : 26-41.

Heper, Metin (1985) *The State Tradition in Turkey.* Beverley : The Eothen Press.

Heper, Metin and A. Güney (2000) "The Military and the Consolidation of Democracy : The Recent Turkish Experience," *Armed Forces and Society*, 26 (4) : 635-657.

Hershlag, Zvi Yehuda (1988) *The Contemporary Turkish Economy.* London and New York : Routledge.

Huntington, Samuel P. (1957) *The Soldier and the State : The Theory and Politics of Civil-Military Relations.* Cambridge: Harvard University Press.

Inglehart, Ronald (2015) *The Silent Revolution : Changing Values and Political Styles Among Western Publics (Reprint Edition).* Princeton : Princeton University Press.

Inglehart, Ronald and C. Welzel (2005) *Modernization, Cultural Change, and Democracy : The Human Development Sequence.* Cambridge : Cambridge University Press.

İnsel, Ahmet eds. (2001) *Modern Türkiye'de Siyasî Düşünce, Cilt 2 : Kemalizm.* İstanbul : İletişim Yayınları.

İpekçi, Abdi and Ö. S. Coşar (1965) *İhtilalin İçyüzü.* İstanbul : Uygun Yayınevi.

Janowitz, Morris (1964) *The Military in the Political Development of New Nations : An Essay in Comparative Analysis.* Chicago : The University of Chicago Press.

Jenkins, Gareth (2001) *Context and Circumstance : The Turkish Military and Politics.* London : Oxford University Press.

Karasapan, Ömer (1987) "Turkey's Armaments Industries," *MERIP Middle East*

Report, 144 : 27.

Karpat, Kemal H. (1970) "The Military and Politics in Turkey, 1960-1964 : A Socio-Cultural Analysis of a Revolution," *The American Historical Review*, 75 (6) : 1654-1683.

Lee, Terence (2008) "The Military's Corporate Interests : The Main Reason for Intervention in Indonesia and Philippines?," *Armed Forces and Society*, 34(3) : 491-502.

Lipovsky, Igor P. (1992) *The Socialist Movement in Turkey 1960-1980*. Leiden : E.J. Brill.

Nordlinger, Eric A. (1977) *Soldiers in Politics: Military Coups and Governments*. Englewood Cliffs : Prentice-Hall.

O'Donnell, Guillermo (1973) *Modernization and Bureaucratic-Authoritarianism : Studies in South American Politics*. Berkeley : Institute of International Studies, University of California.

Oran, Baskın ed. (2001) *Türk Dış Politikası : Kurtluş Savaşından Bugüne Olgular, Belgeler, Yorumlar, Cilt II : 1980-2001*. İstanbul : İletişim Yayınları.

Özbudun, Ergun (2000) *Contemporary Turkish Politics : Challenges to Democratic Consolidation*. Boulder and London : Lynne Rienner.

Perlmutter, Amos (1977) *The Military and Politics in Modern Times: On Professionals, Praetorians, and Revolutionary Soldiers*. New Haven and London : Yale University Press.

Seyhan, Dündar (1966) *Gölgedeki Adam*. İstanbul : Hürdağıtım.

Stockholm International Peace Research Institute [SIPRI] (2017) *SIPRI Military Expenditure Database*. (https://www.sipri.org/databases/milex, 最終閲覧日2018年1月31日)

Takkeci, Süleyman (1973) *Madanoğlu Cuntası (İddianame): 12 Mart Belgeleri*. İstanbul : Boğaziçi Yayınları.

Yazıcı, Serap (1997) *Türkiye'de Askeri Müdahalelerin Anayasal Etkileri*. Ankara : Yetkin Yayınları.

(いわさか・まさみち：同志社大学)

CHAPTER 7

ヨルダンにおける「アラブの春」民主化運動とその帰結
――ムスリム同胞団運動の事例から[1]――

吉川卓郎［立命館アジア太平洋大学］

1　ヨルダン民主化運動とムスリム同胞団

いわゆる「アラブの春」の流れに乗って2011年に始まったヨルダン民主化運動は，当初は大きな動員力を誇ったものの，やがて退潮に向かった[2]。2016年9月に実施された総選挙は，何事もなかったかのように粛々と実施された。街頭における民主化デモの中核を担ったヨルダン最大のイスラーム主義組織「ヨルダン・ムスリム同胞団（Jamā'a al-Ikhwān al-Muslimīn fī al-Urdun：以下，同胞団）」もデモの規模・回数を縮小し，およそ10年にわたり「非民主的である」として参加を拒否してきた総選挙では，同胞団関係者による新党結成と選挙参加を容認した。ここで観察されたのは，社会運動として20世紀末以降の「制度外の政治」を牽引した同胞団による，事実上の「制度内の政治」への回帰・転換という帰結であった。

本章の主たる関心は，同胞団の路線転換の背景分析を行い，アラブの社会運動研究わけても「アラブの春」以降の，大衆動員を運動の軸とするイスラーム主義組織ならではの「帰結（consequence）」の事例を提供することにある[3]。同胞団を社会運動として体系的に分析した研究業績としては，シュウェドラー（Schwedler 2006）が代表的である[4]。シュウェドラーが構築した仮説は，ヨルダンや2011年内戦以前のイエメンのように，権威主義体制下である程度の政治参加と競争の機会が制度的に保証された国家においては，イスラーム主義勢力は自己の内部改革を通じて穏健化する（包摂―穏健化仮説［inclusion-moderation hypothesis］）というものであった（Schwedler 2006）。シュウェドラーの議論に従えば，ヨルダン国内の穏健派イスラーム主義勢力を制度内・制度外の両方でほぼ全面的に包摂していた同胞団は，どちらかと言えば体制寄りであり，これまでヨルダン政府―社会関係が緊張化にあった場合は，ほぼ例外なく体制に協力ないしは妥協するという帰結を選択してきた（Schwedler 2006：198-205）。しかし本章で説明するように，2011年民主化運動において同胞団は政府と対峙する道を選択し，そして敗れた。シュウェドラーの仮説とは異なった帰結を生み出した同胞団の行動の背景は未だ学術的に整理されていないため，本章では上記の議論にも目を配りつつ論考を進めたい。

本章の構成は，以下の通りである。まずヨルダンにおける社会運動の歴史を振り返り，各運動の分類を行う。次に，これらの運動の現状，わけても2011年以降の民主化運動において各集団がどのような活動を行い，どのように「帰結」したのかを整理する。続いて，同胞団の歴史や組織構造に触れつつ，民主化運動における同胞団の組織運動の展開を，政府との関係にも留意しつつ分析する。最後に，結果的に同胞団も参加することとなった2016年総選挙を振り返り，同胞団の選択した「帰結」について総括する。[5)]

2　ヨルダンの社会運動

（1）王国と社会運動

まず，ヨルダンの国家体制について簡潔に説明しておきたい。ヨルダン・ハシミテ王国という国名が示すとおり，ヨルダンという国家の存立理由ならびに目的は，ハーシム家一族（al-Hāshimīyūn）の世襲君主の存在とそれを支える保守的な社会の継続である。英国委任統治領パレスチナの一部として誕生したヨルダンは，歴史的に植民地支配，パレスチナ・イスラエル紛争，アラブ民族主義運動と直接対峙してきた経緯から，国内に多元的な社会の亀裂（クリーヴィッジ）を内包してきた。[6)]この過程で，為政者であるハーシム家王室は，様々な勢力を懐柔・操作しながら，強固かつ堅牢な権威主義体制を確立してきた[7)]。

ハーシム家支配が王国の既定路線であるとすれば，そこでヨルダンの社会運動は何を目指してきたのか。ここで問題となるのが，各運動の目的（帰結）の捉え方である。たとえば過去のヨルダン同胞団研究，Gharāiba（1997），Boulby（1998），Schwedler（2006），吉川（2007）では運動の起源についてほぼ同様の見解を示す一方で，帰結については必ずしも見解を一にしていないか，そもそも詳しく触れていない。この理由としては，社会運動そのものを主体として分析した場合，現実的に社会運動の目的が必ずしも明確でない場合や，運動自体が消滅・変容する場合があるため，運動の「帰結」をどう定義し操作化するのかが自明ではないという問題（久保・末近・高橋 2016：169）を，同胞団もまた抱えているからである。この問題について，社会運動の帰結に関する多国間研究をまとめたボージらは，各運動の変化のみならず，運動間の相互関係の変化，背景にあるプロセスとメカニズムを測定すること，すなわち「どのように，いつ，どこで相互関係の変化が起こるのかを測定すること」の意義を説いた（Bosi, Giugni, and Uba 2016：24）。

（2）　国家を超える社会運動

では，ヨルダンにはどのような社会運動が存在するのか。図1では，社会運動の原点である「運動の理由（起源）」と過去の活動に基づいて，ヨルダンにおけるこれまでの主要な運動をまとめた。まず中心に描いたのは，一般的な社会運動，すなわち「確立された制度や権力に対して集団的な政治闘争を仕掛ける集合行為」（久保・末近・高橋 2016：164）である。ここには，運動の射程や活動の範囲がヨルダン国内あるいはハーシム家体制下で完結する，国内各地の請願・抗議運動，公務員や企業労働者によるストライキやボイコット，農民による請願等が入る。これらの多くは，後述するように2011年民主化運動以降に政府が社会運動や組合運動への制限を

図1　ヨルダンの社会運動のイメージ

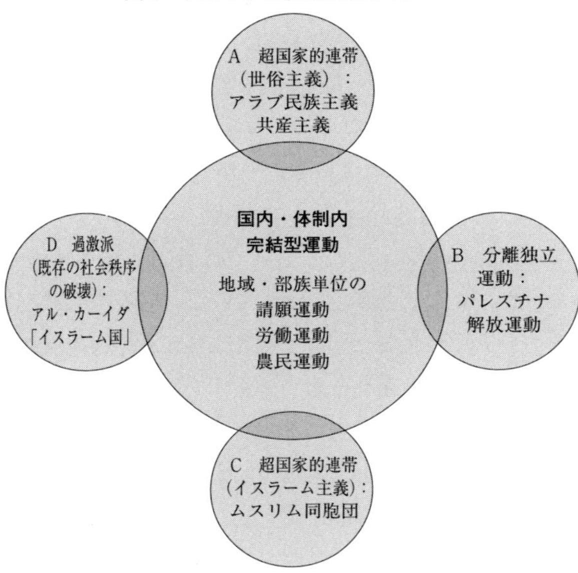

出典：筆者作成。

緩和したことで表舞台に登場した集団であり，特に首都アンマーンを中心に活動していた組織は，それぞれ政府とのバーゲニングを通じて穏健化ないしは解散した。[8)]

一方，他の東アラブ諸国同様，ヨルダンでは歴史的に既存の国民国家の枠組みに沿わない社会運動が数多く存在してきた。それらをまとめたのが，図1の周縁に描かれたABCDであり，これらは行動の原理と範囲がヨルダン国外に及ぶ運動である。

まずAは，大衆運動を基盤とする世俗主義的な超国家的運動で，具体的にはアラブ民族主義運動と共産主義運動である。ヨルダンでは1920年代以降に首都圏を中心とする急速な都市化が進み，また1940年代に高等教育を受けた世代の多くは民族主義や左翼運動に傾倒し，1950年代の「ヨルダン国民運動（al-Ḥarakat al-Waṭanīya al-Urdunīya）」の爆発的な拡大の原動力となった。そもそもヨルダン国民運動は様々なアラブ民族主義・共産主義勢力の連合であり，理念や目的に多少の違いを抱えていた。しかし50年代に入ると，新憲法（1952年憲法）による議会（下院）の権限強化でヨルダン国民運動系議員が多数選出されたこと，またイスラエルによる領土侵犯への危機感やエジプトでの共和制誕生によって民族主義への期待が高まったことによって，「西洋の傀儡である，旧いハーシム家体制」をアラブ統一という未来への障害とみなすコンセンサスが生まれるに至った（Anderson 2005：169）。1956年の総選挙でヨルダン国民運動勢力が大勝すると，当時のフサイン国王（Ḥusayn bin Ṭalāl bin ʻAbd Allāh：在位1952～1999年）も，下院第１党である国民社会党党首のナーブルスィー（Slimān al-Nāblsī）を首相に指名せざるを得なかった[9]。ナーブルスィー首相は国外のアラブ民族主義勢力・共産主義勢力に急接近し，ヨルダン国内には国王派と首相派の二重権力が生じた。1957年，ナーブルスィー首相がソビエト連邦との外交関係樹立の意志を表明し，また首相派の一部軍人によるクーデタ未遂事件が発生すると，フサイン国王はナーブルスィー首相を解任し，ヨルダン国民運動の解体に着手した。政府は戒厳令を発し，検閲，政党の廃止も実行された。危険分子とみなされた活動家は軍事法廷に送られたか近隣諸国へ亡命し，ヨルダン国民運動は崩壊した（Anderson 2005：185-186）。国外でも，エジプトはじめアラブ諸国の民族主義運動がことごとく失敗したこともあり，現在のヨルダンにおけるアラブ民族主義は曖昧なスローガンでしかなく，社会に与える影響力も小さい。

次に，Bを見てみよう。第３次中東戦争（1967年）でヨルダンを含むアラブ諸国軍が敗北したことでヨルダン川西岸はイスラエルの占領下に入り，ヨルダンには約60万人の戦争難民と「パレスチナ解放機構（PLO）」をはじめとする諸組織，そして約２万人のパレスチナ人民兵が流入した。民兵はヨルダン国内秩序の攪乱要因となり，市民生活や観光産業に深刻な打撃を与え始めたため，政府はパレスチナ人の集会を禁止した。1970年９月，ヨルダン領内にパレスチナ臨時政府の樹立を目指す勢力がアンマーン郊外を舞台に連続ハイジャック事件を起こすと，フサイン国王は全土に戒厳令を敷き，軍に国内各地のパレスチナ人拠点攻撃を命じた。この1970年内戦（別名「黒い９月」事件）以降，ヨルダン国内でのパレスチナ解放運動は解体された。他方，1988年にヨルダンが西岸の領有権を放棄し，さらに1990年代の中東和平によってパレスチナ解放運動の主戦場が西岸占領地に移ったことで，ヨルダン国内での運動も下火になった。

Cは，イスラームを超国家的な運動概念の軸とし，自前の社会運動組織による運動を軸にヨルダン国内における改革および勢力拡大を目指す勢力であり，同胞団がこれに該当する。原則論からいえば，ヨルダンの同胞団は，エジプトのカイロを中心軸とするムスリム同胞団国際運動の一部である。同胞団国際運動の究極的な目的はアラブ諸国におけるイスラーム国家の建設であり，戦間期に同胞団国際運動を創始したハサン・バンナー（Ḥasan al-Bannā）の目指す国家像は，かれ自身が西洋社会の退廃性とアラブ諸国の堕落を糾弾していたこともあって，厳格かつラディカルであった[10)]。同時に，ボトムアップ型のムスリム社会改革を特徴とする同胞団運動は大衆動員手法に優れていたため，エジプトやシリア，サウディアラビアなど多くの権威主義体制が同胞団による政権奪取を警戒し続けてきた。末近はバンナーが築いたムスリム同胞団を今日のイスラーム主義組織のモデルと位置づけ，その特徴として，①テクストとしての思想の存在，②社会運動組織の存在，③世俗主義的な体制との対決姿勢，を挙げる（末近 2018：65-66)。ヨルダンの同胞団の場合，国際同胞団運動とのつながりを保ちながらも，後述するように実質的なヨルダン政府支持勢力として成長を続けた。しかし，その歴史的経緯からもヨルダンの同胞団は，①バンナー思想の継承者であり，次節で紹介する傘下組織による②および③の実践という点でも，ヨルダンの同胞団が上記モデルの忠実な継承者であることは疑いのないことと思われる。

Dは，同じイスラーム系でも暴力による既存の国家と社会の破壊を目指すグループであり，いわゆる「イスラーム国」や「アル・カーイダ」のような過激派組織が該当する。国際的なメディアに頻繁に登場するDは地域横断的なムスリムの蜂起を促しつつも秘密結社的な性格が強く，ヨルダン国内でもテロ組織として厳重な取り締まりの対象となっている。その意味でDは社会運動とは言い難いが，社会に与えるインパクトの大きさから取り上げた。なお，ヨルダンにおいては「イスラーム国」が関与したとされる2015年のヨルダン空軍将校誘拐・殺害事件への国民的な反発が広がったことから，当面Dへの支持が拡大する可能性は非常に低いとみられる。

上記の分析に基づくなら，現時点ではCの同胞団のみが超国家的連帯を標榜しつつも大衆運動として体制に挑戦する可能性を有する唯一の運動，ということになる[11)]。同胞団の歴史と社会運動としての特徴については第4節で詳しく分析するとして，続く第3節では，これまで紹介したヨルダンの社会運動が2011年以降にどのような活動を行ったのかを観測してみたい。

3　「アラブの春」と社会運動
——2011年民主化運動の発生と帰結——

チュニジアやエジプトの事例に見られたように，「アラブの春」では，権威主義体制による圧制への様々な不満を，いかに社会運動が体制打倒の資源として効果的に動員できるか否かが勝敗の分かれ目となった。では，ヨルダンの「春」(2011年民主化運動）はどのように発生し，帰結したのだろうか。

ヨルダンで最初の街頭行動が確認されたのは，2011年1月17日である。当初チュニジア民主化支援と称して始まった集会と行進（デモ）は，ほどなく当時のリファーイー（Samīr al-Rifāʻī）政権の失政批判や民主化要求へと変容した[12)]。リファーイー内閣に見切りをつけたアブドゥッラー2世国王（ʻAbd Allāh bin Ḥusayn bin Ṭalāl：在位1999年〜）は，2月1日に新たにバヒート（Maʻrūf al-Bakhīt）を首相に指名した[13)]。バヒートは直ちに社会運動との対話を開始し，政治改革を約束したが，バヒートの過去の政策を嫌う同胞団と同胞団傘下政党であるイスラーム行動戦線党（Ḥizb Jabha al-ʻAmal al-Islāmī：以下，英語表記Islamic Action Front Partyの略称であるIAFで表記）は政府との対話を拒否し，政権打倒を目指した。[14)]

2011年の２月から３月にかけて，ヨルダン各地では農家，学生，組合，政党など様々な集団による，数十人から数千人単位での陳情・抗議・請願運動が同時進行で拡大した。[15)] これらの集合行為における主張は，①名目的に「自由」「民主主義」を唱えつつも実際には利益配分強化を主張する集団，②具体的な政治改革を求める集団に大別できる。①にはたとえば農民，消費者団体，地方部族が入っており，持続性そして連帯を欠いていた。そのため，これらの多くは民主化運動の初期段階で消滅した（吉川 2014a）。一方，②の主体は政党，職能組合，同胞団，そしてインターネット上での反政府運動[16)]であった。これらの多くは前節で説明した超国家的社会運動の流れを汲んでおり，大半は首都圏を拠点にしていた。最大の動員力を持つ同胞団とIAFは，毎週末に「怒りの金曜日」集会と行進を実施し，首相の即時辞任と下院の解散，総選挙実施を主張した。同胞団に限らず，民主化運動の掲げる要求は政治制度改革，特に選挙制度の抜本的改革へと一本化されつつあった（*Al-Ghad*, February 3-March 1, 2011）。

民主化運動が反政府運動として一体化する事態を防ぐため，政府は早々に懐柔策を進めた。バヒート政権は集会の自由を保証する改正集会法案を国民議会に提出し，同法案は３月23日に国民議会で正式に可決された（*Jordan Times*, April 27, 2011）。また政府は職能組合の取り込みにも動き，特に街頭運動の台風の目であった非公認組合「教員組合（niqāba al-muʻalimīn）」を公認する姿勢を示した。[17)] 他方，当初ヨルダン政府は極力デモ不介入の立場をとってきたが，３月24日に反政府勢力と親政府勢力が衝突し死傷者が発生した事態を受けて，過激なデモや集会については介入する方針に転じた（*Al-Ghad*, March 26, 2011）。

2011年民主化運動において劇的な「帰結」を見せたのは，職能組合のケースであろう。ヨルダン都市部の高度職業人を多く集める職能組合は，かつての戒厳令・政党禁止時代に（前節Ａの）活動家を多数受け入れてきた過去があるため，政治運動としての性格が強い。政府批判勢力の公的な政治参加を容認・推奨するコオプテーションは従来のヨルダン政治の特徴であったが[18)]，2011年民主化運動で職能組合がデモの一角を占めるようになると，政府は主要な組合に対し政府主導の改革への参加を促した。効果は着実に表れ，同年９月には国王とバヒート首相が相次いで職能組合幹部と会談し，改革の成果を相互に讃え合うまでに関係は改善された。さらに政府は教員組合を公認し，その団結権を認めることで，教員の反政府運動参加に歯止めをかけた（吉川 2014a）。民主化運動が本格化した当初は，教員組合も全国規模の抗議運動を展開した（*Al-Ghad*, March 23, 2011）。2011年７月，上下院における「教員組合法」が承認され，９月にこれを支持する国王勅令が出されたことで，教員組合は公認された。以降，政府はたびたび発生する教員や労働者のストライキに手を焼くことになるが，首都圏の反政府運動の一角を切り崩した効果は大きく，主要な組合の協力を欠いた同胞団主催のデモ参加者も激減したのである。

2011年以前の時点で超国家的社会運動の多くがヨルダン国内で求心力を低下させ，国内型運動にシフトしていた事実は，民主化運動における集団間の連帯が拡大・深化しなかった遠因のひとつとして考えるべきである。また，運動側が民主化のメリットすなわち「民主化後のヨルダン像」という帰結を一般市民に提示できなかったことは，運動の求心力を低下させた。たとえば同胞団をはじめとする民主化勢力は，従来の主要な社会問題（財政危機，高失業率，パレスチナ，地域安全保障）における具体的な提案を用意できなかった。さらに，周辺諸国の民主化運動のネガティブな「帰結」が早い段階で明らかになったこともヨルダンの民主化運動にとってマイナスに作用した。民主的に選ばれたエジプトとチュニジアの政権は迷走していたし，民主化運動が内戦化したシリア，イエメン，リビア等から続々ヨルダンに到着する難民・避難民を目の当たりにした市民に「ヨルダンの春」を訴えるのは至難の業であったといえよう。

4 「アラブの春」と同胞団

（1） 同胞団社会運動の歴史的変遷

ここからは，同胞団を軸に議論を進めたい。ヨルダンの同胞団は，1930年代後半にエジプトの同胞団国際運動の支部として発足し，1946年に社会慈善団体として認可された（Schwedler 2013：394-395）。ヨルダン初代国王アブドゥッラー1世（'Abd Allāh bin al-Ḥusayn：在位1946～1951年）[19]が体制基盤強化のためイスラーム主義運動を支援したこともあって，伝統的に同胞団は親王室勢力の一角を占めてきた。しかし一方で，同胞団はエジプト本部と同様に反西洋，国際主義（アラブ・イスラーム世界の連帯）を強く主張し，時にはヨルダン政府と激しく対立した[20]。同胞団は最高監督者（murāqib 'āmm）と副最高監督者を含む6名から成る執行部（al-maktab al-tanfīdhī）を頂点とするトップダウン型の構造で組織され，全国の団員の意見はシューラー議会（majlis al-shūrā）に反映される。歴代最高監督者は経験を積んだイスラーム法学者であるが，執行部やシューラー議員の多くは実務家出身である。

「本家」エジプトと同様に，ヨルダンの同胞団は，まず教育・福祉分野で社会に浸透していった[21]。これらの活動の中心となったのは，同胞団が1963年に創設した「イスラーム協会（Jam'īyāt al-Markaz al-Islāmīya）」である。病院，専門学校，看護学校，レクリエーション施設，福祉団体等を運営するイスラーム協会は，同胞団と社会との重要な接点となった。クラークによれば，イスラーム協会はパレスチナ系市民や中間層をはじめ様々な社会層や経済セクターに浸透し，階級横断的な会員ネットワークを構築した。そのため，必ずしもイスラーム協会会員が熱心な同胞団員というわけではなく，たとえば富裕層は協会のネットワークを利用したビジネスの拡大，貧困層は福祉の享受，といった利益目的で加入するケースも見られた（Clark 2004）。

（2） 政治運動化する同胞団

イスラーム協会が同胞団の活動領域を飛躍的に拡大させたことは疑いない。一方，同胞団傘下の政党として，制度内・制度外の双方で活動してきたのが，前節で紹介したIAFである。同胞団理念の延長線上にあるIAFは典型的な「運動政党（movement party）」であり，同党は，同胞団員そして同胞団ネットワークが提供する社会サービスを享受する層を容易に動員できた[22)]。組織票に支えられたIAFはヨルダン下院で常に一定の議席を確保し，また議会の外でも活発に政治集会を開いてきた。IAFの組織は基本的に同胞団と同じピラミッド構造で，党書記長（al-amīn al-ʻāmm：党首に相当）をトップに，執行部，次いでシューラー議会が組織の中核である。シューラー議会は全国の支部から選ばれた120人の代表で構成され，重要事項の議決に加え，定期的に書記長とシューラー議長（ra'īs majlis al-shūrā）を選出する権限を有する（吉川 2007）。

IAFの登場によって，社会運動としての同胞団の存在感はさらに大きくなったといえる。しかし同時に主たる論争の場が議会に移ったことで，政策をめぐる政府・同胞団の対立軸が可視化されるようになった。これまでに触れたように同胞団は国内運動と国際運動の両方の顔を持っていたが，IAFの誕生によって，特に後者における政府・同胞団間の論争が深刻化した。特に大きな対立軸となったのが，イスラエルとの関係である。IAFは結党当初から議会の内外でイスラエルとの和平反対を明言し，ヨルダン政府のパレスチナ問題への消極的な取り組み，そしてイスラエルの最大の支援国である米国との関係を糾弾した。両者の対立は，第2次インティファーダ（2000年），イラク戦争（2003年），パレスチナ総選挙（2006年），イスラエルのガザ侵攻（2008年）を経て，より激しいものとなった。

IAFが持ち込んだもう一つの問題は，同胞団本来の方針とは異質な党派性である。先述のとおり同胞団は歴史的に様々なセクターからの支持層を包括的に取り込んできた。しかし，政党であるIAFには組合や学生運動出身の党員が多く集まり，彼らはやがてIAF幹部の多数を占めるようになった（Abū Rummān 2011）。この流れは党公約にも反映され，たとえば2007年の党公約ではイスラエルとの和平反対，アラブ・イスラーム世界わけてもパレスチナとの連携強化，社会支出の増加，国内農業の保護，福祉の充実等が明記されたが，これらの公約は，アブドゥッラー２世国王の施政の柱である中東和平プロセスの支持，全方位外交，小さな政府路線と真っ向から対立するものであった[23)]。

当時の同胞団最高監督者サーリム・ファラハート（Sālim Faraḥāt）は政府との対話を重視していたが，やがて組織内の強硬派とIAF執行部を抑え切れなくなった。ついに2006年，IAF所属下院議員４名が「反国家的行為」で逮捕され（うち２名は有罪確定），ファラハートが政府との関係修復に努める一方でIAFが非難声明を出すという有様であった（吉川 2014a）。また2007年の総選挙では，敗北したIAFが直後の記者会見で政府の集票操作を指摘した（*Jordan Times*, November 22, 2007）。同胞団においても強硬派の勢力が強くなり，2008年の同胞団シューラー議会で実施された幹部選挙では強硬派のフマーム・サイード（Humām Saʻīd al-ʻAbd）がファラハートを破り最高監督者に選ばれた（吉川 2014a）。サイード体制発足によって，同胞団とIAFは発言・行動共に歩調を合わせるようになった。街頭行動でも共闘する機会が増え，2008年のガザ侵攻への反対集会には推定で数万人規模を動員し，その力を誇示した。

（３） 同胞団「第１の分裂」と2013年選挙

以上の経緯からも，2011年民主化運動での政府─同胞団の対立は，すでに出来上がっていた対立軸の延長線上にあったといえよう。2011年民主化運動では常に同胞団執行部とIAF指導部を先頭にデモを実施し，職能組合をはじめ他の民主化勢力が切り崩される中にあっても，同胞団は「新たな立憲君主制」を主張，政府との妥協を拒み続けた[24)]。ここで，同胞団は身内からの反乱に直面する。2012年10月，同胞団執行部に批判的な幹部ルハイル・ガラーイバ（Rḥail Gharāiba）らは「ヨルダン建国イニシアティヴ

(al-Mubādara al-Urdunīya lil-binā')」，通称「ザムザム（Zamzam)」を発足させた。国家や世論との調和を訴えるザムザムは，どちらかといえば組織内派閥といえるものであったが，これを問題視した同胞団執行部は，ガラーイバはじめ中心人物を追放処分とした。

同胞団の混乱をよそに，2013年1月23日，ヨルダン民主化運動後では初の下院総選挙が1年前倒しで実施された。同胞団は，政府の民主化移行への取り組みが不十分であるとして，参加をボイコットした。同選挙に先立ち，選挙区が再編され，部分的な比例代表制（全国区の27議席）も導入された。またこの選挙より新たに独立選挙委員会が発足し，選挙違反行為への処置や国内外オブザーバーを通じた情報公開，候補者間の紛争処理において強い権限を付与された。選挙結果については，選挙区に地盤を持つ部族・名望家層が当選する一方，9の政党と52の団体が参入した比例区では，これまで当選実績のなかった非同胞団系イスラーム主義政党「イスラーム・ワサト党（Ḥizb al-Wasaṭ al-Islāmī)」が全150議席中16議席（比例区で3，選挙区で13）を獲得し，政党第1党に躍り出た。特定の支持基盤を持たないワサト党が，選挙区のなかでも激戦区であるアンマーンや，過去に同胞団系でも勝てなかった南部で勝利した事実は，ヨルダン政治におけるひとつの「事件」であった。ワサト党のタラーウィナ書記長（Mudallāh ʻAlī al-Ṭarāwna）は，総選挙の勝因を以下のように説明する。

「我々にとってイスラームは寛容と正義を表象する拠り所であるが，全てではない。これまで我々は国民の関心に寄り添うことを心掛けてきたし，国外の団体と関係を持ったこともない。我々はイスラーム団体ではなく，政党である。また政治的対立についても，我々が目指すのは平和的な政治闘争と助言（munāṣaḥa）であり，ゆえに街頭で抗議活動に参加したことは一度もない。こうした我々の姿勢への有権者の評価が，比例区での大量得票につながったのであろう[25)]。」

タラーウィナ書記長が強調するように，実際，ワサトは2001年の創設以降，制度外政治には一切関わっておらず，また動員政党のように基盤とする選挙区への社会サービス提供もできない。同胞団支持票が（ボイコットしたIAFの代わりに）ワサトに流れた可能性もあるが，上述の地方選挙区での勝利，比例選で11万4000票を集めた背景等，明らかになっていない部分も多い。ただ，現在のワサト党の地位が，シュウェドラーが2006年に同党を分析した時の，「ヨルダン政治において（ワサト党は）非常に小さくまた不確かな存在であり，IAFへの深刻な挑戦とはなり難い」（Schwedler 2006：201）という見立てに当てはまらない事実は認識すべきであろう。

一方，同胞団とIAFによる2013年総選挙ボイコットの背景について，IAFのマンスール書記長（Ḥamza ‘Abbās Ḥusayn Manṣūr：肩書は当時のもの）は，こう語る。

「我々IAFと同胞団運動にいる者は，適切な出発点は民主的な選挙法のコンセンサスを得ることにあると信じている。従来の選挙法は，非民主的で，国民の関心を考慮したものでもなく，イスラエルとの平和条約を議会で承認させるためだけに強制されたものである。ゆえに，現在の下院は真に国民を，あるいは国民の選択を代表するものではない[26]。」

この発言は，同胞団運動にとって1993年選挙法そして1994年の平和条約が政府との軋轢の原点であるということを説明するものである。では同胞団とIAFにとって，政府との対話に復帰する材料とは何か。再び，マンスール書記長の言葉を引用しよう。

「我々が望むのは，ヨルダンの人民が受け入れられる選挙法である。現行の選挙法を拒絶する大半のヨルダン人の考えで一致しているのは，過去の立法府のもとで，国家安全保障，安定，経済の悪化という代償を支払ってきたということである。しかし，もし我々が公正で自由な選挙を保証する選挙法について国民的合意に至るならば，それは政治権力の行使における社会正義と透明性を保証する監視機関を設けるための憲法改正や法改正の鍵となるであろう[27)]。」

上記発言にある「公正で自由な選挙」とは，過去20年間にわたり同胞団・IAFが強く主張してきた「単票制の廃止と，大選挙区複数投票制の復活」を指す。ヨルダンの単票制とは1993年に導入された俗に「１人１票制度」と呼ばれる単記制中選挙区制のことであり，同胞団や野党の多くは，個人のアイデンティティ帰属意識が多様であるヨルダン社会に単票制は馴染まないとして，廃止を主張してきた。

ところが，2013年総選挙の成功を受けて第17次下院が発足すると，政府はあっけなく単票制を廃止してしまう。また，これに先立ちアブドゥッラー国王は，やはり同胞団・IAFが要求していた「下院の多数派から選ばれた首相」を実現するよう勅令を発した。これを受けて，元首相のタラーウィナ王宮府長官（Fā'iz Aḥmad Maḥmūd al-Ṭarāwnā）と下院主要ブロック間の調整が始まり，2013年総選挙直前の改革を担ったアブドゥッラー・アンナスール（'Abd Allāh al-Nasūr）首相が多数の支持を受けて再選された。アンナスール率いる政権は下院との対話を重視し，政権の安定運営をはかる一方で，単票制の廃止とそれに代わる比例代表制導入の準備に入った。2015年８月にアンナスール首相が新選挙制度を正式に発表すると，IAFは公式に歓迎の意を表明した（*Jordan Times*, September 1, 2015)。

5　同胞団運動の選んだ「帰結」

（1）　同胞団「第２の分裂」

2013年のエジプト軍クーデタによる同胞団系政権転覆によって，同胞団国際運動は後退期に入った。ヨルダン同胞団はクーデタを非難し，前政権の正当性を強く主張した[28)]。しかしすでにヨルダン国内での同胞団の動員力に陰りが見えていたうえ，ヨルダン政府は，同胞団をテロ組織と断定するエジプト新政権を全面的に支持した[29)]。2011年民主化運動以降，ヨルダン政府は民主化運動に寛容な態度をとってきたが，その傍らで治安維持強化を狙った法改正も併せて進めてきた。たとえば2012年の「改正出版法」によってインターネット検閲が強化され，2014年４月には「改正反テロリズム法」が成立した。同法では「ヨルダンの国際的評価を落とす行為」をも処罰の対象としており，この法律に触れたのが，かつてIAF書記長として政府と激しく対立し，当時は同胞団副最高監督者であったザキー・バニールシード（Zakī Saʻd Banī Arshīd）であった。バニールシードは「エジプトの同胞団運動をテロ組織と認定したUAE政府を批判し，ヨルダン・UAE関係を害した」容疑で逮捕された（*Jordan Times*, November 29, 2014）。

ここで，「ザムザム」に続く新たな内紛が同胞団に発生する。発端は，前・同胞団最高監督者ズナイバート（ʻAbd al-Majīd al-Dhunaybāt）らが現執行部に諮らず独断で行った，同胞団の「政治団体」登録である。そもそも，同胞団は慈善団体と称しながら，実質的には政治活動に深く関わってきた。ヨルダンにおいて，政治団体は登録が必要であるが（1965年団体法），これまで同胞団は政治団体登録を行っていない（IAFは政党として登録）。その意味で，ズナイバートの行為は，組織の法的地位を再保証するためのものであった[30)]。2015年３月，政府は同胞団の政治団体登録を認可した。しかし，同胞団執行部は一連の動きを問題視し，ズナイバートとその支持者10名を追放した。この結果，法的には慈善団体としての同胞団と，政治団体としての同胞団（追放されたズナイバートら）の両方が存在するという異常事態となった。2016年２月，同胞団はエジプト本部とのつながりを絶ち，国内運動に専念すると発表した[31)]。しかし，2016年４月には首都アンマーンの同胞団本部オフィスが建造物不法使用の疑いで捜索され，閉もなく閉鎖された[32]。他方，2016年5月，ザムザムは新党設立を表明し（*Jordan Times*, March 26, 2016），同年8月に「国民議会党（Ḥizb al-M'utamira al-Wāṭanīya）」として認可された（*Al-Ghad*, August 11, 2016）。同胞団は，結成70周年の節目を分裂状態で迎えることになった。

（2） 2016年総選挙とその後

2016年総選挙（第18次下院総選挙）では，全130議席を1252人の候補で争った。新たな制度は政党名簿・非拘束式比例代表制の一種で，全ての候補者は自らの所属する「リスト（qā'ima）」から出馬する必要がある。有権者は，自身の居住する選挙区（全国で23選挙区）から，①自身の支持するリストの選択（複数選択不可），あるいは②同一リストから4名まで選択する（リストをまたいでの選択は不可）という形で投票できるようになった。また，従来の事前登録制度も廃止され，有権者は投票所での身分証明書の提示のみで投票できるようになった。この結果，有権者の数は前回総選挙の228万8043人から一気に413万142人に跳ね上がった[33]。

IAFは，新制度での得票拡大を狙って，新党「改革のための国民同盟党（以下，「改革」と略記）」を結成した。「改革」は従来のIAF党員に加えてキリスト教徒の党員を招き，アンマーンを中心に65名の公認候補を立てた。なお，「改革」結成に関係なくIAFは現在も存在している。その意味で「改革」結党の意義は，より開かれた党としてのイメージ刷新と非同胞団層の取り込み，そして下院における他党との柔軟な院内会派形成を狙った兄弟政党と捉えるべきであろう。実際，選挙期間中もIAFは「改革」を「国民の統一，国民の調和と参加に寄与する同盟」と持ち上げ，支持を訴えた[34]。投票日の翌々日，独立選挙委員会は全ての開票結果を公表した。新たに招集された第18次下院で，「改革」は単独政党としてワサトと並ぶ最大の15議席を獲得した。うち10議席はIAF党員である。一方，「ザムザム」の結成した国民議会党は5議席を獲得しており，同胞団分裂の痛手が決して小さくなかったことを示している。

2016年総選挙の時点で同胞団の中でも不透明であった「改革」の位置づけは，2017年の地方選挙でようやく見えてきた感がある。2017年８月15日に全国一斉に行われた地方議会議長選挙（全６ポスト）および地方議会議員選挙（全1838議席）に臨んで，同胞団とIAFは「改革」を全面支援した。「改革」の候補は善戦し，３つの議長職と25の議席を獲得した。選挙結果を受けて，IAFは公式声明を発表し，「改革」の善戦を高く評価した。[35)]

6 「ヨルダンの春」の終焉か

本章の議論をまとめておきたい。前半では，ヨルダンの社会運動の歴史と2011年以降の帰結について，制度内・制度外政治の変遷を中心に整理した。現時点での結論から言えば，アラブ民族主義運動をはじめ，超国家的連帯を標榜した世俗主義社会運動は2011年時点ですでに小規模政党や組合運動に収斂しており，本章で扱った事例においても，政府との妥協という帰結を選択した。その意味で，今日，ヨルダンで超国家的連帯をイデオロギーの柱のひとつとし実際に動員を可能とする社会運動として生き残っているのはイスラーム主義運動のみであり，その中心は同胞団であった。

その同胞団にとって，本来の強みであった国際性は諸刃の剣となった。1990年代の対イスラエル和平をめぐる議論は，制度内・制度外双方の政治空間において同胞団とIAFのプレゼンスを強化したが，他方で政府―同胞団双方にとって妥協不可能な対立軸を生み出した。その過程で存在感を高めたIAFは制度内の政治において政府との対決姿勢を強め，それに引き込まれる形で同胞団も制度外の政治でIAFを補佐した。同胞団とIAFが政府との対決路線で足並みを揃えていたまさにその時，「アラブの春」と2011年のヨルダン民主化運動が始まったのである。民主化運動の初期段階において同胞団・IAFの両者は制度外の政治をいったん掌握したかに見えたが，本章で解説したように，ヨルダンにおける民主化運動の基盤は脆かった。ヨルダン政府は各集団との妥協を進める傍らで，体制基盤を脅かさないレベルでの政治改革，すなわち新たな包摂を推進した。

おそらく，2011年以前の段階では，シュウェドラーの「包摂―穏健化仮説」もある程度の説得力を持っていたのかもしれない。しかし上述の対立構造に加え，エジプトはじめ各地で同胞団運動全体のプレゼンスが一時的に高まった過程で，同胞団執行部は体制による包摂を全面拒否するという方針を貫き，逆に包摂を望む勢力は同胞団を離れて別組織を結成した。より同胞団にとって好ましい包摂が提示されたにもかかわらず，実際に起こったのは同胞団の穏健化ではなく，組織の分岐であった。ではなぜ，「包摂―穏健化」が機能しなくなったのか。少なくとも本章の分析から説明できることは，1989年以降の政治参加を通じて同胞団に内包されていた政治性と党派性が顕在化し，さらに対イスラエル和平や対テロ戦争そして「アラブの春」といった国論を揺るがす地域変動が同胞団・IAFの現実的な課題として俎上に載った結果，組織内部の対立を加速させたという現実である。ゆえに，シュウェドラーの仮説が誤っていたというよりは，民主化運動の成果として社会運動への政治参加と競争の機会が制度的に保障された結果，同胞団内部それぞれのグループが「改革」を始めるという「包摂―分岐」への変容を促したと見るべきであろう。加えて，同胞団の分裂，そして同胞団の一体性が揺らいだ間隙を突いて他の穏健なイスラーム主義勢力が健闘した事実に鑑みれば，本章の冒頭に挙げた，同胞団＝ヨルダンを代表するイスラーム主義運動にして最大の社会運動，というシュウェドラーと本章の共通認識もまた再考の余地があると言えよう。

ヨルダン国内での民主化運動が沈静化に向かうや，政府は徐々に同胞団抑圧政策に転じた。実はシュウェドラー自身も，アブドゥッラー２世国王自身の民主化への不寛容という不安要素に少し触れているが（Schwedler 2006：205），「アラブの春」という危機にあって，それは図らずも現実となった。相次ぐ分裂に加え政府からの圧力を受けて同胞団執行部が選んだ帰結とは，制度外政治における「自発的」な活動の抑制，また制度内政治においてはIAFよりも穏健な新党の結成であり，それらは超国家的連帯を標榜する過去の同胞団との（恐らくは一時的な）決別でもあった。他方，政府の同胞団への態度硬化の背景に，国際関係の変化，すなわちエジプトのクーデタに始まるアラブ諸国の反同胞団政策がどの程度作用したのかは，また別の機会に論じられるべきであろう。

ヨルダン政治全体の見通しについて，2011年民主化運動から2016年総選挙に至るまでの政治改革には，「アラブの春」の初期段階を乗り切った政府の自信（社会運動の包摂と排除）と不安（高まる民主化圧力）の両方が反映されていたといえる。比例代表制導入に伴い出現した様々な政党は全て体制への忠誠ないしは協調を基本路線としており，同胞団・IAF系の「改革」も例外ではない。これをもってヨルダンの体制安定と呼べるのかどうかはともかく，制度内・制度外政治における社会運動は再編期に入ったといえよう。

* 本研究は，科学研究費補助金「現代中東におけるイスラーム主義運動の動向と政治的帰結に関する比較理論研究」（基盤研究（B），課題番号16H05697，研究代表者：末近浩太，2016～2018年度），および「アラブ王制持続の総合的研究：ヨルダン・ハシミテ王国とその周辺空間を巡って」（基盤研究（C），課題番号17K02058，研究代表者：吉川卓郎，2017～2019年度）の成果の一部である。

注

1）本章の元になった2017年度日本比較政治学会分科会報告論文について，宮地隆廣氏，末近浩太氏，フロアから有益なコメントを得た。また本章の査読者からは，大変貴重な意見をいただいた。ここに記して謝意を示すものである。

2）詳細は，吉川（2014a）を参照。

3）「アラブの春」に関連した社会運動を扱った研究として，例えば大変動の発端となったチュニジアの国家—社会関係を分析した渡邊（2016），反政府デモが武装闘争へと変容する過程を詳述した青山（2012），またエジプトの事例を中心にイスラーム運動と民主政治の関係を問い直したClark（2012）等が挙げられる。

4）その他の研究，たとえばEl-Said（1995）およびStemmann（2010）では事例の紹介が中心であり，社会運動としての同胞団の動態を捉えられていない。

5）エジプトのムスリム同胞団運動とその帰結に関する研究では，横田（横田 2009；横田 2014）が詳しい。エジプトの同胞団政権の誕生から崩壊までのプロセスを分析した横田は，一連の混乱を通じて，国民の間で制度外政治が正統性を持ち「制度化」される問題を指摘した。

6）ヨルダンの抱えるリスク像については，吉川（2014b）を参照。

7）政治体制の詳細については，吉川（2014a）を参照。

8）青山らは，シリア，エジプト，イラク，レバノン，パレスチナ，ヨルダンから成る東アラブ諸国の歴史と「アラブの春」以降の情勢を「アラブの心臓」という視点から再考している（青山編 2014）。

9）ヨルダン憲法では，国王のみが首相と閣僚の任命と免職の権限を有する（憲法35条）。

10）バンナーの国家観については，北澤・髙岡・横田編訳（2015）の第3章を参照。

11）なお，イスラーム主義を標榜する社会勢力としてはより教条的な社会のイスラーム化を目指すサラフィー主義者（「解放党（Ḥizb al-taḥrīr）」や，急進的なウラマー）も挙げられるが，インフォーマルな性質や過激な言動から動員力が低く，本章では分析対象としていない。たとえば，かつてハーシム家王室の打倒を目指していた時期もあった解放党は，多くの政党が公認された1992年政党法においても合法性を認められなかった。そもそもヨルダンのサラフィー主義者が大衆動員を目指すか否かは当事者の間でも大きく意見が分かれているが，いずれにせよヨルダン建国以降に同国の制度内・制度外で大きな存在感を示した勢力は存在しない。上記の論争については，Wiktowicz（2001：144-146）が詳しい。

12）政治家一族の出身で若手テクノクラートの代表格でもあったリファーイーは経済特区の開発や構造改革による財政赤字の縮小を優先し，政治改革には消極的であった。

13）軍出身のバヒートは，総合情報庁長官や王宮府国王顧問などを務め，2005年から2007年にかけては首相として秩序の維持と危険分子の排除に辣腕をふるった一方，内政の権威主義化が進んだ。なおバヒート首相時代は，政府と同胞団の関係が最も悪化した時期と重なる（吉川 2014a）。

14）IAFは，バヒート内閣組閣の際に同胞団・IAFへの入閣打診があり，これを拒否したと発表した（*Al-Sabīl*, March 29, 2011）。

15）このうち学生運動については，ヨルダン総人口に占める割合の多さからも不釣り合いなほど規模が小さかった。カンティーニによれば，ヨルダンの主要大学には政府の監視網が行き届いており，かつては民族主義・左翼運動が排除の対象となった。

この過程で同胞団系学生運動が伸長したが，現在は部族系のみが活動の自由を保障されているという（Cantini 2016）。2011年民主化運動で学生運動が低調であった背景については，引き続き分析される必要があるだろう。

16）リンチが「ハッシュタグ抵抗」と呼んだインターネット短文投稿サービス等を利用した運動も盛んに政府への抵抗を呼び掛けたが，実際の動員力は一貫して低かった（Lynch 2012）。そもそもアラブ諸国の中でも比較的IT環境が自由であったヨルダンではネット上の民主化運動に新味がなかったうえ，匿名活動家の呼びかけに応じて体制との対立を選ぶリスクを冒す人間も少なかった（吉川 2014a）。

17）教員組合が公認されなかった主な理由は，規模の大きさである。当時，ヨルダンの教員数は教育省傘下だけでも10万人以上と他に比べ突出しており，影響力の大きさを警戒した政府は，教員の団結権を認めてこなかった。たとえば，2012年3月末に実施された教員組合役員選挙の有権者数は，約10万5000人である（*Jordan Times*, March 31, 2012）。

18）詳細は，Lust-Okar（2007）を参照

19）ヨルダン政府の公的な立場として，アブドゥッラー1世が正式に「即位」したのは英国委任統治領トランスヨルダンの王として戴冠した1923年5月25日である。この建国神話により，今日もヨルダンの独立記念日は5月25日となっている。詳細についてはPodeh（2011）を参照。

20）たとえば1958年には同胞団最高監督者がヨルダン政府によるバグダード条約機構加盟への試みを厳しく批判したし，1982年のシリア「ハマー暴動」に対し，同胞団はヨルダン国内で大規模な反シリア運動を展開した（Gharāiba 1997：67）

21）これらは，やはりバンナーらが考案したものであった。福祉や教育を通じた個人レベルの覚醒に始まる段階的な社会のイスラーム化は，各国の同胞団運動の基本的戦略である。詳細は横田（2009）を参照。

22）動員政党に関する議論は，Lust and Waldner（2016）を参照。左記においては代表例としてエジプト同胞団傘下の「自由公正党（Ḥizb al-Ḥurrīya wā al-ʻAdāla）」の事例を紹介しているが，IAFもこれに近い例といえる。

23）後に同胞団もこの路線に同調し，公共セクターのリストラを進める政府を「グローバル金融危機を新自由主義的政策で乗り切ろうとする政府は，民営化推進で経済危機を拡大させている」と批判している（*Al-Sabīl*, August 26, 2010）。

24）いくつかの同胞団・IAF幹部の話をまとめると，具体的には「議会の最大会派の，政府結成（tashkīl al-ḥukūma min akbar al-kutla al-niyābīya fī al-barlamān）」，いわば議院内閣制の確立を目指す内容であったといえる（*Al-Sabīl*, March 9, 2011）。

25）筆者によるインタビュー。アンマーンのワサト党本部にて，2013年９月13日実施。

26）筆者によるインタビュー。アンマーンのIAF本部にて，2013年９月13日実施。

27）同上インタビュー。

28）同胞団ホームページより。http://www.ikhwan-jor.com/Portals/Content/?info=YVdROU16RXlPU1p6YjNWeVkyVTlVM1ZpVUdGblpTWjBlWEJsUFRFbSt1.ikhwan，2017年７月６日アクセス。

29）同胞団は，エジプトのクーデタからわずか２週間後にアブドゥッラー国王がカイロを訪問したことを厳しく批判したが，デモや集会を含め，街頭の抗議行動は一切行っていない。詳細は同胞団ホームページを参照。http://www.ikhwan-jor.com/Portals/Content/?info=YVdROU16STRPU1p6YjNWeVkyVTlVMVZDVUVGSFJTWjBlWEJsUFRFbSt1.ikhwan，2013年７月20日アクセス。

30）*Ra'y al-Yawm*, March 18, 2015. http://www.raialyoum.com/?p=232346%3E，2017年５月１日アクセス。ベンドゥーキーは，ズナイバートの行動について，それに先立つバニールシード逮捕，すなわち改正反テロリズム法との関連を指摘している（Bendouki 2015）。

31）*Haaretz*. February 15, 2016. http://www.haaretz.com/middle-east-news/1.703577，2017年５月11日アクセス。

32）*Al-Jazeera*, June 6, 2016. http://www.aljazeera.net/news/reportsandinterviews/2016/6/6/%D8%AD%D9%85%D8%A7%D8%A6%D9%85-%D8%A5%D8%AE%D9%88%D8%A7%D9%86-%D8%A7%D9%84%D8%A3%D8%B1%D8%AF%D9%86-%D9%8A%D8%AD%D8%B1%D8%AC%D9%88%D9%86-%D8%AC%D9%85%D8%A7%D8%B9%D8%AA%D9%87%D9%85-%D8%A8%D8%AD%D8%B2%D8%A8-%D8%AC%D8%AF%D9%8A%D8%AF，2016年７月10日アクセス。

33）独立選挙委員会の公表した有権者数を，有効投票数で割ったもの。

34）同党の公式ホームページより。http://www.jabha.info/post/%D8%A7%D9%84%D8%B9%D9%85%D9%84-%D8%A7%D9%84%D8%A5%D8%B3%D9%84%D8%A7%D9%85%D9%8A-%D9%8A%D9%87%D9%8A%D8%A8-%D8%A8%D8%A7%D9%84%D8%B4%D8%B9%D8%A8-%D8%A7%D9%84%D8%A3%D8%B1%D8%AF%D9%86%D9%8A-%D8%AF，2016年９月19日アクセス。

35）*Al-Ghad*, August 16, 2017. http://www.alghad.com/articles/1779962-%D9%81%D9%88%D8%B2-%D8%A7%D9%84%D8%A5%D8%B3%D9%84%D8%A7%D9%85%D9%8A%D9%8A%D9%86-%D8%A8%D8%B1%D8%A6%D8%

A7%D8%B3%D8%A9-3-%D8%A8%D9%84%D8%AF%D9%8A%D8%A7%D8%AA-%D9%8825-%D9%85%D9%82%D8%B9%D8%AF%D8%A7-%D9%81%D9%8A-%D8%A7%D9%84%D9%84%D8%A7%D9%85%D8%B1%D9%83%D8%B2%D9%8A%D8%A9?todaydate=1502862085，2017年11月21日アクセス。

参考文献

青山弘之（2012）『混迷するシリア――歴史と政治構造から読み解く』岩波書店。

青山弘之編（2014）『「アラブの心臓」で何が起きているのか――現代中東の実像』岩波書店。

北澤義之・髙岡豊・横田貴之編訳（2015）『ムスリム同胞団の思想――ハサン・バンナー論考集（上）』岩波書店。

吉川卓郎（2007）『イスラーム政治と国民国家――エジプト・ヨルダンのムスリム同胞団の戦略』ナカニシヤ出版。

吉川卓郎（2014a）「『生存の政治』における政府―イスラーム運動関係――2011年民主化運動とヨルダンのムスリム同胞団」『アジア経済』55-1，アジア経済研究所。

吉川卓郎（2014b）「ヨルダン――紛争の被害者か，受益者か」青山弘之編『「アラブの心臓」で何が起きているのか――現代中東の実像』岩波書店，117-145頁。

久保慶一・末近浩太・高橋百合子（2016）『比較政治学の考え方』有斐閣。

末近浩太（2018）『イスラーム主義――もう一つの近代を構想する』岩波新書。

横田貴之（2009）『原理主義の潮流――ムスリム同胞団』山川出版社。

横田貴之（2014）「エジプト――二つの「革命」がもたらした虚像の再考」青山弘之編『「アラブの心臓」で何が起きているのか――現代中東の実像』岩波書店，1-28頁。

渡邊祥子（2016）「アラブの春とチュニジアの国家＝社会関係――歴史的視点から」松尾昌樹・岡野内正・吉川卓郎編『中東の新たな秩序』ミネルヴァ書房，105-123頁。

Abū Rummān, Muḥammad（2011）“al-Ikhwān al-Muslimūn mā b‘ad muqāṭ‘a Intikhābāt (2010)”（the Muslim Brotherhood after the National Elections 2010）. Amman：Markaz al-Dirāsāt al-Istrātijīya al-Jām‘īya al-Urdunīya.

Anderson, Betty S. (2005) *Nationalist Voices in Jordan : The Street and the State.* Austin：The University of Texas Press.

Bendouki, Neven. (2015) *The Muslim Brotherhood in Jordan : Time to Reform.* Doha：Brookings Doha Center.（https：//www.brookings.edu/wp-content/uploads/2016/06/en-muslim-brotherhood-in-jordan.pdf），2017年５月10日アクセス。

Bosi, Lorenzo, Marco Giugni, and Katrin Uba, eds. (2016) *The Consequences of Social Movements*. Cambridge : Cambridge University Press.

Boulby, Marion. (1998) *The Muslim Brotherhood and the Kings of Jordan 1945-1993*. Atlanta : Scholars Press.

Cantini, Daniele (2016) *Youth and Education in the Middle East : Shaping Identity and Politics in Jordan*. London and New York : I.B.Tauris.

Clark, Janine A. (2004) *Islam, Charity, and Activism : Middle-Class Networks and Social Welfare in Egypt, Jordan, and Yemen*. Bloomington : Indiana University Press.

Clark, Janine A. (2012) "Islamist Movements and Democratic Politics," In Brynen, Rex, Pete W. Moore, Bassel F. Salloukh and Marie-Joëlle Zahar, eds., *Beyond the Arab Spring : Authoritarianism and Democratization in the Arab World*. CO : Lynne Rienner Publishers.

El-Said, Sabah (1995) *Between Pragmatism and Ideology : The Muslim Brotherhood in Jordan, 1989-1994*. DC : The Washington Institute for Near East Policy.

Gharāiba, Ibrāhīm (1997) *Jamā'a al-Ikhwān al-Muslimīn fī al-Urdunn 1946-1996*. Amman : al-Urdun al-Jadid Research Center.

Lust, Ellen and David Waldner (2016) "Authoritarian Legacies and Post-Authoritarian Challenges in the Middle East and North Africa." In Nancy Bermeo and Deborah J. Yashar, eds., *Parties, Movements, and Democracy in the Developing World*. NY : Cambridge University Press.

Lust-Okar, Ellen (2007) "The Management of Opposition : Formal Structures of Contestation and Informal Political Manipulation in Egypt, Jordan, and Morocco." In Olivier Schlumberger, ed., *Debating Arab Authoritarianism : Dynamics and Durability in Nondemocratic Regimes*. CA : Stanford University Press.

Lynch, Marc (2012) *The Arab Uprising : The Unfinished Revolutions on the New Middle East*. New York : Public Affairs.

Podeh, Elie (2011) *The Politics of National Celebrations in the Arab Middle East*. New York : Cambridge University Press.

Schwedler, Jillian (2006) *Faith in Moderation : Islamist Parties in Jordan and Yemen*. NY : Cambridge University Press.

Schwedler, Jillian (2013) "Religion and Politics in the Middle East." In Jillian Schwedler, ed., *Understanding the Contemporary Middle East.* CO：Lynne Rienner Publishers, pp. 377-401.

Stemmann, Juan José Escobar (2010) "The Crossroads of Muslim Brothers in Jordan." In Barry Rubin, ed., *The Muslim Brotherhood : the Organization and Policies of a Global Islamist Movement.* NY：Palgrave McMillan. pp. 57-71.

Wiktrowicz, Quintan (2001) *The Management of Islamic Activism : Salafis, the Muslim Brotherhood, and State Power in Jordan.* Albany, NY：State University of New York Press.

（きっかわ・たくろう：立命館アジア太平洋大学）

CHAPTER 8

「分断社会」における危機克服のための言説のあり方
――韓国の朴槿恵政府の成立から弾劾事態までを事例として――

李　正吉［人間文化研究機構総合人間文化研究推進センター／
島根県立大学北東アジア地域研究センター］

1 「分断」と韓国民主主義との関係

第二次大戦後，朝鮮半島は，米・ソ両国によって分割統治された。その中で，米国の統治下にあった韓国は，自然に自由民主主義体制を導入するようになり，1948年８月15日，正式に政府を樹立した。その後，1950年６月25日～1953年７月27日まで，およそ３年間にわたる朝鮮戦争は，500万人以上の死亡者を出し，朝鮮半島での「分断」状況を完全に定着させた。

「分断」は，現代韓国政治の発展過程を規定してきた。たとえば，韓国において，自由，平等，および人権の価値を重視する自由民主主義は，その外見上の導入にもかかわらず，北朝鮮という脅威を理由として，「安保」よりも下位概念として取り扱われてきた。つまり，「分断」は，北朝鮮を理由にした支配勢力の「安保及び危機言説」に根拠を提供し続け，韓国における長期間の権威主義体制を可能にした。

その後，「安保及び危機言説＝権威主義体制の正当化」という等式は，1987年「６月抗争」をきっかけとして有効性を失い，韓国では，「分断」の下で競争と参加が保障された自由な選挙が定期的に実施されるようになった。これを本稿では，韓国政治の転換期と位置づける。

しかし，「分断」は，「６月抗争」当時，権威主義体制内勢力と対抗勢力との間におけるアジェンダ設定に影響を及ぼし，民主化の範囲を縮小させた。たとえば，1982年３月，軍部政権の下で，学生勢力は「反米反帝」および「社会経済的不平等への是正」という言説を掲げ，「釜山米文化院放火事件」を引き起こした。その後，上記の言説に労働者と在野勢力も合流したが，同じく対抗勢力陣営にあった野党の立場は，異なっていた。当時の野党は，体制転換をめぐる権威主義体制内勢力との対立が長期化する場合に，権威主義体制内勢力に「安保」不安を理由とした軍動員を可能にしてしまうという理由をもって，北朝鮮と関連づけられやすい「反米反帝」および「社会経済的不平等への是正」という議題の排除を求めつつ，「大統領直接選挙制への改憲」のみを主張したのである（李 2015；2016）。

「大統領直接選挙制への改憲」という議題は，民主化要求が最も沸騰していた1987年の権威主義体制内勢力にとって，受容しやすいものであった。それは，「選挙での敗北」という不安要素があっても，全ての既得権を失うことはないという権威主義体制内勢力の戦略があったからであった。実際，1987年12月16日に行われた民主化後の初の大統領選挙を見ると，軍部政権の二番目の実力者であった民主正義党の盧泰愚（ノテウ）氏が当選を果たす。しかも，1990年２月９日，民主正義党は，民主化運動を率いていた統一民主党と，朴正熙（パクチョンヒ）時代の遺産を受け継いだ新民主共和党との３党合党を通して，巨大与党（以下，民主自由党）を形成し，国会まで掌握するに至った。その後，民主自由党は，党名を変えつつも，金泳三（キムヨンサム），李明博（イミョンバク），そして朴槿恵（パククネ）政府を成立させ，民主化以前からの堅固な既得権を維持するだけではなく，韓国の代表的保守政党として，今日まで存続してきた。

一方，「６月抗争」の過程で排除された「社会経済的不平等問題」は，1997年IMF事態と2008年リーマンショックを経て，韓国社会に深刻な格差を拡大していった。たとえば，韓国における10大財閥の付加価値の生産がGDPに占める割合を見ると，1970年代に23.4％であったのが，2010年代に至っては48.5％まで増加している。これに対して，財閥への法人税率は，2002年に28％であったのが，2016年に至って12％まで引き下げられている。しかも，韓国の労働生産性は，2013年時点で，OECDの34カ国の中で25位にとどまっているだけではなく，６カ月以下の短期雇用の割合もOECDの国家の中で最も多い25％であった（経済・人文社会研究会 2012：68）。結局，これらのことは，90％以上の国民に深刻な格差社会に対する問題意識を持たせるに至った（経済・人文社会研究会 2012：148）。

この状況下で，2013年２月，「経済民主化」を掲げながら，新たに成立した朴槿恵政府は，民主化以後の保守政府と同じく，民主主義的正統性の危機に起因した政治的危機の際に，公約実践かつ責任政治を通した解決ではなく，「分断」状況を用いた「安保および危機」言説の動員を一貫して行っていった。その結果，取り込み不十分なままで長期間放置されていた「社会経済的不平等問題」に対する国民の不満は，朴槿恵政府に至って，臨界点に達し，1600万人以上の参加を促した「蝋燭革命」として噴出した。

本稿の目的は，現代韓国の政治発展上において最も多くの人々を動員した，この「蝋燭革命」の原因と，その政治的意義を明らかにすることである。その際，本稿は，朴槿恵政府の４年間のパフォーマンスのあり方に注目する。すなわち，朴政府が明確な実績もないにもかかわらず，平均40％以上という安定的支持率を維持した理由，および，それにもかかわらず史上初の現職大統領の罷免という事態がもたらされたというパラドックスを明らかにする。

2 朴槿恵弾劾事態をめぐる諸見解の意義と限界，そして言説分析の必要性

「蝋燭革命」は，1600万人の参加というその規模だけではなく，非常に平和的かつ秩序整然に行われた点で，世界的な注目を浴びた。このような高い関心を背景として，朴槿恵大統領弾劾事件と「蝋燭革命」を扱う有意義な学術論文も現れつつある。

その中で，韓国政治の構造的問題に焦点を当てた上で，朴槿恵弾劾事件を明らかにする研究として，木村（2017）とShin（2017）の研究を取り上げることができる。まず，木村は，「軍部政権の遺産＝強力な大統領権限」という等式を設定し，これが「87年民主化」当時に解決されなかったがゆ

えに，民主化後の歴代大統領に腐敗事件が相次いだと主張する。その際，彼は，韓国の歴代大統領の好んでいた「一民主義」に注目する。これは，多様な意思を尊重する民主主義とは両立できないものである。しかし，韓国の大統領は，「正しい民衆の意思」という名の下で，軍部政権の遺産でもある強い権限を用いて，それを選択かつ強要してきた。これは，当然，反対側の反発をもたらすが，民主化後も依然として強い権限を有する大統領には，それとともに高度のコミュニケーションと透明性が求められるようになっているという。そのため，意思疎通能力の不在という朴槿恵の統治スタイルと崔順実(チェスンシル)との個人的関係は，「弾劾および罷免」という大きな反発をもたらさざるを得なかったとされる（木村 2017)。

Shinも，「朴槿恵・崔順実ゲート」を通して，韓国の「民主主義の後退」の原因を探ろうとする。彼は，木村と同じく，未解決の過去の権威主義体制下における負の文化的遺産が自由な選挙と民主主義的制度の中でなおも残存することが，「民主主義の後退」を促していると主張する。ここで彼は，負の文化的遺産として，儒教文化から生まれた家父長的パターナリズム，階級主義，順応主義，そして集合主義などを取り上げ，それらが韓国の国民たちに根付いていたため，多様な意見の尊重を重視する民主主義の定着を阻害していると主張する。そして，それを証明するために全世代及び全領域を対象に行われたサーベイを取り上げている。結局，これらは，自由な選挙によって大統領となった朴槿恵を，法の支配を超えて君臨するようにし，彼女の側近たちと国民に，批判よりもひたすら順応を強要することで，今日，現職大統領の罷免事態をもたらしたという（Shin 2017)。

上記の二つの研究は，「87年民主化」以後にも解決されなかった韓国の構造的要素（権威主義的遺産）を緻密に突き詰めつつ，朴槿恵政府による腐敗事件および民主主義の逆行現象との有意義な連関性を分析する。だが，朴槿恵弾劾事件が主な研究動機であるにもかかわらず，いかに上記の構造的制約を乗り越えて，現職大統領の弾劾が可能であったかについては触れていない。

この問題は，次の研究がある程度解消している。たとえば，李クックウンは，朴槿恵大統領の弾劾の実現を，憲法政治の観点から説明した。彼によると，朴槿恵弾劾事件は，「87年体制」を最大限に活用して「87年体制」の退行を防いだ一大事件であるという。彼にとって，「87年体制」とは，産業化勢力（権威主義体制内勢力）と民主化勢力（対抗勢力）との妥協に基づいた権威主義的統治の放棄と持続的成長を追求する体制である（李 2017)。しかし，朴槿恵政権は，自分自身に与えられた政治的機会を「民主主義的統治，持続的成長」という時代精神の具現より，自らの権力基盤を強化することのみに用い，その過程で統治権力の行使方法が「87年体制」以前へ退行することになったという。そこで，市民たちは，「87年体制」の退行を防ぐために，蝋燭集会を行い，民主化以後に作られた憲法裁判所を用いて，現職大統領の罷免を実現したというのである。

次は，金ソンイルの場合，民主化以後の抵抗運動に焦点を当てつつ，朴槿恵弾劾事件の直接的動因となった「蝋燭革命」を，1987年「6月抗争」の遺産であると見なす。たとえば，「蝋燭革命」の系譜として，1987年「6月抗争」，2004年「盧武鉉弾劾反対集会」，2006年「韓米FTA反対集会」，そして2008年「米国産牛肉反対」などが取り上げられる（金 2017)。金によると，民主化以後，市民は，直接行動を通して，代議制民主主義の限界を乗り越え，自らの意見を表出してきた。とりわけ，一般的に共有している判断体系から外れた事件が発生すると，人々は，それを取り戻すために，広場での集会を行ってきたという。たとえば，「米国産牛肉反対」は，李明博政府の初期に見られた様々な問題と新自由主義政策に対する人々の怒りとによるものである。そして「朴槿恵弾劾事態」も，崔順実ゲートと大統領の無能がもたらした国家システムの崩壊に対する失望と憤怒が，現職大統領の罷免という集合的信念を作り出したのである。

最後に孫ホチョルは，朴槿恵弾劾事件の分析において，韓国政治の三層位を取り上げ，それが解決されず，長期間，蓄積されてきた国民の憤怒が臨界点に至り，ある小さなきっかけによって，爆発したという。第一層は，朴正熙体制と崔太敏による類似シャーマニズムである。第二層は，不完全な民主化と呼ばれている「87年憲政体制」である。そして，第三層は，「97年体制」として，IMF事態以後，積極的に推進した新自由主義政策がさらなる不平等を深化させたことを指す。孫は，これらの三層位の上に崔順実の娘である鄭ユラがSNSのフェイスブック上で，「庶民父母への卑下発言[1)]」をしたのが引き金となり，最終的に朴槿恵弾劾事件をもたらしたという（孫 2017）。

上記の三つの研究を見ると，朴槿恵大統領が弾劾された原因を突き詰める段階で，いずれも1987年に注目しているのがわかる。すなわち，これらの研究は「87年体制」の成立による民主化後の統治方法におけるバロメータの確立，「蝋燭革命」の本流としての1987年「６月抗争」，そして不完全な民主化としての「87年憲政体制」などを取り上げることで，「87年民主化」という経験が国民の民主主義的意識を高揚させ，崔順実ゲートに対する大規模の抵抗運動をもたらしたと論じるのである。

それにもかかわらず，本稿の疑問は，第18代大統領選挙当時，いかにして朴槿恵氏が国民の過半数の支持を獲得し，民主主義的正統性危機の中でも平均40％台という安定的支持を維持することができたのか，である。これは，ある程度，政府側の戦略が国民に通じたという証拠であり，国民も朴槿恵政府に期待かつ信頼があったということである。しかし，「崔順実ゲート」が露になる頃，政府側への信頼には亀裂が生じ，最終的に1600万人という国民が「蝋燭革命」に参加した。果たして，このような現象を，どのように説明できるのだろうか。

本稿は，その一つの方法として，何よりも当時の政府側の戦略とその変化過程に注目する必要があると考える。この過程を分析するために，本稿は，「言説分析」を用いる。言説分析は，政治的変化を説明するにおいて，従来の制度論（合理的選択制度論，歴史的制度論，社会学的制度論）が静態的分析に偏っていることに対する批判的対案として注目されている概念である（李 2010）。つまり，言説分析は，従来の制度論がアクターの意図的行為によって，利益，歴史的経路，規範が変化することを説明しきれない点に注目しつつ，アイディアおよびイデオロギーを独立変数として取り扱う（小野編 2009）。

ここで言説とは，特殊な目的の実現を狙っている定型化された言葉のことである。アクターは，この言説を通して，他者を自身の論理に従属させようとする。すなわち，本稿における「言説分析」とは，政治権力を有する者が一般国民からの支持と正当性を確保するために，マスメディアと国民に対して，特定のイシューを反復的に強調して働きかける側面，および，それに一般国民が納得し，他のイシューよりも関心を持つことで，政治的中枢への支持調達につながる側面という，二つの側面を含む一連の過程の分析をも含むものである（Iyengar et al. 1984；Iyengar and Kinder 1987；Miller and Krosnick 2000；姜・朴 1997）。

本稿で特に注目するのは，大統領の演説である。韓国の大統領には，国家元首として国軍統帥権，行政，立法，司法に対する人事権と影響力を有するほど，あらゆる権限が集中している。そのため，韓国社会では「帝王的大統領制」という批判的用語が流行っているほどである。このように，韓国の大統領は，あらゆる分野の頂点にあるため，大統領の演説と動静は，当然，マスメディアのメイン・ニュースとなるだけではなく，国民も大統領演説に基づいて，政府のパフォーマンスを判断し，支持・不支持を決める。さらに，支持率は，「87年民主化」以後の韓国大統領にとって，最も重要な政治的資源であり，それを通して，大統領の地位と影響力により正当性が付加される（Neustadt 1990）。

本稿は，朴槿恵政府の言説形成及び変化過程を分析し，彼女が当時の朝鮮半島の情勢をどのように捉え，いかにそれが韓国政治を規定したかを分析していく。本稿における言説形成及び変化過程は，構造的状況に対するアクターの解釈と，それが一定の支持を得て，一つの言説として定着していく過程を指す。ここで構造，アクター，そして言説の関係を見ると，次のようである。すなわち，構造は，客観的に実在するものの，ひたすら言説が構造に規定されるのではない。そうではなく，いかにアクターが構造を解釈したかによって，用いられる言説も異なってくる。また，言説は単にアクターによって用いられるだけではなく，用いられた言説が今度は，アクターの行動を規定する（Neitzel&Welzer 2011）。たとえば，朴槿恵政府がたとえ「構造」（朝鮮半島の情勢悪化）に規定された「安保および危機」言説を動員しても，それが国民の求める政策課題とかけ離れている場合，支持率上昇にはつながらない（朴 2013）。そこで，朴槿恵政府は支持率を上昇させるために，より国民に受け入れられ得る立場と政策を推し進めようとする。その過程で，当初は構造に規定されているように見えた既存の言説が変化するだけでなく，朴槿恵政府に対する国民の信頼にも変化が生じる。

本稿は，上記の観点に基づいて，朴槿恵政府の支持率が下落していく際に，危機克服のために使用されている「北朝鮮」「核問題」「ミサイル」「脅威」などの安保関連の単語がどれほど多くなっているか，そして，それが支持率上昇にどれほど有効であるかに注目する。その上，朴槿恵政府の4年間を成立・安定期，動揺期，そして崩壊期という時期区分をしていく。

3　朴槿恵政府の成立背景と4年間のパフォーマンス

2017年5月9日，韓国では弾劾事態による早期大統領選挙が実施され，第一野党（ともに民主党）の文在寅（ムンジェイン）氏が当選を果たした。翌日，第19代大統領就任式にて彼は，新しい大統領としてのビジョンを演説する。演説の中で，出現回数の多い順に50の単語（キーワード）を整理したものが，図1である。

演説文の後半部を見ると，「約束（公約）」，「信頼」，「政治発展」，「嘘」，「世論」，そして「覆い隠す」という単語が目立ち，事実上，朴槿恵政府の4年間に対する総合的評価が行われているのがわかる。以下は，その原文

図1　第19代大統領就任式の文在寅演説文

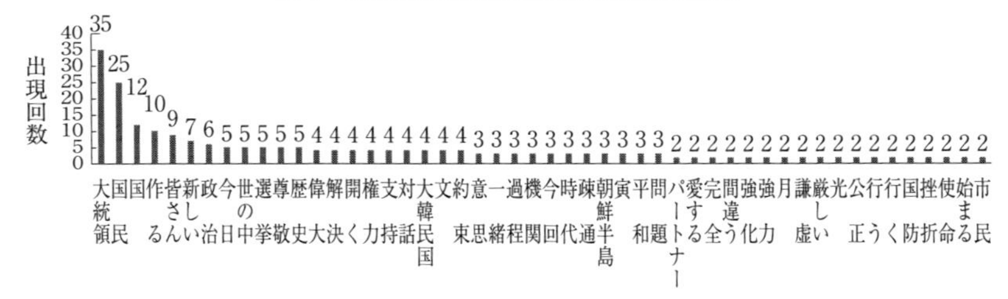

出典：以下，本章の図は全て筆者作成。

である。

「(前略) 約束を守る率直な大統領になる。選挙過程で私が言った約束を細かく実行していく。大統領がまず，信頼される政治を率先してこそ，本当の政治発展が可能だ。不可能なことをすると豪語しない。間違ったことは間違ったと申し上げる。嘘で不利な世論を覆い隠すことはしない。公正な大統領となる。(後略)[2)]」

朴槿恵氏は，2012年12月19日，韓国の第18代大統領選挙として当選した。彼女の当選要因は，以下の四つにまとめられる。

第一に，韓国の高度経済成長を導いた朴正熙元大統領の後継者としての政治的遺産である。これは，「経済成長および増税なき経済民主化」という彼女の公約を，国民にとってより信頼できるものにする効果があった。第二には，政治争点の希釈化である。大統領選挙当時，朴槿恵氏の率いていた政党（以下，セヌリ党）は，「北朝鮮に対する強力な制裁」と「市場経済」を最優先とする保守政党でありながらも，自身の綱領と反する「朝鮮半島における信頼プロセス」と「経済民主化」を積極的に主張した。これは，公約実践よりも，革新陣営との政策上の対立を希薄化しようとする狙いがあった。第三には，「87年民主化」以後に露呈し始めた大統領単任制の弊害を取り上げることができる。元々この制度は，独裁を防止するためのものであった。しかし，大統領選挙の際に，前政府に対する責任追及を困難にする短所があった。たとえば，第18代大統領選挙当時は，同じ政党所属の李明博政府に対する国民の不満が高まり，野党への政権交代が予想されていた。しかし，朴槿恵氏は李明博政府との断絶を意味する党名変更を通して，見事に国民からの責任追及を避けることができた。第四には，国家機関の選挙介入である。これは，第18代大統領選挙の際，国家情報院の主導の下で，当時の競争候補者であった文在寅氏に対するインターネット上の誹謗書き込みが，組織的に行われたことである。

上記の当選要因は，早くも朴槿恵政府の民主主義的正統性を揺るがすとともに，支持率下落をもたらした。

しかし，朴槿恵氏は，そのたびに処方箋として，「安保および危機」言説を動員し，自分に向けられていた国民的批判を退けていった。これは，民主化以後の韓国政治において，政治的危機の際に，公約実践と責任政治を通したその根本的かつ民主主義的な克服ではなく，特定の敵もしくは危機の存在を動員することで，国民の危機意識を煽り立て，支持調達を行うような保守政権の典型的方法であった。以下では，このような保守政権の方法を，「危機克服メカニズム」と呼ぶ。その際，危機の素材として用いられたのが，北朝鮮の核・ミサイル挑発と経済危機であった（Baker and Oneal 2001；Brody and Page 1975；Eichenberg et al. 2006；Erikson and Tedin 2010；Hetherington and Nelson 2003；Lee 1977；Mueller 1973；Norpoth 1984）。

図２　朴槿恵政府における民主主義の正統性危機

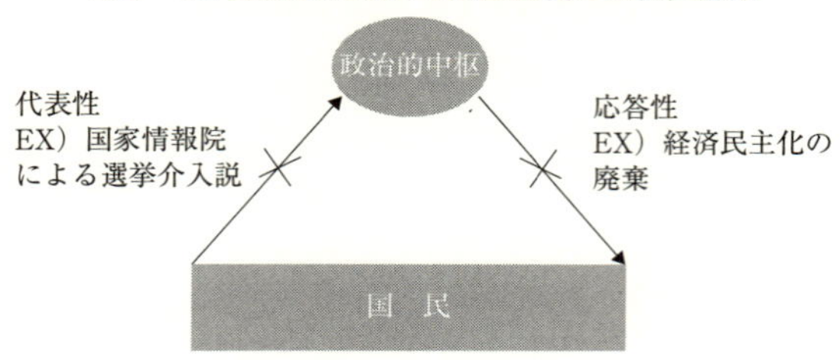

こうして朴槿恵氏は，民主主義的正統性危機の中でも，平均40％台という高い支持率を維持する。つまり，朴槿恵政府は，政治的危機の際，自分にとって，最も自信のある北朝鮮および安保イシューを選択し，強調かつ反復を通して，国民の関心を喚起させてきたのである。（Iyengar et al. 1984；Iyengar and Kinder 1987；Miller and Krosnick 2000）しかし，2016年10月「崔順実ゲート事件」が明るみになる頃，支持率は急落し，史上初の現職大統領の罷免事態をもたらした。次節では，朴槿恵政府の4年間に注目しつつ，なぜ危機克服メカニズムの有効性が喪失したのか，そして，いかに1600万人という国民が「蝋燭革命」に参加することになったかを，「成立・安定期」，「動揺期」，そして「崩壊期」に分けて，解答を探ることにする。

4　朴槿恵政府における危機克服メカニズムの成立・安定期

2013年2月25日～2014年4月16日までは，朴槿恵政府の危機克服メカニズムの成立・安定期といえる。その理由は，この時期に朴槿恵政府の正統性を揺るがすいくつかの事件があったにもかかわらず，「分断」状況を理由とした「安保および危機」言説を通して，円滑な支持調達が可能だったからである。

2013年2月25日，朴槿恵氏は，韓国の第18代大統領として就任した。就任式の演説文を見ると，主に国民に対するビジョンや政策提示がほとんどであった。たとえば，最も頻繁に使われている単語として「国民」「時代」「幸福」「開く」「成す」「発展」「希望」「復興」「安全」がある（図3）。ここから窺われるのは，朴槿恵氏の政治的遺産でもある朴正熙元大統領の後継者というイメージを最大限に活用していることと，それを通して，再び韓国に産業化時代の経済成長をもたらすというメッセージである。そして，その具体的方法としては，「創造経済と経済民主化」を通して，国民幸福時代を開き，「個々人の夢，技術，能力，力量が発揮できるように支援す

図３　第18代大統領就任式の朴槿恵演説文

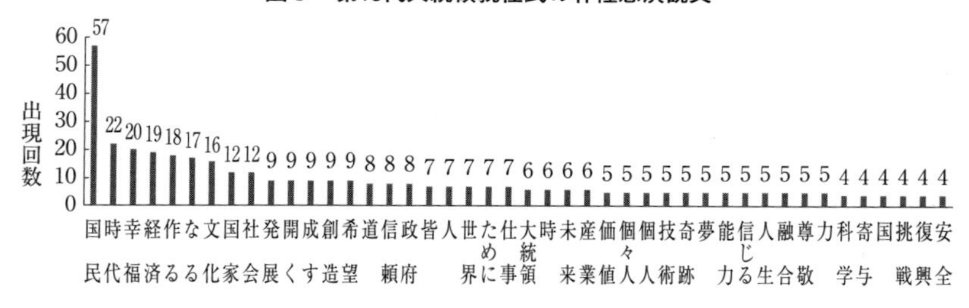

る」ということであった。[3]

この時期の朴槿恵政府は，政権初期のハネムーン効果（honeymoon effect）もあり，反対側の国民も新しい政府に期待し，当選直後の支持率（52％）を８％も上回っていた（Erickson and Tedin 2010；Kernell 1978；Mueller 1970；Norpoth 1996)。しかし，まもなく，人事惨事[4]から見られた朴大統領自身の意思疎通能力と国家情報院の大統領選挙介入に対する問題提起は，一気に朴政府の支持率を40％まで急落させた。

しかし，2013年２月と４月，北朝鮮による第３次核実験と開城工団の一時閉鎖が行われる。後ほど，これは，朴槿恵大統領の意思疎通問題と，国家情報院の大統領選挙介入疑惑に対する不利な世論を覆い隠す機会となった。

たとえば，停戦60周年記念辞で使われていた朴大統領の主要単語は「平和」「ために」「朝鮮半島」「国民」「努力」「自由」「作る」「北朝鮮」「守る」「止める」「信頼」「放棄」「戦争」「DMZ」「挑発」「公園」「構築」「重武装」などである（図４）。これは「政府が朝鮮半島の平和と国民の自由を守るために，北朝鮮の戦争挑発行為を放棄させることに取り組んでいる」ということである[5]。つまり，朴政府は，北朝鮮および安保関連イシューを強調しながら，国民に対しては，現在の危機的状況を政府が適切に管理しているとアピールしていた。これを通して，朴槿恵大統領は，就任直後，40％に落ちていた支持率を52％まで回復させることができた。

その効果を認識したためか，2013年９月，朴槿恵政府は，経済民主化と

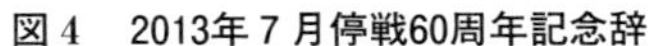
図4　2013年7月停戦60周年記念辞

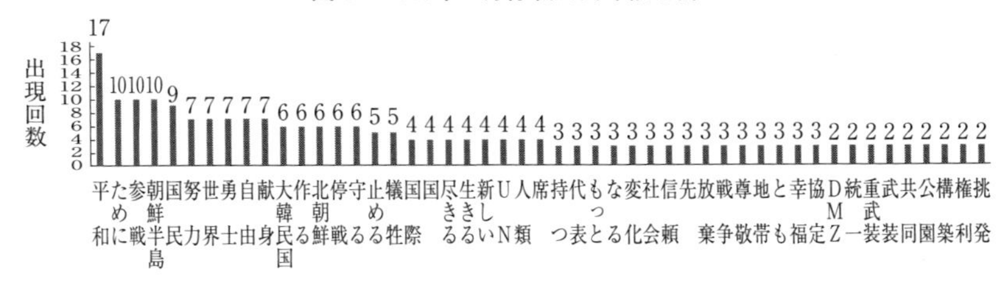

図5　2013年10月朴槿恵大統領国会演説

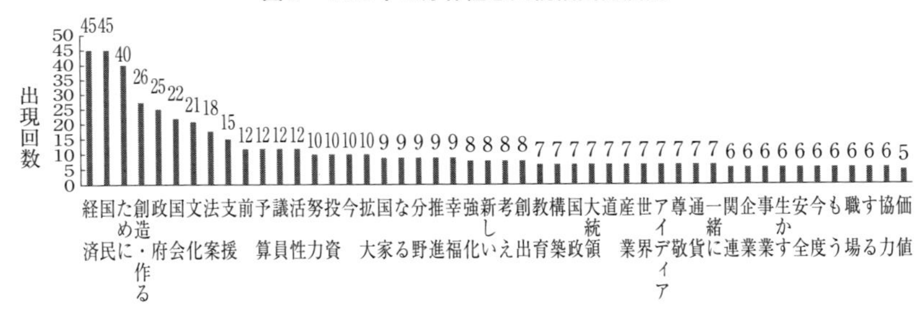

いう公約も廃棄し，保守政府本来の立場へと復帰する。そもそも朴槿恵氏は，第18代大統領選挙当時，大多数の民意であった経済民主化の受け皿になるために，所属政党の綱領と背馳するリスクを冒しつつも，経済民主化を主要公約として採択したのである。

経済民主化の廃棄宣言以後，朴大統領の国会演説を見ると，経済民主化の代わりに「創造経済と文化隆盛」を強調することが目立つ。図5で10月の国会演説における頻出単語を整理したとおりである。たとえば，彼女は「創造経済と文化隆盛に基づいて，経済活性化に取り組んできた」と主張した上，「国民幸福時代を開くために，個々人のアイディアが企業を生かし，彼らが自由に事業もできるように支援」するという。そして，その方法として「規制緩和，ベンチャー企業の育成，中小企業の活性化，そして観光資源の開発」を取り上げ[6]，再び市場経済重視への回帰を明らかにしたのである。

当然，公約廃棄は，支持率低下（48％）をもたらす。そこで，朴槿恵大

図6　2014年朴槿恵大統領新年記者会見

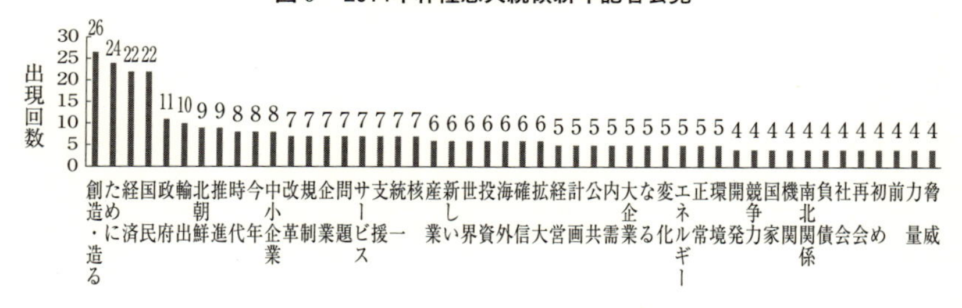

統領は，再び新年記者会見で「安保および危機」言説を動員する。

その記者会見で目立っているのは，経済関連の単語とともに「北朝鮮」「核」「南北関係」「脅威」「統一」といった安保関連の単語がかなりの頻度で用いられていることである（図6）。これは，2013年2月12日にあった第3次核実験と，12月12日にあった張成澤の処刑などを根拠としつつ，朝鮮半島が戦争脅威や核脅威という予測不可能な状況に陥っているという主張である[7)]。これは，再び朴大統領の支持率を50％台へ回復させる。

さらに2014年3月28日，朴大統領は，ドイツ訪問中にドレスデン大学で演説を行う。ここでは主に，「北朝鮮」「統一」「南北関係」「平和」「朝鮮半島」「核」「開発」「分断」「離散家族」「DMZ」「東北アジア」などの北朝鮮および安保関連の単語が中心的に取り扱われた（図7）。これは，朝鮮半島と東北アジアの平和のためには，北朝鮮との統一が必要であること。そして朝鮮半島の「分断」によって，未だに多くの離散家族がつらい思いで生きている。それにもかかわらず，未だに北朝鮮は，核開発を進めていて，世界平和に大きな脅威を与えていると主張する[8)]。

「ドレスデン宣言」とも呼ばれる上記の演説は，いつもとは違って，「北朝鮮」という単語が圧倒的に多く占められているのが特徴である。これは，当時の「国家情報院による大統領選挙への介入問題」と「経済民主化の廃棄」という朴槿恵政府における民主主義的正統性危機，そしてそれに対する批判的世論を覆い隠すことに有効であった。

ドレスデン宣言以後，朴大統領の支持率は，63％まで反騰する。その理

図7　2014年朴槿恵大統領のドレスデン宣言

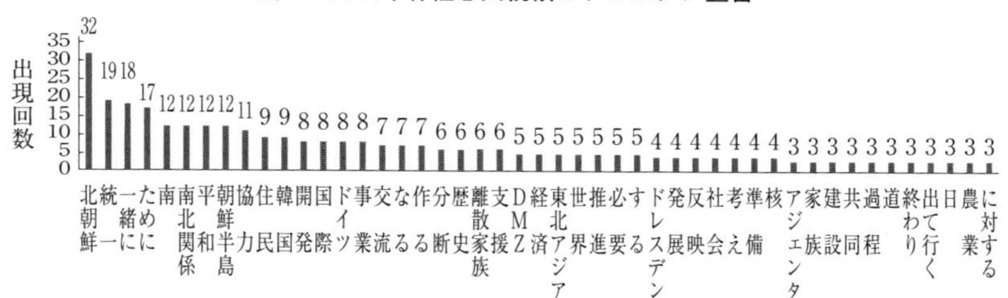

由は，そもそも平和，統一，離散家族，そして核脅威という政治的議題が，支持勢力と反対勢力を問わず，全ての国民に共有されているからである。しかも，朴大統領は，自分にとって最も自信のある「北朝鮮」というイシューを強調し，それをマスメディアも繰り返し取り扱うことで，国民にとって，朴槿恵政府が良いパフォーマンスを見せているという判断基準を提供したのである。

以上，危機克服メカニズムの成立・安定期を見ると，朴大統領が政治的危機の際にも，構造的状況（「分断」）が適切に根拠を提示したことと，そして，それに基づいた「安保および危機」言説の動員を通じて，円滑な支持調達が行われていたことが分かる。

5　朴槿恵政府における危機克服メカニズムの動揺期

危機克服メカニズムの成立・安定期において，朴槿恵政府は，「安保および危機」言説の動員を通して，自分自身の民主主義的正統性危機を安定的に克服していった。しかし，2014年４月16日以後，上記のメカニズムには，亀裂が生じはじめる。たとえば，「安保および危機」言説の動員を通した支持率回復かつ効果は，安定期に比べて，著しく廃れていった。そこで，朴槿恵政府は，北朝鮮および安保という特定イシューに加えて，新しいイシューを強調する。これは，危機克服メカニズムそのものが動揺していることを意味する。

2014年４月16日，朴槿恵政府は，予想もしなかった「セウォル号沈没事件」と遭遇する。この事故は，304人の死亡者を出す悲惨なものであった。しかし，問題は，事故の悲惨さそのものにとどまらず，テレビ中継を通して，何の救助活動もしないまま，船が沈没していく現場を全国民が目撃したことである。これは，大多数の国民に若い高校生たちが死んでいても，自分は何もできなかったという無気力感とトラウマを与えるとともに，無能な政府に対する問題意識をもたらした。しかも，事故当日，朴大統領は７時間も行方不明になり，まともな対策会議や救助指示もしていなかったことで，国民的憤怒はエスカレートしていった。それは，国民の安全を強調し，「安保」を掲げていた朴槿恵政府の言説が，単に自分自身の政治的危機を脱するためのその場しのぎの対応に過ぎなかったことを明らかにしたのである。これを証明するように，セウォル号沈没事故の後，朴政権の支持率は，48％に急落する。

そこで，朴大統領は，事故発生の１カ月後，特別談話を行った。この談話で主に使われていた単語は，「安全」「事故」「災難」「社会」「構造」「公務員」「癒着」「慣行」「海洋警察」である（図８）。たとえば，同談話において朴大統領は，事故の根本的原因は，船舶管理を担当する公務員と船舶会社が癒着し，退職した公務員が再び船舶会社へ再就職することで，互いの不法行為を庇う慣行があったからであると指摘する[9]。

しかし，朴大統領は，事故当日，国家の最高責任者として，７時間の間，緊急会議は言うまでもなく，事故の具体的状況すらも把握していなかったこと。そこで，政府が災害コントロールタワーとしての役割ができなかったことに対する一言の謝罪もしていない。結局，このような状況認識と態度は，後ほど，政府刷新のための組閣にも現れ[10]，2014年７月に至ると，朴槿恵政府の出帆以来，初めて30％台後半まで下落する。

さらに2014年11月末，セウォル号沈没事故に対する政府の無能への国民の批判が収まっていない時期に，鄭潤会（チョンユンフェ）国政介入疑惑が露わになった。鄭氏は，朴大統領が国会議員であった時代に秘書室長を勤めた最側近であ

図8　2014年朴槿恵大統領セウォル号特別談話

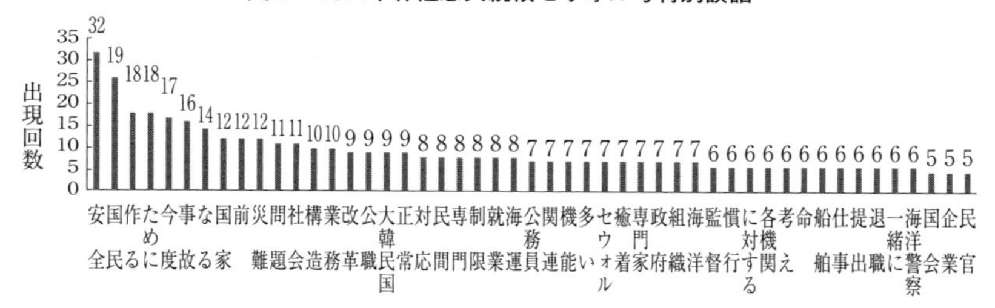

り，崔順実の夫でもある。要するに疑惑の内容は，鄭氏が，毎月1回，定期的に大統領秘書官たちと会合を設け，国家政策について話し合ったことである。しかし，問題はそこに止まらなかった。鄭氏の国政介入事実を告発した内部監察の報告文が外部に流出し，それを世界日報が報道したのである。結局，それに対して，検察は嫌疑なしといい，朴大統領も，内部文書の流出そのものが公職綱紀の乱れと見なし，鄭氏による国政介入を覆い隠すに至る。

こうして迎えた2015年新年記者会見において，朴大統領は，再び「安保および危機」言説を動員しはじめる。そこで使われていた主要単語は「経済」「国民」「ために」「文化」「創造」「産業」「成長」「輸出」「支援」「統一」などである（図9）。そして図9には示されていないが「北朝鮮」「力」「集める」「危機」などの安保関連の単語が，経済関連の単語に比べて4対1の割合で使われていた[11)]。

その後，朴槿恵政府に対する支持率は，43％まで回復した。しかし，2014年9月のタバコ税の引上げ，税法改正を通した年末精算での増税，そして，李完九（イワング）新任国務総理候補者の言論に対する脅迫内容の録音ファイルの公開によって，一時的現象に止まり，再び朴政府の支持率は34％に急落した。

このようにセウォル号沈没事故の後，危機克服メカニズムに亀裂が深まっていった時期に，再び国民の安全に対する朴槿恵政府の真意を問い直す事件が発生する。2015年5月，韓国において，MERS（中東呼吸器症候

図9　2015年朴槿恵大統領新年記者会見

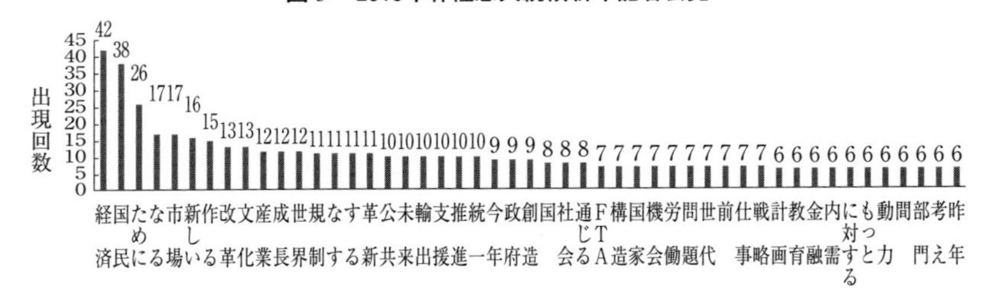

群）患者が出始め，同年11月まで，莫大な規模で拡散されるといった事態が発生した。その過程において，政府は，国民の不安を理由にして，MERSによる院内感染拡大の発端となった三星（サムスン）病院に対する情報を公開せず，より事態を悪化させてしまう[12)]。これは，再び危機管理に対する無能な政府という批判とともに，支持率下落（29％）をもたらす。

しかし，2015年8月4日，DMZ（非武装地帯）の韓国側地域で，北朝鮮によって設置されたと疑われる木箱地雷が爆発し，韓国兵2人が負傷した。その後，朴大統領の演説を見ると，主に「経済」「北朝鮮」「平和」「文化」「創造」「南北」「統一」「朝鮮半島」「挑発」「分断」「DMZ」という単語が使われている（図10）。特に「北朝鮮および安保関連」の単語と「経済関連」の単語との割合がほぼ対等であるのが目立つ。たとえば，朴大統領は，創造経済と文化興隆を通した成長を成し遂げる一方，北朝鮮の脅威および挑発に対する断固とした対応を通して，「分断」下の朝鮮半島に平和を定着させるということである[13)]。このような「安保および危機」言説の動員は，一時，支持率下落にブレーキをかけ，2015年10月には，40％台まで回復させた。

さらに2015年10月末の国会施政演説において，朴大統領は，従来どおりに経済・安保イシューを強調する一方で，これまで触れてなかった歴史イシューを前面に出しはじめた。たとえば，朴大統領は，「非正常の正常化」を取り上げつつ，学生たちが正しい歴史認識を身につけるためには，既存の左側に偏っている歴史教科書を国定歴史教科書に変える必要があると力

図10 2015年8・15記念辞

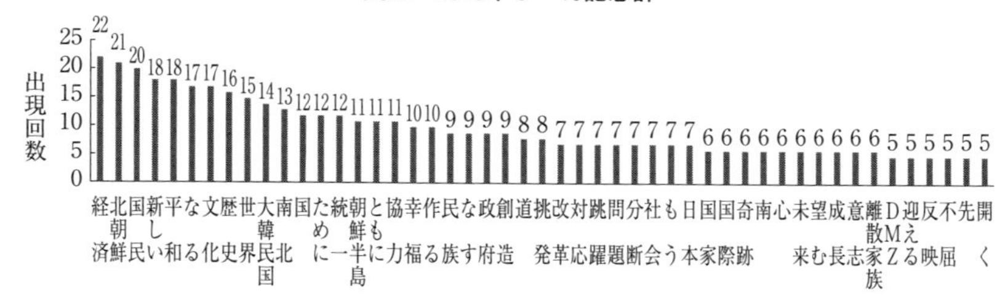

説した（図11）[14]。つまり，朴大統領は，セウォル号沈没事件，鄭潤会国政介入疑惑，そしてMERS事態に対する国民からの問題提起と批判そのものを左偏向の歴史教科書による教育のせいであると見なしたのである。

このような朴大統領の状況認識と歴史認識は，後に「示威鎮圧による白（ペク）南基（ナムキ）氏死亡事件」と「慰安婦問題日韓合意」という結果をもたらす。まず，「白南基氏死亡事件」とは，2015年11月14日，国定歴史教科書問題，セウォル号沈没事件の真相究明，農民問題，貧困問題，そして朴槿恵政府の労働政策に対する抗議のために，第一次大韓民国民衆総決起が催されたが，そこに参加していた白南基氏の顔に向かって警察が撒水砲を撃ち続け，脳出血により意識不明にした事件である。第二に「慰安婦問題日韓合意」については，被害者たちと国民には，いかなる説明も合意形成の試みも行わず，突然，2015年12月28日，政府関係者同士で「最終的かつ不可逆的合意をした」とマスコミで発表したのである。

動揺期における朴槿恵政府の言説変化を見ると，セウォル号以後にも，安定期と同じく「安保および危機」言説を動員するが，その効果は著しく後退している。そこで，朴大統領は，より支持率を引き上げるために，新たに「歴史問題」を加えるなどの手段を通じて，従来の危機克服メカニズムに変化をもたらすことにある程度成功した。しかし，安定期のような劇的な支持率の上昇効果は，見られなかった。

図11　2015年10月朴槿恵大統領国会施政演説

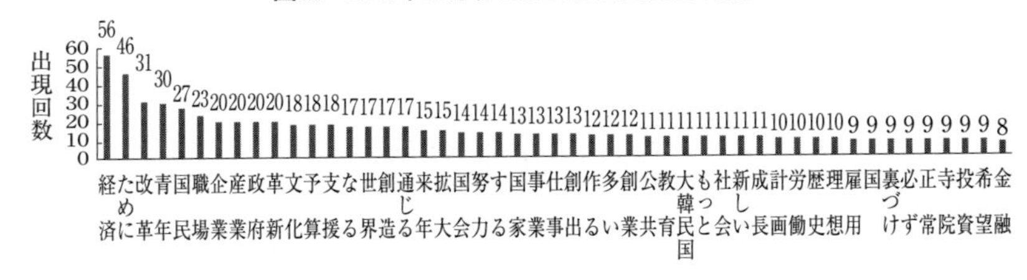

6　朴槿恵政府における危機克服メカニズムの崩壊期

危機克服メカニズムの動揺期の場合，安定期に比べて，支持率の反騰が大きく現れなかったとしても，朴槿恵政府の政治的危機の際，自ら選択した北朝鮮および安保イシューが構造的領域から根拠づけられ，微弱でありながらも，支持率上昇に肯定的影響を及ぼした。しかし，それが崩壊期に至ると，いくら構造的領域（「分断」）からの根拠提示と危機克服メカニズムそのものに変化を加えても，「安保および危機」言説に対する国民の信頼が回復しなくなる。こうして，朴槿恵政府は，「安保および危機」言説の信頼性を高めるために，より強硬な対北メッセージと措置を行う。しかし，すでに崩壊期における国民的関心は，「安保イシュー」から「社会不平等の是正および民主主義の回復」へシフトし，いくら構造的領域（「分断」）から根拠が提供されても，朴大統領自身の支持率上昇に何の影響ももたらすことができなかったのである。

2016年1月6日，再び北朝鮮による第4次核実験が行われた。これは，朴槿恵政府にとって2015年8月の木箱地雷挑発と同じく，朴大統領自身の失政に対する批判的世論を封じ込めるための機会でもあった。

実際に，それに対する朴大統領の新年談話演説文を見ると，「経済」関連の単語よりも，主に「北朝鮮」「危機」「核」「実験」「テロ」「厳しい」「挑発」「安保」という単語が多く用いられているのがわかる（図12）。つ

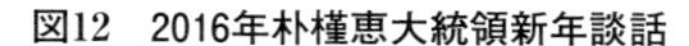
図12　2016年朴槿恵大統領新年談話

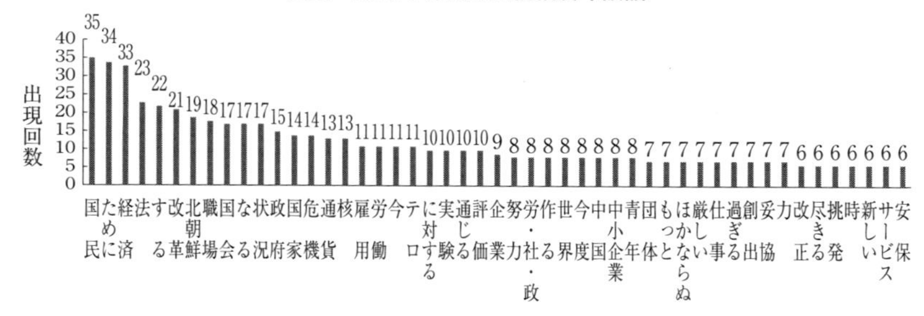

図13　2016年2月朴槿恵大統領国会特別演説

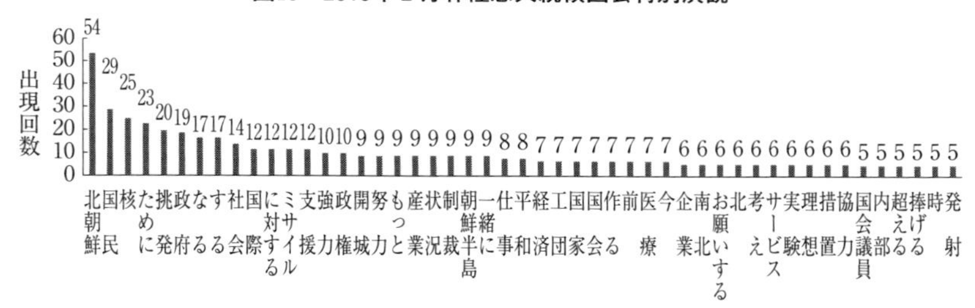

まり，朴大統領は，韓国が「世界経済危機および北核危機」という国家的危機に直面しているがゆえに，北朝鮮の安保挑発とテロ防止のための法案が必要なのだということを力説したのである。[15)]

さらに，2016年2月10日，朴大統領は突然，開城工団の閉鎖を発表するに至る。当日の朴大統領の特別演説は，圧倒的に「北朝鮮」「核」「実験」「挑発」「ミサイル」「発射」「開城（ケソン）」「工団」「制裁」「朝鮮半島」といった北朝鮮関連の単語によって占められていた（図13）。たとえば，朴大統領は，北朝鮮による核およびミサイルの挑発を防ぐために最も強力な措置が必要になり，その一環として，開城工団の中断が選択されたと力説している。[16)] このような北朝鮮による核実験と，それと関連した「安保および危機」言説の動員，そして強硬な措置は，支持率を３％程度引き上げるなど，一見，朴大統領の支持率下落に歯止めをかけたかのように見える。しかし，

図14　2016年3・1節記念演説

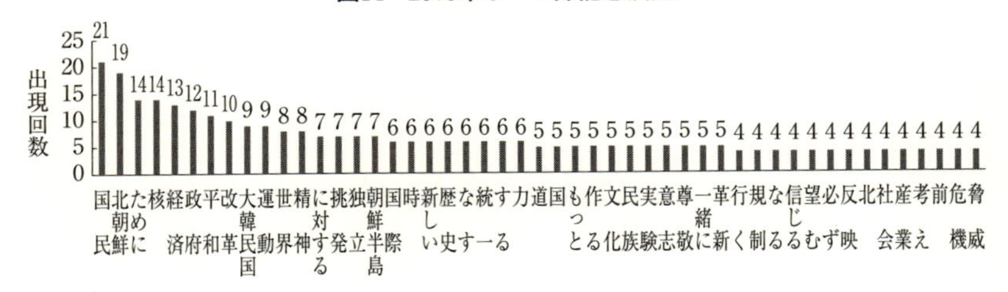

それは最後の支持率上昇であった。

一方，2016年4月13日には，朴槿恵政府にとって最後の国会議員総選挙が行われた。しかし，朴政府は，2016年2月頃にあった政府与党の公認候補の選出過程に積極的に介入し，朴大統領と対立していた現役議員たちへの公認候補指名を取り下げるとともに，親朴勢力のみを立候補させたのである。

その後，朴大統領は，2月の特別演説に引き続き，抗日独立運動記念日である3月1日の演説でも，「北朝鮮」「核」「挑発」「朝鮮半島」「実験」「危機」「脅威」などの安保関連の単語をより頻繁に用いるようになる（図14）。たとえば，その内容を見ると，北朝鮮による核挑発もしくはミサイル発射の脅威は，世界平和と韓国の安全を脅かしているということであった。[17)]

このように危機克服メカニズムの崩壊期に入って，朴大統領が「安保および危機」言説を頻繁かつ強硬に使っているのは，4月予定の国会議員総選挙で過半数以上の議席を獲得しない限り，「安保および危機」言説によって，辛うじて維持してきた自分自身の権力基盤かつ政局運営に大きい亀裂と支障をもたらしかねなかったからである。

しかし，4・13総選挙において，政府与党は，過半数どころか，国会内の第一党の位置も野党に奪われてしまった。それとともに，朴大統領の支持率も30％台に下落し，二度と40％台へ回復することができなかった。つまり，総選挙での敗北をきっかけとして，朴大統領の権力基盤にも亀裂が生じ，任期が2年近く残っている彼女は，早くもレームダック（lame duck）に直面したのである。その例として，総選挙以後から大統領側近の腐敗問題が本格的に明るみに出たことが取り上げられる。

しかし，朴大統領は，民意を反映した上で，徹底的な反省と刷新を行うよりも，依然として，「安保および危機」言説を動員することによって，自分に不利な世論をもう一度反転させることに取り組んでいた。

まず，2016年7月18日に大統領民政主席秘書官であった禹柄宇（ウビョンウ）氏の公職腐敗が明るみに出始めた。彼は，民政主席という地位を利用して，検察庁，警察庁，そして国家情報院などの査定機関に自分の人脈たちを配置することで，崔順実ゲートを覆い隠すことに資し，様々な私利私欲を満たしたと疑われていた。たとえば，彼は，自分の相続した土地をNEXENという会社に高く購入させ，結果的にその会社に3億円近くの損害をもたらした。また，彼の息子が警察庁で兵役を遂行した際，警察庁が様々な規定違反を冒しつつも，禹柄宇氏の息子を楽な部署に配置させたという疑惑も相次いだ。

第二に，2016年9月20日，ハンギョレ新聞で朴槿恵氏の親友である崔順実氏（鄭潤会の妻）が，K-Sports財団とミル財団の設立過程で，各企業から支援金という名目で巨額の資金を拠出させたことが報道された。これは，10月24日，JTBCが「崔順実による大統領演説文の事前流出及び事前閲覧」と「鄭ユラ氏（崔順実の娘）の梨花女子大学への不正入学」を報道することで，崔順実ゲートという国家的スキャンダルへ拡大された。

このように大統領側近の腐敗スキャンダルが相次ぐ中で，2016年9月9日，北朝鮮による第5次核実験が行われた。そこで朴大統領は，再び核実験という安保的危機状況を最大限に利用して，自分の政治的危機を克服しようとした。たとえば，2016年10月1日の国軍の日に行われた彼女の演説を見ると，「北朝鮮」「挑発」「核」「ミサイル」「脅威」「攻撃」「朝鮮半島」などの単語が目立つ（図15）。その具体的な内容として，朴大統領は，北

図15　2016年国軍の日の記念演説

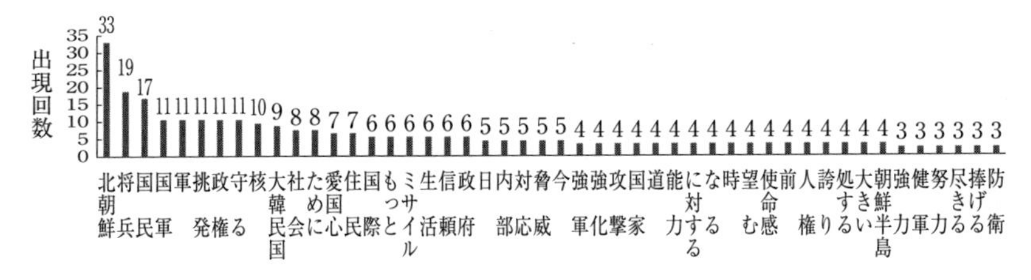

図16　2016年10月国会施政演説

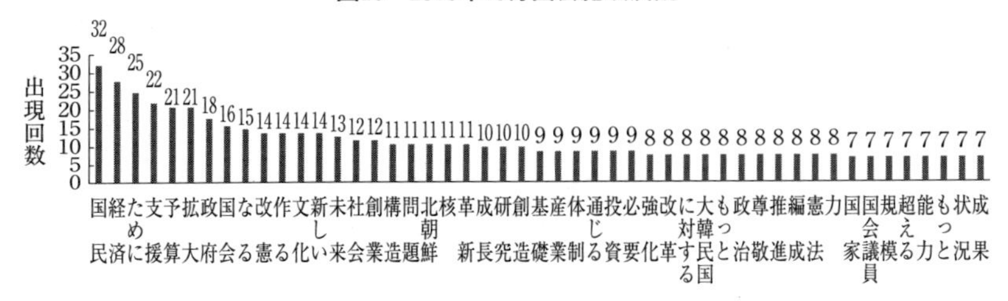

朝鮮の金正恩政権が核実験，ミサイル挑発，およびサイバー攻撃を続ける中で，北朝鮮の住民たちの生活は厳しくなり，国際社会の積極的対応が必要であるという。さらに，韓国政府も，厳しい危機状況に直面していた国民の自由を守るために努力すると力説している[18]。それにもかかわらず，支持率は，26％まで下落していくばかりであった。

このように既存の「安保および危機」言説の動員を通しても，支持率の上昇と安定的政局運営が厳しくなっていた朴大統領は，2016年10月24日，国会施政演説で新しい争点を提示する。その主要単語を見ると，「改憲」「構造」「問題」「体制」「改革」「政治」「憲法」などが，既存の「経済」「文化」「創造」「北朝鮮」とともに多く用いられているのがわかる[19]（図16）。つまり，朴大統領は，第20代国会議員総選挙での敗北後，自らの政治的危機を克服するために，より積極的に「安保および危機」言説を動員していった。なぜなら，その時期は，北朝鮮による第５次核実験という十分な根拠があったからである。

しかし，大統領側近の腐敗スキャンダル，崔順実氏の国政介入疑惑，そして，崔順実の娘である鄭ユラ氏の梨花女子大学の不正入学をきっかけとして，すでに国民の関心は「社会不平等の是正および民主主義の回復」へと転換されていた。そのため，もはや「安保および危機」言説のみでは，支持率低下を防ぐことができなくなっていた。そこで，朴大統領は，最後の手段として，「安保および危機」言説に加えて，以前から拒否してきた「改憲」を自ら提示することによって，朴槿恵政府の無能というイメージおよび腐敗という争点の転換を図ろうとした[20)]。

しかし，まさにこの国会施政演説当日の夜，JTBCによって，「大統領演説文の事前流出と崔順実による演説文の事前閲覧」問題が，確実な証拠とともに報道される。翌日，朴大統領は1回目の対国民謝罪を行ったが，支持率が17％に下落した。さらに11月4日には，2回目の対国民謝罪をしたが，支持率は5％に急落した。最後に11月29日には，3回目の対国民謝罪に臨むが，さらに支持率は4％に下落し，もう国民からの信頼を取り戻すことができなくなった。結局，12月9日，大統領弾劾訴追案が国会で可決され，翌年3月10日には，憲法裁判所において，現職大統領の罷免が最終決定されるに至った。

このように危機克服メカニズムの崩壊期になると，たとえ構造的領域（南北の「分断」）が「安保および危機」言説に根拠を提示したとしても，それに対する国民の信頼は回復されない。その結果，朴大統領は，より強硬な北朝鮮へのメッセージや措置を断行する。しかし，すでに国民の関心は，「社会不平等の是正と民主主義の回復」へと転換され，従来の「安保および危機」言説を通した支持調達パターンは，その有効性を完全に喪失してしまったのである。

7　現代韓国の政治発展過程上における朴槿恵弾劾事態の意義

エーリッヒ・フロムの『自由からの逃走』（1941）によると，人間は

「自由」に対する本能的欲望の他，他人に服従しようとする本能的欲求がある。要するに人間は，自分自身を社会の有機体として認識し，その中で自己実現が阻まれる際に，一種の危機に陥るが，その時，人間は，他人に対する従属，つまり，自己の「自由」を放棄して，自らの安定を求めることになる（Fromm 1941）。

このような現象は，第一次大戦後のドイツのみならず，現代韓国政治にも現れている。その代表的な例としては，特に2012年の韓国社会を取り上げることができる。当時の韓国は，2008年米国発の金融危機以後，低成長，高失業率，格差社会の深刻化で，多くの国民は当面の状況を打開しうる新しい人物として，朴正熙元大統領の長女である朴槿恵氏を選び，その指導者への服従および順応を通して，自らの安定を求めようとしたのである。たとえば，2012年当時，朴槿恵氏は，同じ政党所属の李明博大統領が最悪の評価を受けていた際に，彼との対立軸を鮮明にしつつ，「経済成長」，「経済民主化」，そして「増税なき福祉」を掲げた。そこで，有権者たちは，朴槿恵氏が朴正熙元大統領の後継者として，再び韓国を繁栄の道へ導くと思い込み，まともな検証過程もなく，彼女に政治権力を委任したのである。

しかし，大統領としての就任後，彼女に注がれた国民の期待と信頼が崩れるまでには，それほど長くかからなかった。そして彼女は，自分自身の悪いパフォーマンスに起因した政治的危機を，公約実践および責任政治という民主主義的かつ根本的な解決より，民主化以後，保守側の歴代大統領の好んできた「安保および危機」言説を動員して，覆い隠そうとしたのである。もちろん，政権出帆１年目から３年目までは，「悪いパフォーマンスによる支持率下落」と「安保および危機言説による支持率反騰」との格差の相殺があって，平均40％台の支持率を維持することができた。しかし，時間が経っていくにつれ，両者間の格差は，大きくなっていき，事実上，「国定歴史教科書」と「白南基氏死亡事件」以後，「安保および危機」言説の有効性も喪失する。その後，支持率下落の幅もより大きくなり，朴槿恵大統領は，民主化以後，初の罷免大統領と記録されるようになったのである。

フロムが述べたように，そもそも人々は，「自由」に対する本能的欲望を有している。したがって，もし，指導者への期待が裏切られたり，または信頼が崩れたりした時には，その間，放棄かつ抑圧されていた自分自身の「自由」を再び探し求めるようになるのである。現代韓国の場合，有権者たちは「格差社会の是正，安全」という前提に基づいて，朴槿恵氏と契約を結び，自分自身の権力を委任した。しかし，それへの応答が「経済民主化の廃棄，セウォル号事件，MERS事態」であることが判明した時，有権者たちは，自分自身が委任した権力を取り戻すことにしたのである。

本稿は，「87年民主化」当時にも韓国政治の構造的問題であった「分断」が，抵抗運動のアジェンダを手続的レベルに止め，長期間，「社会・経済的不平等問題の是正」というアジェンダを置き去りにしたという前提から出発した。そして，このことが，1997年IMF事態と2008年リーマンショックを通して，韓国社会にさらなる格差と不平等問題をもたらしたことを述べた。本稿は，その過程において蓄積されてきた国民的憤怒が，朴槿恵政府の無能および腐敗と結合して臨界点に至り，「社会・経済的不平等問題の是正」というアジェンダを前面に掲げた「蝋燭革命」および朴槿恵大統領の弾劾へと至ったことを，朴大統領の演説の言説分析を通じて明らかにした。

〈謝辞〉

本稿は，2017年度日本政治学会の「分科会A-7　権威主義と新興民主主義」における研究報告を発展させたものである。そこで，司会者の中田瑞穂先生（明治学院大学）と討論者の馬場香織先生（北海道大学）からいただいたコメントは，とても有益であった。その後，本稿は，査読の先生方々を含め，小野耕二先生（名古屋大学）と田村哲樹先生（名古屋大学）がご丁寧に原稿をお読みになられた上，的確なご指摘を下さったお陰で，修正・補完を経てようやく完成することができた。この紙面を借りて，お世話になった先生方に感謝の意を申し上げたい。

注

1） 鄭ユラ氏は，当時，梨花女子大学への不正入学疑惑と不正単位取得に対する人々の非難に対して，自分のフェイスブック上で，「お金も実力である。私を非難せず，貧乏なあなたたちの親を恨みなさい」と書き込み，国民の憤怒を買った。
2）「第19代大統領就任式の演説全文」
3）「第18代大統領就任式の演説全文」
4） 政権初期，長・次官・秘書官の中，14名が道徳的問題で辞任した。このような人事惨事は，ここに止まらず，2013年５月朴大統領の米国歴訪中，尹チャンジュン大統領代弁人がインターンシップ中の女性にセクハラを行い，当時の韓国社会を騒がすに至る。
5）「停戦70周年記念辞全文」
6）「2013年10月朴槿恵大統領国会施政演説全文」
7）「2014年朴槿恵大統領新年記者会見全文」
8）「朴槿恵大統領のドレスデン宣言全文」
9）「朴槿恵大統領セウォル号特別談話全文」
10） 朴政府が政府刷新のために断行したはずの改閣で国務総理の候補者が道徳的問題で２人も辞任した。結局，朴政府は，セウォル号沈没当時，災害コントロールタワーとしての職務遺棄の責任がある国務総理をそのまま留任することになる。
11）「2015年朴槿恵大統領新年記者会見全文」
12） この事態は，総隔離対象者１万6693人，その中で総感染者186人と死亡者38人を生み出す。
13）「2015年光復節記念辞全文」
14）「2015年10月朴槿恵大統領国会施政演説全文」
15）「2016年朴槿恵大統領新年談話全文」
16）「2016年２月朴槿恵大統領国会特別演説全文」
17）「2016年３・１節記念辞全文」
18）「2016年国軍の日の記念辞全文」
19）「2016年10月国会施政演説全文」
20） 朴大統領による「改憲」の提示は，一見，従来の統治方法からの方向転換に見られやすい。しかし，必ずしもそうではない。これは，国会内の過半数を占めている野党側（ともに民主党，国民の党，正義党）が崔順実ゲートという政治的争点を中心に結集することを牽制する一方，各政党らが大統領重任制，議院内閣制，決選投票制，そして政党名簿式比例代表制など，各々の利益と符合する諸改憲案をめぐって分裂することを狙ってのものであった。つまり，その目的は，依然として野党の牽制や攪乱にあり，自身の統治方法を転換することにはなかった。これは，1986年12月24日の「李敏雨構想」とオーバーラップする。当時，全斗煥政権は，軍部権威主義体制に対する抵抗運動と悪化していく世論を弱化させるために，常に「安保および危機」言説を動員してきた。しかし，対抗勢力陣営の団結により，1985年２月12日に行われた国会議員総選挙で，選挙１カ月前に急造された新韓民主党が事実上の勝利をおさめる。その後，全政権による「安保および危機」言説は有効性を喪失していく一方，抵抗運動は拡大するばかりであった。そこで，全政権は「議院内閣制への改憲案」を提示した。それは，当時の「大統領直接選挙制への改憲」という国民の要求と反するだけではなく，国会内の第一党という立場を利用して，自分自身の既得権を守ろうとした全政権の戦略であった。実際にこの戦略は，ある程度，有効であった。当時，新韓民主党の総裁であった李敏雨氏は，全政権がいくつかの要求条件に応じるのであれば「議院内閣制への改憲案」も受容すると発表することで，対抗勢力陣営の分裂をもたらした。

参考文献

〈日本語〉

小野耕二編著（2009）『構成主義的政治理論と比較政治』ミネルヴァ書房。

木村幹（2017）「朴槿恵大統領弾劾2016年――韓国大統領はなぜ悲惨な末路を迎えるのか」『文藝春秋 special』115-122。

李正吉（2010）「韓国の政治発展過程上における八七年民主化の意義――その政治学的分析へ向けて」『名古屋大学法政論集』第237号，1-28。

李正吉（2015）「1980年代における韓国の保守側政治家の危機克服メカニズム――「安保」と「民主化」を巡った諸アクター間の言説政治に関する実証的分析（一）」『名古屋大学法政論集』第264号，143-176。

李正吉（2016）「1980年代における韓国の保守側政治家の危機克服メカニズム――「安保」と「民主化」を巡った諸アクター間の言説政治に関する実証的分析（二）」『名古屋大学法政論集』第266号，131-168。

李正吉（2016）「1980年代における韓国の保守側政治家の危機克服メカニズム――「安保」と「民主化」を巡った諸アクター間の言説政治に関する実証的分析（三）」『名古屋大学法政論集』第268号，203-245。

〈英語〉

Baker, William D. and John R. Oneal (2001) "Patriotism or Opinion Leadership? The Nature and Origins of the Rally Round the Flag Effect", *Journal of Conflict Resolution* 45, No.5, 661-685.

Brody, Richard A. and Benjamin I. Page (1975) "The Impact of Events on Presidential Popularity: The Johnson and Nixon Administrations", In Aaron Wildavsky, ed. *Perspectives on the Presidency*, Boston：Little, Brown, 136-147.

Eichenberg, Richard C., Richard J. Stroll, and Matthew Lebo (2006) "The Approval Ratings of George W. Bush", *Journal of Conflict Resolution* 50, No.6, 783-808.

Erikson, Robert S. and Kent L. Tedin (2010) *American Public Opinion : Its Origin, Content, and Impact*. 10th edition, New York：Pearson.

Fromm, E. (1941) *Escape from Freedom*, Farrar & Rinehart. 元チャンファ訳（2011）『自由からの逃走』ホンシン文化社。

Hetherington, Marc J. and Michael Nelson (2003) "Anatomy of a Rally Effect: George Bush and the War on Terrorism", *PS : Political Science and Politics* 36, No.1, 37-42.

Iyengar, Shanto and Donald R. Kinder (1987) *News That Matters : Television and American Opinion*. Illinois：University of Chicago Press.

Iyengar, Shanto, Donald R. Kinder, Mark D. Peters and Jon A. Krosnick (1984) "The Evening News and Presidential Evaluations", *Journal of Personality and Social Psychology* 46, No.4, 778-787.

Kernell, Samuel (1978) "Explaining Presidential Popularity : How Ad Hoc Theorizing, Misplaced Emphasis, and Insufficient Care in Measuring One's Variables Refuted Common Sense and Led Conventional Wisdom Down the Path of Anomalies", *American Political Science Review* 72, No.2, 506-522.

Lee, Jong R. (1977) "Rallying Round the Flag: Foreign Policy Events and Presidential Popularity", *Presidential Studies Quarterly* 7, 252-256.

Miller, Joanne M. and Jon A. Krosnick (2000) "News Media Impact on the Ingredients of Presidential Evaluations : Politically Knowledgeable Citizens Are Guided by a Trusted Source", *American Journal of Political Science* 44, No.2, 295-309.

Mueller, Johen E. (1973) *War, Presidents, and Public Opinion*, New York：Wiley.

Mueller, Johen E. (1970) "Presicential Popularity from Truman to Johnson",

American Political Science Review 64, No.1, 776-792.

Neitzel, S., H. Welzer (2011) *SOLDATEN : Protokolle vom Kämpfen, Töten und Sterben*, Frankfurt am Main : S.Fischer Verlag GmbH. 金テヒ訳（2015）『ナチの兵士たち――平凡であった彼らは，どのように怪物になったのか』民音社。

Neustadt, Richard E. (1990) *Presidential Power and the Modern Presidents: The Politics of Leadership from Roosevelt to Reagan*, New York : The Free Press.

Norpoth, Helmut (1984) "Economics, Politics, and the Cycle of Presidential Popularity", *Political Behavior* 6, No.3, 253-273.

Norpoth, Helmut (1996) "Presidents and the Prospective Voter", *Journal of Politics* 58, No.3, 253-273.

Shin, Doh Chull (2017) "President Park Geun-hye and the Deconsolidation of Liberal Democracy in South Korea: Exploring its Cultural Roots", Center for the study of Democracy in UC Irvine, 1-20.

〈韓国語〉

姜ミョング・朴相勲（1997）「政治的象徴と言説政治」『韓国社会学第31集』123-161。

経済・人文社会研究会編（2012）『わが社会は公正であるか――統計と事例から見られる韓国社会の公正性』韓国経済新聞社。

朴ヨンファン（2013）「大統領のレトリックと韓国大統領の支持度」『韓国政治研究』第２集３号，63-94。

李クックウン（2017）「87年体制を克服する新しい政治の模索――朴槿恵弾劾決定の歴史的意味」『黄海文化　特集号』94-111。

金ソンイル（2017）「広場政治のダイナミズム――６月抗争から朴槿恵弾劾集会まで」『文化科学』89号，146-167。

孫ホチョル（2017）「11月市民革命，広場と代議制を考える」『マルクス主義研究』14（１），18-43。

〈韓国語１次資料〉

「第19代大統領就任式の演説全文」

「第18代大統領就任式の演説全文」

「停戦70周年記念辞全文」

「2013年10月朴槿恵大統領国会施政演説全文」

「2014年朴槿恵大統領新年記者会見全文」

「朴槿恵大統領のドレスデン宣言全文」
「朴槿恵大統領セウォル号特別談話全文」
「2015年朴槿恵大統領新年記者会見全文」
「2015年光復節記念辞全文」
「2015年10月朴槿恵大統領国会施政演説全文」
「2016年朴槿恵大統領新年談話全文」
「2016年２月朴槿恵大統領国会特別演説全文」
「2016年３・１節記念辞全文」
「2016年国軍の日の記念辞全文」
「2016年10月国会施政演説全文」

（い・じゅんぎる：人間文化研究機構総合人間文化研究推進センター／
島根県立大学北東アジア地域研究センター）

日本比較政治学会設立趣意書

21世紀まで残すところ３年足らずとなった今日，国際関係は言うに及ばず，各国の内政もまた世界化の大きなうねりに巻き込まれている。日本もその例外ではなく，世界各国との経済・文化・社会のレベルでの交流が一段と深まるにつれて，その内政の動向に対する社会的な関心も高まっている。学術的にも世界のさまざまな地域や諸国の政治および外交の歴史や現状を専攻する研究者の数が順調に増加しており，そうした研究者の研究成果を社会的要請に応えて活用する必要が感じられるようになっている。

とりわけ冷戦後の世界では，NIESや発展途上国の民主化，旧社会主義諸国の民主化および市場経済化，先進諸国の行財政改革などといった政治経済体制の根幹に関わる争点が，重大な課題として浮上してきている。これらの課題への取り組みには，単に実務的な観点から対処するだけでは十分でない。現在の諸問題の歴史的背景を解明し，それを踏まえて学術的な観点から課題の設定の仕方に立ち返って問題点を理論的に整理し，効果的な政策や制度を構想していくことも必要である。そのためには各国別の研究にとどまらず，その成果を踏まえて理論的に各国の政治や外交を比較・検討し，研究上の新たな飛躍を生み出すことが肝要である。

このような目的のために，本学会は世界各国の政治や外交を専攻する内外の研究者を集め，相互の交流と協力を促進するとともに，研究上も独自な成果を公表し，国際的にも発信することを目指している。と同時に社会的にも開かれた学会として，各国政府関係者，ジャーナリスト，民間機関・NGO等各種実務家との交流も，振興することを目的にしている。本学会の学術活動に貢献していただける方々の，協力をさらに期待するところである。

1998年６月27日

入会のお誘い

日本比較政治学会は，前ページの設立趣意書にもあるように，「世界各国の政治や外交を専攻する内外の研究者を集め，相互の交流と協力を促進するとともに，研究上も独自な成果を公表し，国際的にも発信すること」を目的として1998年６月に設立された，日本で唯一の「比較政治学」を軸とした学会です。

学会の主たる活動は，年次研究大会の実施と日本比較政治学会年報の発行です。年次研究大会では様々な地域，あるいは分野に関する先端的な研究報告が行われています。またこの年次大会における共通論題を軸として発行される学会年報では，従来取り上げられていない新しいテーマや，従来の議論を新しい視点から見直すようなテーマが取り上げられています。これ以外の学会の活動としては，『MINERVA 比較政治学叢書』の刊行，年２回のニューズレターの発行，ホームページやメーリングリストを通した研究活動についての情報提供や情報交換などを行っています。

学会は，比較政治学に関心を持ち，広く政治学や地域研究を専攻する方，および政治学や地域研究の研究・教育に密接に関連する職業に従事する方の入会をお待ちしています（ただし大学院生の方につきましては，修士課程もしくは博士前期課程を修了した方に限ります)。入会の手続および年会費などに関しましては，学会ホームページ（http://www.jacpnet.org/）の中にある「入会案内」の項をご参照ください。

ご不明の点は下記の事務委託先までお問い合わせください。

[学会の事務委託先]
〒231-0023　横浜市中区山下町194-502
学協会サポートセンター「日本比較政治学会」係
TEL：045-671-1525　FAX：045-671-1935
E-mail：scs@gakkyokai.jp

日本比較政治学会
［Japan Association for Comparative Politics］
本学会は，「ひろく政治学や地域研究を専攻する」メンバーによって，「比較政治の研究を促進し，内外の研究者相互の交流を図ることを目的」として，1998年6月に設立された。
［学会事務局連絡先］
〒657-8501　神戸市灘区六甲台 2-1
神戸大学法学研究科　日本比較政治学会事務局　jacp@port.kobe-u.ac.jp
学会ホームページ http://www.jacpnet.org/

執筆者（執筆順）
浜中新吾（はまなか・しんご）龍谷大学法学部教授
田村哲樹（たむら・てつき）名古屋大学大学院法学研究科教授
飯田　健（いいだ・たけし）同志社大学法学部准教授
西川　賢（にしかわ・まさる）津田塾大学学芸学部教授
手塚沙織（てづか・さおり）南山大学外国語学部専任講師
東村紀子（ひがしむら・のりこ）大阪大学国際公共政策研究科招聘研究員
岩坂将充（いわさか・まさみち）同志社大学高等研究教育機構准教授
吉川卓郎（きっかわ・たくろう）立命館アジア太平洋大学アジア太平洋学部准教授
李　正吉（い・じゅんぎる）人間文化研究機構総合人間文化研究推進センター研究員，
島根県立大学北東アジア地域研究センター研究員

日本比較政治学会年報第20号
分断社会の比較政治学

2018年7月10日　初版第1刷発行　　〈検印省略〉

定価はカバーに
表示しています

編　者　日本比較政治学会
発行者　杉　田　啓　三
印刷者　藤　森　英　夫

発行所　株式会社　ミネルヴァ書房
607-8494　京都市山科区日ノ岡堤谷町1
電話代表　(075)581-5191
振替口座　01020-0-8076

©日本比較政治学会，2018

亜細亜印刷・清水製本

ISBN978-4-623-08374-9
Printed in Japan

日本比較政治学会編　日本比較政治学会年報

各巻Ａ５判・美装カバー・208～286頁・本体3000円

⑪国際移動の比較政治学

⑫都市と政治的イノベーション

⑬ジェンダーと比較政治学

⑭現代民主主義の再検討

⑮事例比較からみる福祉政治

⑯体制転換／非転換の比較政治

⑰政党政治とデモクラシーの現在

⑱執政制度の比較政治学

⑲競争的権威主義の安定性と不安定性

ミネルヴァ書房

http://www.minervashobo.co.jp/